U0015904

在台灣談中華文化

聯絡信箱：reflexion.linking@gmail.com
網址：www.linkingbooks.com.tw/reflexion/
新浪微博帳號：http://www.weibo.com/u/2795790414

公民不服從

謝世民……1

這次的非法占領立法院，確實是一項具有正當性的公民不服從行為。不過，這樣的判斷，並沒有蘊涵說這次非法占領的政治訴求是正確的，也沒有蘊涵說它對未來兩岸關係和台灣經濟發展的影響是正面的。

歧路徘徊的中國夢：民族國家或天下帝國？

曾昭明……25

中國在21世紀，究竟要扮演和發揮什麼樣的世界角色？崛起後的中國，能否建立起一種非帝國性的國家策略？這個問題絕不會是只有台灣年輕世代才會感到切身；它勢必也會是中國批判性知識分子面對的艱難挑戰。

21世紀的中日大戰？：東亞國際秩序中的「日本問題」

蔡孟翰……49

當日本再度回頭看而不向前看，中國大可以汲取歐盟的啟示，以東亞共同體的構建化解日本以軍事對抗為核心的勢力均衡戰略，這也是中國在參與WTO以後再度自我轉化的時機。

在地經驗，全球視野：國際傳播研究的文化性

李金銓……73

國際傳播的「國際化」，就像泥土重塑，需要「我」的形象，也需要「你」的形象，最終我能進入你的，你能進入我的。

思想訪談

為中國尋找方法：王力雄訪談錄

陳宜中……105

民主轉型會是中國民族問題的爆發點。民族衝突無疑是因為專制造成的前因，但是專制可以靠鎮壓壓住民族衝突，民主轉型卻不能再用那種鎮壓手段，民族衝突也就會在那時爆發，成為讓民主首先品嚐的苦果。

在台灣談中華文化問題

緣起

楊儒賓……147

台灣的創造力與中華文化夢

楊儒賓……151

如果中國不能體現真正的中國夢，為什麼台灣不能執行中國夢？為了台灣，為了中國，也為了普世的文化理念，為什麼我們不善用自己的資源！

創傷與創造：台灣的文化糾結與中華文化的重構

何乏筆……159

在共產文化面臨嚴重正當性危機，而復興(帝制)文化的渴望興起之際，藉由民國文化來重構中華文化，不僅是關係到大陸的文化前途，也與台灣的文化前景緊密相關。

鹿耕論壇：在台灣談中華文化問題

賴錫三、楊儒賓、何乏筆、蔡英文……169

在文化的發展方面，如果台灣方面不能以更積極的方式對中華文化提出反省性的看法(而且以影響大陸民主化為使命的看法)的話，台灣的民主也會面臨危機。台灣的民主是否有未來，與中華文化的創造性轉化是相互交錯的問題。

餘燼，或餘燼的餘燼

蔡岳璋……195

在台灣，說中華文化是好的，就像指責它全是壞的一樣——過於簡單，也讓人解除武裝。輕信之人，往往輕疑。

在鹿港談中華文化

林俊臣……205

我們可歸納三種理解台灣文化主體的視角：即新舊中華文化與現代民主思維，此三者也是理解台灣的政治文化的主要依據。

在台灣談中華文化的問題：從台灣以外的角度看

馮耀明……215

既多元又融合的文化現象，在台灣人的生活中可謂到處可見。台灣人生活於此亦中亦西、亦土亦洋之間，可謂出入自如，了無疾礙。

台灣的解放：寶島文化的多元與國際

艾皓德……221

台灣的未來如何看待？我當然希望台灣文化要保持它的開放與多元，不要縮起來，孤立起來。

中國自由主義的國家過敏症

在中國構想自由主義的愛國論述

劉　擎……227

中國的自由主義需要面對愛國主義的議題，不僅從消極防禦的立場告誡極端民族主義或褊狹愛國主義的危險，而且有必要提出自己正面的愛國主義論述。

國家問題在自由主義思想脈絡中的「隱」和「顯」

高全喜……251

一種拒絕思考「國家觀」的自由主義，在近三十年的中國大陸的自由派那裡，表現得非常凸顯，致使這批自由主義在思想理論上難以進入深層的理論跋涉。

思想評論

評論台灣近來有關「中華文化基本教材」的爭議

李明輝……267

由於反方意見充斥著各種私人情感與政治意識型態的糾結，以及「食洋不化」之論。筆者不禁懷疑：不少發言人對儒家的理解是否依然停留在百餘年前的五四時代？

革命與符號：《V怪客》的抗爭邏輯

南光遠……291

九十年代以降，某些政治抗爭時常流露濃厚的後現代風格，這不能不說是鉅型敘事解體、價值眾說紛紜與啟蒙視野失喪的結果。

思想人生

內向超越的最高境界是「人」和「道」合一：余英時談新著《論天人之際》

李懷宇……303

余英時的論斷是：中國軸心突破最後歸宿於「內向超越」。內向超越所能達到的最高境界是「人」和「道」的合一，也就是軸心突破以後的新「天人合一」。

致讀者……325

公民不服從

謝世民

為了抗議《服貿協議》的簽訂和生效程序，以黑色島國青年陣線為首的社會運動團體在3月18日非法占領立法院，要求立法院退回《服貿協議》，並主張政府應該「先制定兩岸協議監督條例」、「召開公民憲政會議」。這次的占領行動最後在立法院王金平院長公開承諾「兩岸協議監督條例草案完成立法前，不會召集與兩岸服貿協議相關的黨團協商」下，暫時和平落幕。社運團體此一長達24天的占領舉動驚動了各界，一時之間，這場運動具有什麼樣的政治、社會意義，以及它對台灣的經濟、兩岸關係會帶來什麼樣的影響，成為輿論追究的焦點。雖然這些問題難有定論，但很清楚的是，針對這次非法占領行為本身，各方論者無論如何去進一步加以定位（例如說，主權者收回國會的行動、人民抵抗權的行使、世代矛盾的爆發、反全球化運動的一環、恐中反中心理的表現），卻幾乎都承認（政府除外），它是一次典型的公民不服從行動。

公民不服從，根據一般通用的界定，是一種「公開的、非暴力的、出於良心、目的在於改變政府的法律或政策的違法行為」[1]。政

1 這個界定取自John Rawls, *A Theory of Justice*, Harvard University, rev. ed., 1999, p. 320.

府也援引這個界定，但不認同這次的非法占領屬於公民不服從的行為，因為政府認為這次占領立法院的行為是暴力行為：占領者非法、強行進入立法院，抵抗警察的攻堅行動，在占領的過程中毀損了公物。不過，政府對於「暴力」的界定，似乎過寬，按照政府對於近幾年社運違法抗議的反應來看，似乎只剩下在禁止進入的場所實施快閃行動、舉行靜坐或遊行，並且不能毀損公物，才是符合公民不服從所要求的非暴力行為。對照而言，如果暴力狹義地僅以是否**有意**傷害他人(包括但不限於無辜第三者)的身體財產、或是否**有意**破壞公共設施(如水庫、橋樑道路、發電廠、醫院、通訊基地台)作為手段為準，那麼，這次的非法占領行為應該可以說是非暴力的。

必須承認，暴力的界定，本身並沒有正誤可言。也許可以說，暴力有多層面向，每個面向都有程度之別，我們應該採取哪一個定義，截取哪些面向，以這些面向的哪個程度作為劃定暴力與非暴力的基準，端視我們準備用「暴力」這個概念來進行什麼分析和推論。就公民不服從的正當性問題而言，無論我們選擇哪一個定義，必須注意的是，我們無法從定義本身就推導出：凡是公民不服從的行為就必然是正當的。甚至可以說，即使符合政府對「非暴力」定義的公民不服從行為，也不必然就是正當的：例如，大規模的非法罷工造成經濟活動停滯的後果，便**可能**是不正當的「非暴力」。若然，不論我們使用廣義或狹義的「暴力」概念，公民不服從的行為是否正當，都必須考慮其它條件，而這些條件是什麼，則有待實質的論證。例如，在釐清這些條件時，我們也許必須觸及實質的問題，諸如公民不服從行為對行為者的重要性是什麼，對憲政民主社會的價值何在等。當然，不可否認，在其它條件相同的情形下，符合政府對「非暴力」定義的公民不服從，比較可能具有正當性，不過這並不等於說，政府認定的「暴力」行為(如這次的非法占領行為)一定就不具正當性。

無論暴力與否，對政府而言，這次的占領行為明顯非法，因此主管機關的官員表示要依法處理、偵辦涉案的學生和民眾，以維護國家法律的尊嚴。面對政府的宣示，有法律學者企圖以人民抵抗權的行使來進一步定位這次的占領行為，他們希望為這次占領行為的「明顯」非法性找到合憲性基礎，讓它取得法律上的正當性。然而，有這樣的企圖並不表示會成功：這樣的法律論證是否會成功，我們並不知道；但即使成功，最後仍必須由大法官會議來背書，才能免除參與者的法律責任。

這些法律學者對於人民抵抗權的立場，大法官會議(如果有機會裁定的話)是否會認同，我們尚不知道。讓我們假設大法官並不認同：或者因為他們不認為人民抵抗權是我國憲法保障的權利，或者因為他們不認為占領立法院是人民抵抗權的正當行使(沒有滿足正當行使的法律要件)[2]。這情況下——如果大法官會議宣告人民在憲

2 人民抵抗權明訂於德國基本法中，但並不是我國憲法上的文字。有些論者認為，即使不是憲法上的文字，但抵抗權仍然可以被解釋成一項受我國憲法保護的權利。不過，根據李仁淼教授的研究，「所謂抵抗權，因定義範圍之不同，或指國家權力嚴重侵害人性尊嚴，國民為維護自身之權利、自由，確保人性尊嚴，在沒有其他有效之救濟手段時，為拒絕實定法上義務，進行抵抗行為之權利。或指作為保障立憲主義之手段的一環，於政府濫權毀憲時，國民藉由本身之實力予以抵抗，尋求恢復憲政秩序之權利。……有關抵抗權之發動要件，必須是在政府濫用權力造成於立憲主義上重大憲政危機，一般人權之行使受到重大限制時，才有發動之必要。此乃因在立憲主義之憲法秩序還能維持之狀態中，對於國家之個別違法或違憲行為，可透過行使言論出版、集會遊行等憲法上保障之自由、權利，或是透過訴訟以追究國家之違法違憲行為，即可達到匡正憲法秩序之目的。因此無須藉由抵抗權之發動以解決憲政爭議。」即使人民在憲法上享有抵抗權，如果大法官們依據這裡所列的標準來審議，

法上沒有抵抗權，或者宣告這次的非法占領不是抵抗權的正當行使——那麼這次**非法**占領立法院的公民不服從行為是否就因此不具**政治道德**上的正當性了呢？(我們可以設想，將來有抗議者認為大法官們犯了嚴重的憲法錯誤，仍然認為自己享有政治道德上的權利去占領立法院。他們的不服從行為是不正當的嗎？)

這個問題的答案並非明顯。我們不能說，這次的占領行為因為不是抵抗權的正當行使，因此就不具有道德正當性，正如我們也不能單單說這次的占領行為是公民不服從的行為，它就具有了正當性。要評價具體的公民不服從行為的正當性，需要一套關於正當性條件的政治道德理論來說明、辯護我們的答案。因為**最終而言，公民不服從的正當性問題並不是法律內部的問題，而是超出法律之外的政治道德問題**。我們甚至可以說，政府**應該**在法律上如何處理**非法**但**正當**的公民不服從行為，也不是法律內部的實然問題，而是法律**應該**是什麼、**應該**如何修正的政治道德問題。

如果上述的幾點釐清可以接受，讓我們先考慮以下這個問題：在什麼條件下，公民不服從的行為是正當的呢？

當我們說非法占領立法院是公民不服從的行為時，雖然這並沒有蘊涵說它就是正當的，但是並不是什麼都沒有說。在我看來，我們之所以要在理論上劃出這個非法行為的範疇，至少想要表明：它是非法的行為，但是評價它是否正當的判準，有別於我們評價其它一般非法行為是否正當的判準(例如，我們非常可能會認為，去竊取殺父仇人的財物來支付自己的學費，雖然非法，但在道德上是正當的行為)。由此可見，針對公民不服從行為的正當性問題，什麼判準

(續)

我們很難說，他們一定會同意，這次占領立法院的行為是人民抵抗權的正當行使。

是合適的判準，無法獨立於公民不服從行為在概念層次上所具有的特徵而有答案。換言之，我們無法分別討論這兩個問題：「公民不服從是什麼？」和「在什麼條件下，公民不服從行為是正當的？」若要對這次的占領運動進行正當性評價，我們至少必須同時注意這兩個問題。

就公民不服從是什麼樣的行為這個問題而言，我們說過，就定義上來說，公民不服從是**非法**的**政治**行動，但我們還必須注意，它是出於**良心**的政治行動：公民不服從的行動者有意地透過非法的手段去改變法律或政策，而且認為自己的行動並沒有錯、具有正當性。這個特色是一般犯罪行為所缺乏的。一般犯罪者的行為，通常來自於自利的動機，或者起因於行為者一時衝動失去理智，或者因為行為者的性格殘忍以害人為樂等等。但是，對照而言，公民不服從者違法的動機是基於他們的道德觀、正義感和他們對於公共利益的重視。因此，一般犯罪者並不是在抗議法律本身，這代表他在違法的時候，知道自己的行為是錯的，對法律的懲罰他並不抗議；或者表示他並不知道自己的行為是非法的(可能因為不認為自己的行為有錯便以為它沒有受到法律禁止)，所以他的違法行為屬於「誤觸法網」的行為，也不是在抗議法律。但公民不服從者卻是在抗議法律本身，這代表他知道自己的行為是非法的，但並不認為自己的行為是錯的(因此，公開為之，以示抗議)。我們可以說，這些是公民不服從者和一般犯罪者之間在動機和認知上的重要差異。

從這樣的定義和分析，有些論者也許會堅持說，如果這次的非法占領是公民不服從的行為，那麼，我們便有理由說它是正當的：因為在憲政民主社會裡，公民不服從乃是個人在政治道德上(即使不是憲法上)的一項**權利**，這項權利允許個人採取非法、非暴力的行為來改變**他們認為**明顯不義、錯誤的法律或政策，而《服貿協議》在這些社運團體的眼中，不論是其簽訂的過程或是內容，都是極為不義、錯誤的協議(例如，簽訂的過程不民主、實施後傷害經濟弱勢群體、降低台灣的政治轉圜空間)。對這些論者而言，社運團體透過占領立法院來阻擋《服貿協議》的生效，雖然違法，但他們訴求的價值是民主、分配正義、公共利益，而為了占領成功而實施的門窗破壞和防禦工事並不是傷害無辜的暴力行為，可以說只是個人的政治道德權利之行使而已，因此也是正當的。

為了方便起見，讓我們以「正當論」來稱呼這個主張。正當論有兩項前提：第一，在憲政民主社會裡，就政治道德而言，個人享有公民不服從權；第二，這次占領立法院的非法行為，是社運團體行使公民不服從權的個例。第一項前提是一項政治道德判斷，第二項前提是一項針對占領行為的定位判斷，涉及了政治道德之外的經驗觀察(例如，它沒有傷害無辜第三者的身體和財產)。

必須注意的是，第一項前提所斷言的權利，是政治道德上的權利，不是法律上的權利，否則公民不服從的行為就不是違法的行為了。我們知道，在法律層面上，有些論者主張，由於《服貿協議》倉促送交院會存查是重大憲政瑕疵，占領立法院是社運團體在緊急情況下為阻卻違法而採取的必要行動，因此，占領立法院其實是合憲、合法的行為。我們之前說過，這樣的法律判斷是否正確，有待考察和論證；這次行使公民不服從權的行為是否在法律層面上也是阻卻違法的行為，不是目前的重點。值得指出的是，對照而言，有些論者並不認為，在憲政民主社會裡，就政治道德而言，個人享有公民不服從的權利——雖然他們承認，公民不服從的行為**有時候**是正當的。對這些論者而言，從公民不服從的行為有時候是正當的，我們推論不出，個人享有公民不服從權。

另外還必須指明的是，就正當論的第一項前提所斷言的權利而言，正當行使的相干條件是行動者**主觀**的信念，也就是說，僅要求行動者所抗議或企圖改變的法律和政策**在他們看來**明顯不義、錯誤，至於說這些法律和政策是否**真的**不義或錯誤，對於公民不服從權的正當行使而言，並不是重點之所在。對照而言，有些人雖然主張個人享有公民不服從**權**，但還認為，只有當行動者所抗議或企圖改變的法律和政策**確實是**不義的、錯誤的，這項權利的行使才是正當的。如果這個立場可以稱為「客觀論」，那麼第一項前提的立場就可以稱為「主觀論」。

在這樣釐清下，正當論的第一項前提引發了幾個有待仔細推敲的問題：在憲政民主社會裡，個人真的享有公民不服從權嗎？在行使這項權利時，行為者的訴求不必客觀正確(行為者所抗議的法律和政策不一定真的不義、嚴重錯誤)嗎？這樣的權利，如果有，必須是什麼意思上的權利呢？

我們先剖析主觀論的可能基礎。我們社會上似乎有許多學者認為個人享有公民不服從的權利，但是針對訴求的部分，採取一種客觀論的立場。例如，在普通高中科目「公民與社會」的99課程綱要中，針對「公民社會的參與」這個主題，我們看到這樣的說明：

> 在現代社會生活與變遷中，公民主動參與，形成有行動力的結社、組織，或投入社會運動，並且在必要的時空條件下對於最高位階的權力組織(國家)有選擇進行公民不服從的權利。[3]

這段文字明顯地肯定個人享有公民不服從權。由於教科書課綱

3 http://www.sssh.tp.edu.tw/releaseRedirect.do?unitID=183&pageID=3825。檢閱日期：2014/4/12。

是教育部邀請、委託法政學者或社會學學者所寫的，因此，也可以說具有相當的代表性，反映了社會多數相關領域學者的想法。不過，這份課綱在「公民不服從」這個細目項下，出現了一句限定性的補充：「公民不服從，亦稱為市民不服從。其條件是針對惡法的選擇性不服從和反抗，常是不得不然的良心行動。」[4]就字面的意思而言，這段補充可以解讀為，惡法，而不是**在不服從者或反抗者眼中看來的**惡法，才是不服從權和反抗權正當行使的對象。也就是說，根據這份課綱的觀點，公民不服從權的行使對象，是客觀上的惡法，而不是個人主觀上的惡法。所以，嚴格說，它並不同於正當論的第一項前提：「在憲政民主社會裡，公民不服從是個人在政治道德上的一項權利，這項權利允許個人採取非法、非暴力的行為來改變他們認為明顯不義、錯誤的法律或政策」。

就客觀惡法這個條件而言，這個代表主流思維的觀點似乎接近美國哲學家羅爾斯的觀點。羅爾斯認為，「公民不服從的行使對象必須是嚴重而明顯的不正義」，羅爾斯之所以如此主張，乃是因為他認為若滿足這個條件，那麼，一般民眾運用他們的常識和反思能力，認真想想大家共同接受的正義觀，就足以認識到不服從者對於不義的指控，否則公民不服從的行為便無法彰顯它作為一種公共言說的「公共」特質，更不用說不能說服多數人改變心意，廢止、修正不義的法律和政策了。他指出，以正義即公平的兩原則為判準，在接近正義但還不完全正義的社會裡，平等自由原則和公平的機會平等原則所保障的各項基本自由是否在制度上受到了侵害(例如，剝奪婦女、有色人種、原住民投票權的規定，限制個人遷徙自由的規定)，一般公民無需進行深入的科學研究就可以形成共識，因此他認

4　同上。

為，僅當基本自由受到侵害的情況下，個人才可以訴諸公民不服從權去採取違法的抗爭行為[5]。

針對課綱立場與羅爾斯立場是否相似的問題，有人也許會挑剔說，惡法並不完全等於嚴重而且明顯不義的法。如果一項法律是嚴重而且明顯地不義，那麼它是惡法，這應該沒問題，但是反過來不一定成立。我們不能保證說，惡法一定是明顯地不義：例如，《刑法》一百條（現已修正），在沒有修正之前，對許多人而言，就並非明顯地不義[6]。若然，那麼，本地學者以惡法作為公民不服從權的正當行使對象，這種主張就不能被視為是羅爾斯理論的翻版。當然，我們也不能排除說，當本地學者以「惡法」為條件時，有些人其實是在主張一種羅爾斯的觀點，也就是說，他們心中想到的是嚴重而且明顯的惡法。

我們不需要在此猜測、論辯如何理解課綱的立場才準確。因為無論如何，以客觀的不義或惡法（而非主觀的不義或惡法）作為公民不服從權的正當行使對象，確實是不少論者共同的觀點。關鍵的問題是，這個觀點，相較於以主觀不義、主觀惡法為準的公民不服從理論，何者更值得我們接受？

---

5 *A Theory of Justice*, Harvard University Press, rev. ed. 1999, pp. 326-331.

6 《刑法》一百條修正前：「意圖破壞國體、竊據國土或以非法之方法變更國憲、顛覆政府，而著手實行者，處七年以上有期徒刑；首謀者，處無期徒刑。前項之預備犯，處六月以上五年以下有期徒刑。」修正後：「意圖破壞國體、竊據國土，或以非法之方法變更國憲、顛覆政府，而**以強暴或脅迫**著手實行者，處七年以上有期徒刑；首謀者，處無期徒刑。預備犯前項之罪者，處六月以上五年以下有期徒刑。」我們可以說，《刑法》一百條在1992年修正後，台灣才沒有思想犯、政治犯。

值得注意的是，如果我們採取以客觀不義或客觀惡法為準的立場，那麼，這次非法占領立法院的行動是否是公民不服從權的正當行使，恐怕就有爭議了，因為我們知道，國民黨並不認為《服貿協議》的簽訂和審議程序有任何瑕疵，或即使有，國民黨也不認為是什麼嚴重的瑕疵，而且至今都還不斷地強調，它是一部「利大於弊」的經濟協議：它可以為台灣的經濟開出新的格局，避免台灣經濟的邊緣化云云。當然，有爭議，並不代表沒有正確答案。不過，由於爭議的雙方都負有舉證的責任(這種爭議不同於法庭裡的原告與被告之間的法律糸爭，舉證責任在原告)，我們也沒有政治道德上的「大法官會議」作為終審機關，因此，一時之間恐怕難以決定孰是孰非。簡言之，客觀論(公民不服從權的行使是正當的，僅當對象是客觀的不義、客觀的惡法)無法幫助我們決定具體脈絡中的某一件公民不服從行為是否正當。

這不啻是說，如果一套公民不服從的理論告訴我們說，公民有權利針對惡法進行不服從，那麼，這套理論即使正確，也是無用的。就這點而言，德沃金的提醒值得我們注意：

> 公民不服從之所以是我們[美國]政治經驗的一項特徵，並非是因為有些人德性崇高，其他人邪惡齷齪，或者因為有些人睿智明理，其他人無知顢頇，而是因為我們，作為具有強烈正義感的人，對於政治道德上的重要議題以及滿足政治道德各項要求的恰當策略，有時候會持相當分歧的觀點。因此，如果一套公民不服從的理論宣稱說「不去服從不義、愚蠢的法律和決定，我們的所作所為是正確的」，那麼，這套理論是無用的。幾乎所有人都會欣然同意，如果某一項特定的法律和決定非常邪惡，那麼我們當然應該不服從它，但是這樣的同意是毫無價值

> 的，因為在特定具體的情況裡，某一項法律和決定是否非常邪惡，或甚至是否邪惡，大家會不同意。[7]

德沃金強調，正由於個人之間會有這樣的不同意，我們才需要問：如果有人認為那項特定的法律和決定非常邪惡(他們可能是對的、也可能是錯的)，並進而採取非法抗爭、不服從的作為，那麼，他們的行為是否*仍然*正確？是否*仍然*具有正當性？主觀論者認為，這個問題的答案並不明顯，因此才有討論的必要。

主觀論者對這個問題的答案很複雜。首先，主觀論者同意德沃金的觀察：當抗議者基於自己的判斷和信念而採取了非法的抗議行為時，這樣的行為*對他們而言*是對的，當社會多數人和政府不認同抗議者的判斷和信念時，政府合度地行使公權力去阻止抗議者的行為，對政府和社會大多數而言，也是對的。換言之，就道德層面而言，這些結論都是相對性的：相對於抗議者的判斷而言，違法行為是對的；相對於政府的判斷而言(如果政府不認同抗議者的判斷的話)，強制抗議者停止非法行為的公權力作為也是對的。當然，我們會問：客觀而言，誰才對呢？主觀論者並不否認這個問題有正確答案：主觀論者可以承認，正確與否，很大程度上決定於抗議者的判斷、訴求是否正確。不過，重點是，生活在自由民主社會中的我們彼此之間對這類的問題存在「合理的」爭議。在這樣的假定下，主觀論者基於尊重個人自主性的考慮，主張個人有公民不服從的權利：個人有權利採取非法的手段去抗議他們認為不義、錯誤的法律和政策。當然，由於主觀論者也承認，政府也有權利採取合度的手

7 Ronald Dworkin, “Civil Disobedience and Nuclear Protest,” in *A Matter of Principles*, Harvard University Press, 1985, 104-116.

段去阻止抗議者的非法行為，因此，主觀論者所主張的公民不服從權是一種相對而言較弱的權利，它並沒有蘊涵政府不得阻止的義務，而是給予個人在某些情況忽視守法義務的理由，或者說，給予個人在某些情況不必守法的理由[8]。主觀論認為，這樣的權利是政府在處理、起訴、懲罰公民不服從者時不能忽視的一項考慮。

必須指出的是，雖然公民不服從是一項權利，但並不是任何方式的行使都是正當的。德沃金對於正當性條件的說法，非常值得主觀論者借鑑。

德沃金認為，不服從者的動機(為什麼要抗命、不服從)和處境(是否受到法律的直接約束)是決定特定的不服從行為(公民不服從權的行使)是否正當的關鍵，並且主張依動機和處境的不同而區分出來不同類型的公民不服從，就正當性而言，條件其實並不相同。

粗略而言，德沃金區分了三種類型的不服從。如果一個人拒絕遵守法律乃是因為法律要求他做的事情是他的良心禁止他做的(例如參加他認為不義的戰爭、執行他認為邪惡的法律和政策等等)，那麼，這種不服從，德沃金稱之為**立基於人格完整性的不服從**；如果一個人認為某一項法律或政策侵犯了少數族群或者外國人的基本自由和權利而採取非法的抗議行為，目的在於改變這項法律或政策，那麼，他稱這種不服從為**立基於正義的不服從**；如果一個人不是認為某項法律或方案要求他做違背自己的道德觀、自己的良心的事情，也不是認為這項法律或方案侵犯少數族群或外國人的基本自由

8 嚴格說，德沃金並沒有明白主張，公民不服從是一項權利，因為他對於「權利」的界定是比較強的：權利是一種王牌。而這個意思的權利應該會蘊涵了政府不得干預、阻止的義務。不過，就本文這個較弱意思的權利而言，主觀論所主張的權利，應該是德沃金也能夠接受的。

和權利，而是認為它不明智、危險、對所有人都不利（例如，興建核電廠、設置飛彈基地、開放外資參與經營金融業）而採取非法的抗議行為，那麼，這種不服從，德沃金稱之為**立基於政策的不服從**。

相應於這三種類型的不服從，德沃金認為，違法行為的正當性條件並不相同。就**立基於人格完整性的不服從**而言，德沃金認為，由於不服從者認為法律要求他去做的事情在他看起來非常邪惡，嚴重違背他的良心，是他的道德觀絕對禁止的事情，因此，他在這種情況下所採取的非暴力、不服從行為可以是正確的，即使他的道德觀（良心的內容）客觀而言並不正確。德沃金的這種主觀論，對一般人而言，似乎有點極端。有人也許會這樣質疑德沃金：在這種情況下，不服從者是否可以採取暴力的手段（例如，殺死執法人員）來抗命呢？特別是，如果不服從者的道德觀剛好又允許他採取暴力的手段來避免自己去做違背良心的事情，那麼，他的暴力不服從是否也可以是正確的？對此質問，我想德沃金應該會說「不」：因為殺害無辜，基本上在道德上是錯的，即使你的道德觀不認為如此，它還是錯的，而且，進一步訴諸「為了尊重行為者的人格完整性」，也無法讓殺害無辜變成對的[9]。

這樣的答案似乎預設了另外一個層次上的客觀論：以客觀上的道德對錯原則去禁止任何殺害無辜的立基於人格完整性的不服從行

---

9 德沃金自己答案是說：「如果不服從者的良心不允許他服從他認為邪惡的法律，那麼，不服從者的良心也不應該允許他殺害無辜。」(p. 108) 德沃金沒有提出論證說明為何如此，他似乎只依賴在「良心」這個詞的意思上進行推論。不過，我們似乎可以設想一個人的道德觀可能允許他透過殺害無辜去避免做他的道德觀禁止他做的事情。在這種情況下，比較好的論證應該是去否定人格完整性可以證成一個人去殺害無辜者。

為。換言之，在主觀論的搭配下，立基於人格完整性的不服從行為具有正當性，僅當不服從的行為，客觀而言，沒有逾越道德對錯原則所設下的限制，例如不使用(至少狹義上的)暴力手段、合乎比例原則等等。這層考慮應該是為什麼一般論者(特別是主觀論者)在界定公民不服從時，一開始就把非暴力當成必要的元素：既然在憲政民主社會中，暴力手段的不服從行為，不論是起因於行為者自己的道德觀(良心)、正義觀或公共利益觀，都很難具有道德正當性，那麼，把非暴力作為界定公民不服從的元素，公民不服從的正當性條件是什麼，討論可以比較聚焦。

德沃金認為，**立基於正義的不服從**，相對於立基於人格完整性的不服從而言，正當性條件比較嚴格一些，而立基於政策的不服從，正當性條件則更嚴格。扼要言之，第一，立基於正義的不服從，若要具有正當性，必須在行為者判定憲政民主社會中的政治和司法過程(包括釋憲)所提供的管道都無效、失去希望後，才能實施；第二，不服從者在選擇違法行動策略時也必須考慮到是否會產生反效果，不可以在明知自己的抗議會更加鞏固自己所要抗議的不義法律和政策時(例如，更多人的某項基本權利會受到侵害、或某一項基本權利會受到更大的侵害)，還去違法抗議。第二項條件是理性要求，在追求正義的脈絡裡，其合理性甚為明顯。德沃金之所以堅持第一項條件，乃是因為在憲政民主社會裡，政治過程保障了少數人透過宣傳、說服改變多數人決定的公平機制，而司法過程也內建了不受多數人意志影響、旨在限制多數人(無論是出於自利或無知)侵害少數人之基本自由與權利的審查機制。對德沃金而言，會在自己還認為有改變多數人決定的可能性時，為了方便就去採取違法的抗議手段者，等於無視政治公平與司法審查程序之價值。

針對**立基於政策的不服從**，德沃金則又加上一項正當性條件，那就是：僅能採取說服性的策略才是正當的公民不服從。所謂「採取說服性的策略」，德沃金的意思是指：抗議者的非法行為必須是為了迫使多數人更仔細地聆聽他們的理由和論證而實施的，而不是因為這樣的非法行為會升高多數人堅持己見時所必須付出的代價（例如，交通阻塞、政府機關停擺、以及把非法抗議者關進監牢而在心理上產生的不安）。德沃金之所以主張這項條件，乃是因為他認為，關於某一項法律或政策，如果它並沒有侵害少數人的基本自由和權利，那麼，它是否明智、是否對大家都有利，其實是多數人有權去決定的問題：在這類問題上，一人一票、票票等值，才算符合了「同等尊重每一個人」的政治原則。換言之，就涉及公共利益之政策議題而言，說服性的策略符合民主平等原則，因此是正當的策略，對照而言，非說服性的策略則只想藉著升高多數人堅持己見時所必須付出的代價、而不是改變他們的看法，來改變多數人的決定。採取這種策略者等於以精英或家父長的姿態在面對多數人：也就是說，他們認為自己而不是其他多數人才知道什麼是明智的、對大家有利的法律和政策。明顯地，精英主義和家父長主義，都背離了民主平等原則，並不足取。

德沃金這種主觀論式的公民不服從理論，在我看來，具有相當大的吸引力。它有兩個特色：**第一**，它不是空洞的理論，它告訴我們，當我們對於透過民主程序（不論是直接的或代議的）決定出來的法律和政策是否不道德、是否不義、是否錯誤，意見仍然分歧時，持否定立場者（不論正確與否）有不服從的「權利」；**第二**，不服從權利的行使，依據抗議者的動機而定（認為一項法律或政策傷害了他們的人格完整性、侵害了個人的基本自由與權利、或有損公共利益），必須分別滿足憲政民主的某些政治道德原則（例如：非暴力、理性、耗盡希望、說服性策略）才具有正當性。德沃金的這種理論，優於客觀論式的公民不服從理論之處在於，它是務實而且可操作的。第一，它不要求抗議者必須向多數人**證明**他們的訴求是正確的，而只要求抗議者必須**真心認為**他們的訴求是正確的，因為公民不服從的行為僅在有爭議時(沒有證明時)才會發生；換言之，假如少數人能夠證明自己的訴求是正確的，那麼，爭議就不存在了，而若爭議不存在，非法不服從的行為及其正當性理論也就都沒有存在的必要了。第二，非法抗議權利的存在，不僅有利於社會避免錯誤，而且也表達了社會對於個人自主性的尊重，而根據德沃金式的主觀論，抗議者不會僅僅因為無法向多數人證明他們的訴求是正確的而失去了非法抗議的權利。第三，由於正當性條件基本上是客觀的(「耗盡希望」雖然是主觀的心理狀態，但並不是私密的、他人原則上無從探知的事實)，因此，抗議者是否正當地行使其公民不服從權，是可受公評的，並不是抗議者自己說了算，而這樣的公評，如果做得好，有利於憲政民主社會的自我矯正、自我深化。

回到許多人關切的現實問題上，我們現在必須問：如果德沃金的主觀論是正確的，那麼，這次非法占領立法院的行為是否是正當的公民不服從行為呢？很清楚的，就類型而言，**它不是基於良心的不服從**，因為在占領者看來，《服貿協議》並沒有要求任何人去做違背其良心的行為。不過，**它是立基於正義的不服從**，殆無疑義，因為在抗議者看來，《服貿協議》對言論自由、分配正義都有負面的影響。**它也是立基於政策的不服從**，因為在抗議者看來，《服貿協議》會使台灣在經濟上更依賴中國、會使更多的大陸人進入台灣，讓國家安全更受威脅，最終對每個人都不利。更關鍵的是，不論這些訴求是否正確(事實上，大家還在爭議中，恐怕不會有共識)，占領者覺得無法透過政治程序和司法機制阻擋《服貿協議》生效，而採取非暴力的手段(雖然過程中使用了強制性的手段，阻止警察驅離，但沒有傷害他人），雖然占領者使用了非說服性的策略（讓立法院無法正常運作是基於正義的理由不得已的策略），但也使用了說服性的策略（提出理由而迫使社會大眾進一步去辯論《服貿協議》的利弊得失、去說服大眾支持「先立法後審查」）。因此，根據德沃金的理論，我們可以說，這次非法的占領行為具有正當性。

然而不同意占領正當者（如法務部長羅瑩雪）也許會指出，《服貿協議》是還沒有通過審查生效的協議，因此，根本就不構成公民不服從的恰當對象。我必須承認，從德沃金的主觀論來看，嚴格說，公民不服從的對象確實是已經通過民主程序的法律或政策，不過，我認為我們應該更寬鬆地來詮釋「耗盡希望」這項條件：即使某一項法律或政策只是還在民主審議過程中，但是當抗議者真心認為，這項法律或政策是不義的或錯誤的，而且在經歷種種挫折後，對循正式管道去阻止它的可能性已經不抱任何希望時，抗議者有權利採取公民不服從的手段去試圖阻止它。在我看來，這樣的修正使得主觀論更為融貫、更具合理性：以德沃金的術語來說，更具有**原則一貫性**（integrity）。

回到理論的層次，針對德沃金式的主觀論，有兩種可能的批評值得我們注意。第一，根據英國哲學家雷茲（Joseph Raz）的觀點，在政治參與權受到充分保障的社會裡（例如，在憲政民主社會裡），公民不服從並不是一項道德權利；雷茲認為，雖然個人沒有公民不服從權，但是公民不服從行為有時候是正當的，而公民不服從的行為是否正當，除了行為的各個面向外（例如，是否過於暴力、是否讓社會付出過高的代價），也決定於抗議者的訴求是否正確：如果非法抗議者的訴求客觀而言是錯誤的，即使他們主觀上認為自己的訴求是正確的，那麼，他們以非法的方式去抗議、去改變多數人的心意或提升多數人堅持己見的代價，並無正當性[10]；第二，根據某些共和主義者的觀點(例如馬克維茨)，德沃金對公民不服從所做的分類，並沒有窮盡一切的政治不服從，它至少漏掉了**立基於民主的不服從**：所謂「立基於民主的不服從」指的是，在憲政民主社會，一個人雖然認為某項法律或政策本身並沒有侵害少數人的基本自由和權利，而且也認為這項法律或政策確實落在多數決機制的正當使用範圍內，但不認為這項法律或政策的形成或制定過程**足夠民主**(也就是說，這項法律或政策因為不夠民主的過程而帶有所謂的「民主赤字」)而採取的非法抗議行為，其主要目的並不在於得到自己所要的法律或政策，而在於增進政治過程的民主性、消除法律與政策所帶有的民主赤字。這些共和主義者認為，立基於民主的不服從行為，在某些條件下，是正當的[11]。

以下先簡單處理共和主義者的批評，後回應雷茲的批評。

共和主義者對德沃金的批評，預設了一種民主理論(共和主義者強調，就民主的權威性而言，公民以人民之名或以共善之名的積極參與是關鍵)。它的細節，我們無法在此陳述。不過，我們可以說，如果共和主義者所倡議的民主確實是民主作為重要政治價值的真意，那麼立基於民主的不服從確實是一種重要的補充：讓出於政治動機的不服從在分類上更為完整。若然，回到現實問題，非法占領立法院的行為，從其訴求來看(服貿的簽訂過程是一個黑箱，人民的參與和監督嚴重不足)，我們可以說，它就是一種立基於民主的不服

10　關於雷茲的觀點，請參見“A Right to Dissent? I. Civil Disobedience,” in *The Authority of Law*, Oxford University Press, 1979.

11　關於 Markovits 的觀點，請參見“Democratic Disobedience” (2005). *Faculty Scholarship Series*. Paper 418. http://digitalcommons.law.yale.edu/fss_papers/418

從。值得指出的是，如果立基於民主的不服從是一種獨特、不可化約的政治不服從，那麼它的正當性條件是什麼就必須講清楚：其中關鍵的問題是，它是否允許非說服性的策略？對這個問題，這些共和主義者認為，立基於民主的不服從，就正當性而言，僅能採取說服性的策略去獲取特定的成果(某項法律或政策的改變，例如否決或修改目前的《服貿協議》)，但是可以採取非說服性的策略去迫使政治過程對人民的參與更開放，以利民主的活化與深化(例如，迫使立法院通過一部擴大人民參與的《兩岸協議監督條例》)。而依照這樣的原則來說，這次的占領行為，作為一種立基於民主的不服從，也是具有正當性的，因為當王金平承諾了要先立法之後，占領者就自願退出了立法院，停止使用非說服性的策略[12]。

雷茲的論點與德沃金式的主觀論，剛好針鋒相對，因為雷茲認為：第一，在政治參與權受到恰當保障的社會裡，公民不服從不是一項權利；第二，公民不服從的行為，就正當性而言，必要條件之一是訴求必須是正確的。而這兩點恰恰是德沃金式的主觀論所不同意的。

雷茲認為，如果他的第一項論點成立，那麼，就定義而言，非暴力、身分公開、自願接受法律制裁，就沒有必要是公民不服從之為公民不服從的構成條件，換言之，我們可以更寬鬆地說：任何基於政治動機(目的在於改變或抗議某項法律或政策)而公開實施的非法行為，就是公民不服從的行為。雷茲診斷說，一般論者之所以對公民不服從做較窄的界定，可能是因為沒有認真區分以下兩項主張：

---

12 民主不服從可以談的問題還相當多，限於篇幅，無法在此細究，有興趣的朋友除了Markovits的論文外，還可以參考William Smith, *Civil Disobedience and Deliberative Democracy*, Routledge, 2013.

(1)在憲政民主社會裡，公民不服從的行為有時候具有**正當性**，有時候甚至是我們的**義務**。

(2)在憲政民主社會裡，公民不服從是一項**權利**。

雷茲猜測，一般論者非常可能因為相信(2)而認為「採取違法手段的政治行動者必須窮盡合法手段、必須公開自己的身分、必須採取非暴力手段，他們的行為才是公民不服從」。也就是說，這些論者可能認為，公民不服從，因為是一項權利，所以它的界定必須嚴格，否則就會受到「權利氾濫」的批評。

雷茲認為，雖然(1)成立，但是(2)並不成立。他指出，如果(2)不成立，那麼，我們就不必擔心受到「權利氾濫」的批評而去主張：採取違法手段的政治行動者必須窮盡了合法手段、必須公開自己的身分、必須採取非暴力手段，他們的行為才是公民不服從，而如果他的第二項論點成立——也就是說，公民不服從的行為是否正當，真正重要的一項條件在於行動者的訴求是否正確，那麼我們甚至也不必相信，採取非暴力的手段是正當性的一項條件。雷茲認為，如果訴求正確，其它的條件都是選擇策略時的考慮。當然，他會同意，在考慮行動策略時(特別是要使用暴力手段時)，公民不服從的行動者必須謹守比例原則、必須注意責任倫理(要注意後果)，不過，雷茲也指出，這也是合法的政治參與必須謹守的(雖然沒有使用暴力手段的問題)。

然而，為什麼雷茲會否認(2)、會認為公民不服從不是一項權利呢？根據雷茲，當我們談到權利的時候，有一個重點必須注意，那就是：權利保障了個人去做不對的事情之自由。例如，政治參與，如果是我們享有的一項權利，這項權利便保障了我們去倡議、推動事實上錯誤的政策、不義的法律(雖然我們主觀上會認為是對的、正義的)之自由。簡言之，權利保障我們去做客觀上錯的事情之自由。

雷茲說，如果擁有權利者所能做的事情只能是對的，那麼擁有這個權利是沒有用的，因為我們本來就可以正正當當地去做對的事情，並不需要有了權利才能去做。

因此，雷茲要我們考慮：如果我們同意，在憲政民主社會裡，公民的政治參與已經得到相當的保障了，那麼說個人享有公民不服從的權利到底會有什麼理論上的後果？他說，那等於是給個人一個權利去做他有時候不應該做的事情：去倡議、推動錯誤的政策、不正義的法律，就像說給予你言論自由權，就是保障你去講你不應該講的話自由，甚至蘊涵說，政府有義務去防止他人干涉你講這些話的自由。換言之，如果個人享有公民不服從的道德權利，這意思是說我們在道德上可以用非法的方式去推動我們的政治訴求，即便這個政治訴求是錯的，而且他人(包括政府)有義務不干涉、阻止我們的非法行為。而雷茲認為，這是不合理的。他認為，在合法的政治參與裡面，即使我們所推動的政治訴求是錯誤的、不義的，我們的參與仍然是得到權利的保障的，他人和政府都不得的干涉、阻止我們；但在這個範圍之外，如果我們希望以非法的方式去推動我們的訴求，那麼，這樣的非法行為要具有正當性、他人或政府不得干預我們、阻止我們，前提是我們所訴求的政治目標是正確的：正確性是正當性的必要條件。

換言之，雷茲告訴我們，如果這個社會已經對參與政治的自由有一定的合理保障，那麼我們就沒有道德權利透過非法的方式來追求個人的政治訴求。不過，雷茲也強調，他的觀點並不蘊涵說，非法的方式在所有的時候都是不具道德正當性的，因為他同意，保障政治參與的民主程序會有犯錯的時候，有時候可能會做出非常愚蠢的決定(例如建造不安全的核能電廠)，甚至違反人權的決策和法律，而在這些時候人民是可以用非法的方式、甚至包括使用暴力的方式(但必須符合責任原則和比例原則)來挑戰、改變這樣的法律和政策。

對於雷茲的批評，可以有兩點回應。第一，回到具體的個例來說，如果雷茲的觀點成立，那麼，非法占領立法院的訴求是否正確，就是決定它是否具有正當性的關鍵問題：如果訴求不正確，占領就是不正當的。不過，我們說過，這樣的結論是大家都會同意的，但也是空的，因為這些訴求客觀而言是否正確，我們並不知道，或者即使知道，我們也無法證明其正確性，因而雷茲的觀點等於繞過真正有待解決的問題：當訴求是否正確的問題存在爭議時，公民不服從是否具有正當性？第二，我們可以同意雷茲說，就政治道德而言，在憲政民主國家中，言論自由權確實蘊涵說，他人和政府不得干預、阻止我們發表、傳達觀點錯誤的言論，而依這個標準，個人並沒有公民不服從權，因為我們必須同意，他人(不認同抗議者的政治訴求者)和政府可以針對抗議者的非法行為，在合法合理的範圍內，進行反制(例如防止、驅離或逮捕)。因此，當德沃金說「給定抗議者的動機、處境(包括對於具體法律和政策的信念)，抗議者這時候去採取不服從的行為，不論他的訴求是否正確，只要其它條件滿足，他們都是做了**對的**事情」時，這個觀點確實並沒有蘊涵說，公民不服從(如言論自由一般)是個人享有的一項權利。當然，有人也許會說，個人的公民不服從權是內建在個人的基本自由和權利中的權利，或者說附屬在個人的基本自由和權利中的權利：當個人認為這些基本自由和權利被多數人所通過的法律嚴重侵犯時，個人就有權利去採取合乎某些條件的公民不服從行為，作為救濟的手段。不過，這類的附屬權利，如果是權利的話，依舊不是以言論自由權為典範意思上的權利：因為政府依法採取合度的方式去阻止我們的非法行為，也是可以具有道德正當性的。因此，公民不服從，如果我們堅持它是一項權利，那麼，它是在一個特定的意思上的權利：當我們認為某項法律或政策非常邪惡、不義或不智時，政府的法律禁令並不構成我們避免使用違法的手段去抗議的理由，也就是說，我們有不受守法義務之拘束的道德自由去做為了表達訴求的非法抗議行為[13]。而且這樣的道德自由，是政府在起訴和審判抗議者時必須重視的一項考慮。

簡言之，只要我們不要過分誇大德沃金所強調的「做了對的事情」，雷茲的第一點批評並沒有真的撼動到德沃金的主觀論立場。關於雷茲的第二點批評，值得指出的是，從當事者本人的觀點出發，主觀論和雷茲所主張的客觀論，其實並沒有差別。因為，如果你做為一個公民，你有一些政治訴求沒有得到落實，雖然你知道你有權利去採取非法的不服從作為，你也知道非法的、不服從的作為只要小心選擇，可以是正當的，但是，你也知道，根據主觀論，你必須真心認為自己的訴求是正確的，你的不服從行為才是正當的。不過，這並不是說，主觀論要你想辦法(例如使用喝酒、吃藥等**非認知性**的手段)讓自己具有「真心認為」這樣的心理狀態：主觀論要求你的，是當你思考到底要不要採取非法的作為去推動政治訴求的時候，你必須非常謹慎小心，你必須仔細思考你所提出來的政治訴求到底是不是正確的，經過反思批評等認知性的檢視過程，直到你真心認為你的政治訴求是正確的為止，你才可以採取非法的手段去推動。而這也正是一個主張客觀論者在考慮是否要採取非法的抗議行動時同樣會遵循的步驟。換言之，對抗議者而言，主觀論和客觀論一樣都

13 關於這個觀點的詳細辯護，有興趣的讀者可以參考David Lefkowitz, "On a Moral Right to Civil Disobedience," *Ethics*, 117 (January 2007): 202-233.

會對他產生一種延遲(deter)的效果，因為兩種理論都排斥恣意任性的公民不服從行動。

總結而言，德沃金式的主觀論，在理論的層次上，是可以站得住腳的。針對現實世界的問題，以德沃金式的主觀論或民主不服從論作為依據，我們有理由相信，這次的非法占領立法院，如果暫時先擱置它的政治和社會意義，不去討論它對兩岸關係和台灣經濟發展的影響，那麼，它確實是一項具有正當性的公民不服從行為。不過，必須指出的是，這樣的判斷，並沒有蘊涵說這次非法占領的政治訴求是正確的，也沒有蘊涵說它對未來兩岸關係和台灣經濟發展的影響是正面的。這些實質的問題，有待各界進一步去觀察和論證，而我想應該不需要特別強調的是，無論如何，針對後一個問題所關注的兩岸關係和台灣經濟發展，我們(不論掌握政治權力者或者一般公民)接著都要想辦法讓這次的公民不服從行動成為正面的因素。

謝世民，中正大學哲學系教授，長期關注及研究道德、政治與法律哲學之議題。

歧路徘徊的中國夢：

民族國家或天下帝國？

曾昭明

楔子：「中國想像」，是問題不是答案

世界進入21世紀，中國崛起的影響日復一日深化。作爲巨人旁邊的小國，台灣不可能不感受衝擊，從政府到媒體，各式各樣的意見喧囂觀念市集。中國總是被談論着；台灣並不缺乏關於中國的談論，但對中國崛起的意義和效應全面的思考，在台灣，在這個全世界受到中國崛起最大衝擊的地方，卻又意外地稀缺。

吳介民的《第三種中國想像》，填補了這個空白，也讓一個語詞——「中國因素」，頓時成爲台灣文化和社運圈的流行語。「我們必須嚴肅完整地思考中國因素！」這幾乎可以當成吳介民這本書的次標題。而要思考中國的崛起，除了我們對自己的「中國想像」必須有自覺和反思，似乎也不能不追問：那麼，中國自己是如何想像「中國」的呢？讀完《第三種中國想像》，這是我首先也是最大的疑問。

一、中國「新門羅主義」下的台灣

眾所周知，從2013年到2015年間，馬政權預計將完成幾項工作：台灣與中國簽訂服務貿易協議；台灣與中國簽訂商品貿易協議；台灣與中國簽訂兩岸文化協議；台灣與中國互設辦事處；確定將「一中架構」列入政府正式文件；馬英九赴上海，參加 APEC 會議，與習近平會面。這個時間表透露着嚴峻的政治訊息：要推進這些與「中國因素」有關的政治議程，馬政權是絕對需要部署結合國家暴力與黑道暴力的國家壓迫裝置的。不進入實質戒嚴的「非常國家狀態」，在常態的民主政治下，要完成這些政治議程是高難度的政治工程。

在人類歷史上，要使一個自主獨立的國家變成另一個國家的附庸國，鮮少是憑藉和平手段取得成功的。在拉丁美洲的歷史上，這也是過去依賴理論所嘗試說明的故事：對外的經濟依賴是與國內的官僚威權主義相伴而生的，是交相支持的連屬構造。這其中，古巴是最突出的例子。

1890年代，美國工業生產超越英國後，不得不尋求新的商品市場、投資機會和原料來源。同時，美國國力的上升，也使美國權力菁英的外交思維產生轉變，美國開始將自己視爲應該具有世界角色和世界影響力的國家。1901年擔任美國總統的老羅斯福，在美國外交政策的「帝國化」轉向上，尤其是奠基型的關鍵人物。美國外交界的名人季辛吉，就向老羅斯福再三致意，認爲他象徵「美國外交政策思想的極致」，在他的總統任期內，「美國奠定了在美洲的盟主地位，開始讓全世界意識到了美國的實力」[1]。

---

1 季辛吉，《大外交》，譯者林添貴，顧淑馨，智庫，1998。

在此之前，美國外交政策的支柱，基本上由兩個核心理念構成。第一是「韜光養晦」：不介入也不捲入歐洲「舊世界」各國間的權力鬥爭。第二就是將美國在美洲大陸的主導地位當成是美國「不言自明的命運」（manifest destiny），或者用漢語文化圈的儒家語彙來說：成爲美洲的主人，是美國的「昭昭天命」。爲此，美國還早在1823年就發佈「門羅宣言」，警告歐洲強權不得插手西半球事務。

到老羅斯福當總統，開始打破美國外交韜光養晦的傳統做法，奉行合縱連橫的均勢外交法則，積極介入強權主導的國際政治，另方面，他也擴充對門羅宣言的詮釋，鞏固和延伸崛起中的美國在拉丁美洲的商業利益和影響力。他說：「在西半球，美國所堅守的門羅主義，可能迫使美國不論是多麼地不情願，仍不得不對惡名昭彰的惡行或無能，行使其國際警察權。」季辛吉認爲，老羅斯福一語道破美國門羅主義的「邏輯結論」：在美洲，美國是唯一具有「文明國家」地位的國家；對拉美國家的事務，美國享有獨一的干預權。

古巴，恰好是老羅斯福驗證他的門羅主義的重要試金石。1898年4月，正當古巴人向西班牙爭取獨立的戰爭進入最後階段，當時還是副總統的老羅斯福，不顧官場倫理，逕自以「緬因號」軍艦在古巴哈瓦那港被炸沉爲藉口，向西班牙宣戰。美西戰爭的結果，美國海軍摧毀西班牙艦隊。戰爭結束，美國志得意滿，與西班牙簽定巴黎條約，取得菲律賓、波多黎各和關島。這個條約同時也改變了古巴的命運。西班牙聲明放棄在古巴的一切權利，然後，1899年1月1日，美國軍隊隨即登陸古巴，實行軍事占領。

到1901年，當剛建國的古巴共和國正在制訂憲法，美國政府提出所謂的「普拉特修正案」，限制古巴與美國之外的國家簽訂條約或者進行貸款，承認美國有干預古巴內政的權力，以及規定古巴有向美國提供軍事基地的義務。美國對古巴施壓，要求將這些條款列入古巴憲法，讓古巴成爲美國實質上的屬地。(無庸諱言，「普拉特修正案」與要求台灣承認中國爲宗主國的「一中架構」，實質意義是類似的。)

古巴是美國政府推動門羅主義(以排除歐洲殖民勢力爲名義，確立拉丁美洲爲美國的「勢力範圍」)的關鍵戰役，美國有勢在必得的「國家理由」。按老羅斯福的想法，「勢力範圍」的觀念代表世事的「自然法則」；易言之，「勢力範圍」就是「王道」。並且，所謂「勢力範圍」的觀念，在外交實務上也不能是泛泛空談，而必須在具體的外交行爲中表現出不容打折的具體意涵：每個強國，都該在廣大的特定區域內，享有壓倒性的、不容挑戰的影響力。

局勢到此，在美國軍隊脅迫下，古巴制憲會議面臨痛苦的抉擇：是要繼續被美軍占領，還是接受普拉特修正案？最後，古巴制憲會議的代表們以些微多數選擇後者，爲古巴的命運打上了封印。1901年底，古巴舉行第一次總統大選，唯一的候選人卻是居住在美國的美國公民。選舉結束後四個月，他才終於到了古巴。直到他就任古巴第一任總統，美軍才心滿意足，撤出古巴。古巴政府自此淪爲親美派的囊中物，而古巴也蛻變爲美國資本長驅直入的樂園。接着，就要等到半個世紀後，古巴人才終於發動「古巴革命」，結束掉這個徹底依賴「美國因素」的經濟政治體制。

以歷史爲鑑，仔細思考就不難發覺：現在中國要台灣簽署的貿易、投資和商品協議，要台灣接受的「一中架構」，從世界史的角度來說，其實是中國爲打造中國版的「新門羅主義」(確立東亞爲中國的「勢力範圍」)所進行的預備作業。中共的理論刊物《紅旗文稿》，今年剛刊登一篇奇文〈百年復興：關於中國共產黨的「天命」的對話〉，可能最直接地說明了這種中國版的「新門羅主義」：

> 「天命」就是說，中國結束了近代積貧積弱的局面，正在快速崛起。我們不會稱霸全球，但是要恢復和我們的人口、國土以及我們的歷史記憶相稱的亞洲大國的地位。這個地位一日不恢復，這個民族一日不安寧。這個「天命」也是一種傳統的、關於歷史的敘事——我們恢復在亞洲的位置，因為我們之前的幾個王朝每一個都到了這個位置。這樣，我們民族的記憶就銜接起來了，我們心裡就安寧了。

白話的解讀就是：亞洲是中國人的亞洲；而中國在東亞不恢復「天下帝國」的地位，中國共產黨就不能保住政權。這個中國版本的「新門羅主義」，標誌着一個徹底「帝國化」了的政治勢力。

二、中國權貴資本主義與「民族復興的黨國體制」

一般人容易忽略，在吳介民的《第三種中國想像》中，對中國因素的解析乃是開展自「中國權貴資本主義理論」，或者更完整地說，「中國權貴官僚壟斷資本主義理論」。上從跨海峽政商菁英聯盟，下至中國的農民工和台灣的勞工階級，眾人的命運都被「中國權貴資本主義」所捆綁和牽引。這是他對中國當前政經體制的基本性質所做的最概括總結。在這個理論脈絡中，吳介民的中國因素所指涉的即是中國權貴資本主義對其他國家和地區的經濟、政治與社會所造成的影響。凡是不願承認中國存在權貴資本主義問題的人，自然也不得承認吳介民所談的「中國因素」。

簡約地說，具有「中國特色」的權貴資本主義，同時具有經濟與政治兩個運作領域和制度支撐。在經濟上，中國經濟體制其實無異於許多發展型國家（developmental state）理論企圖勾勒的圖像。基於對晚發展國家(從19世紀的德國,到20世紀的日本、南韓與台灣)的研究,這種理論觀點主張,這些晚發展的資本主義國家雖然所處的歷史階段不同,經濟發展的模式卻有明顯的共通屬性:國家主導的「李斯特型超趕發展策略」(Listian catch-up strategy)。中國的資本主義化過程,雖在世界資本主義的歷史上規模空前,不過迄今爲止,它的發展軌跡並未超脫後進型資本主義的追趕式發展。

在政治上,李斯特型的超趕發展常伴隨着所謂的「發展型獨裁」或者「發展型威權主義」。這種資本主義後進國的國家主義(statism)統治型態,在歷史上往往容易墮落爲政治上的「非常狀態」:在德國表現爲納粹的第三帝國,在日本爲大正民主之後的法西斯統治,在台灣則是兩蔣時期以「反共復國」爲政治標語的白色恐怖和戒嚴體制。那中國呢?中國在這方面並非什麼例外案例。按照吳介民的分析,中國的國家統治策略依然可以準確地用「發展型獨裁」概念來描繪。吳介民自己,則是將「具有中國特色的發展型獨裁」定性爲「以民族復興爲號召的黨國體制」。

對中國的政經體制如此定性,對中國社會主義革命的社會性質和歷史意義做出這種詮釋,是否準確呢?中國國家主席習近平晚近一連串關於「中國夢」的談話,或許掃除了任何懷疑的空間。依據中共發出的官方論述,中國現代化的目標被以純然民族主義的語言定義爲「實現中華民族偉大復興」,而且,還同時將「中華民族的偉大復興」界定爲「中國特色的社會主義」的基本內容。

原本意識型態上主張無產階級國際主義原則,追求無階級社會烏托邦的中國共產黨,到此完全除卻一切反對階級壓迫的立場和觀點。從延安窯洞裡出來的農工階級政黨,轉身蛻變爲天朝皇城中的民族主義政黨,毫不遮掩獨尊民族復興,作爲政治統治的唯一理由和自身存在的「天命」根據。

無論如何，帶有濃重國家主義色彩的「民族復興」話語盛大出場，本身就展現着時代轉變的足跡；在危機的幽靈窺伺蜷伏的時代氛圍中，民族的榮耀取代人民的苦難，占領了時代的主旋律。

三、中國想像中的民族復興：民族國家或重返帝國？

要深入觀察吳介民對諸種中國想像的觀察，不能忽略一個基本事實：如何看待中國崛起的影響，不是台灣特有的問題，而是一個世界史層級的問題。

日前在一次訪談中，李光耀對中國崛起的影響表達了他的評價：「在世界權力平衡的變化上，中國的尺度是如此巨大，這個世界勢必要去發現新的平衡。假裝這不過是另一個大玩家，是不可能的。這可是世界歷史上最大的玩家。」[2] 對李光耀，中國崛起是沒有歷史前例的世界性事件。中國的崛起，不僅是另一個強權步上世界舞台；世界不會再一如往昔，中國的崛起勢必改變和重新塑造世界舞台。這當然將是個漫長的歷史過程，但中國崛起最終會塑造出怎麼樣的世界呢？

要切實回答這個問題，就必須追問：中國人對中國的世界角色，懷有什麼樣的概念和想像，情感和欲望？這個追問是絕對必要的。雖然從世界史的高度來說，面對「中國因素」終必是人類共通的問題，但在中國崛起的年代，中國的官員、知識分子和人民，將會比世界其他地方的人，對中國的世界角色具有更決定性的作用。

---

2 Kuan Yew Lee, Graham T. Allison, Robert D. Blackwill, Ali Wyne, *Lee Kuan Yew: The Grand Master's Insights on China, the United States, and the World*, 2013, MIT Press.

前面提及的李光耀訪談中，當被問到中國領導人是否真的準備取代美國，李光耀的回答相當明快：「當然，為什麼不呢？」中國不是另一個新興國家，會以成爲西方社會的「榮譽會員」而滿足。中國想按照自身的方式被世界接受。他指出，儘管中國不斷告訴亞洲其他國家，國家之間是平等的，而中國不是霸權國家，不過只要其他國家做了中國不喜歡的事，北京就會說：「你讓十三億人不高興了，請搞清楚你的位置。」

李光耀對中國崛起，有着他以觀察中國歷史爲基礎的詮釋。他認爲，過去的殖民歷史給中國帶來不少剝削和恥辱，但中國人的內心深處依然懷想着殖民化以前的世界。「中國」，在漢語中就意指「中央王國」，而各國都是中國的附屬國，必須前往中國朝貢；亞洲很多國家擔憂，崛起後的中國可能想恢復幾世紀前的帝國地位，使其淪為中國的附屬國。這是李光耀眼中的「中國因素」。

李光耀是否虛構着一個妖魔化的中國形象？《紅旗文稿》的「中國天命論」已經驗證他的說法不假，而另外一個小故事，也該會讓東南亞國家刻骨銘心。中國外交部長楊潔篪，2010年8月在東盟區域論壇說：「中國是一個大國，其他國家只是小國，這就是不可爭辯的事實。」楊潔篪的姿態，對中國版的新門羅主義無疑下了最佳註腳。

吳介民的書中，對「中國因素」的性質，對中國崛起的可能腳本，有個基本論斷：「中華民族的偉大復興」才是中國模式的預設基底。換言之，以專政手段達到富國強兵的整體性國族建設方案，才是中國共產黨從社會主義革命到改革開放各個階段一以貫之的政治邏輯。因爲開拓「發展型國家」理論而爲世人熟知的美國學者強森，早年其實是從研究中共的農民民族主義，而進入這個研究領域的[3]。自從他使用「農民民族主義」來描繪中共的政治體質，中共擅長在民族與階級的辯證中建立政治霸權的論點，就可說是學界的主流共識。由此來看，吳介民的說法，並未偏離這個學界共識。

只是，不論是對中國權力集團本身或是對之外的觀察者，該如何界定和理解「中華民族的偉大復興」？富國強兵後的中國，又要塑造怎樣的世界呢？

對此，據吳介民的說法，他與以研究民族主義著稱的學者班納迪克・安德森有着同樣的基本判斷：中國還沒完成現代的「民族國家建設」。這個「班納迪克・安德森—吳介民」命題，傳遞着這樣的訊息：中國正在從傳統帝國(「天朝」)轉型爲現代民族國家，但中國現代性建構的民族國家建設尚未完成。按照這個命題的邏輯，中國往「常態的現代民族國家」的方向持續改變，將是「中華民族偉大復興」的規範性目的和實際趨勢。按照這個腳本，中國崛起將會改變國際的權力均勢，但不會改變國際體系的基本結構；中國無疑地將會是新興強權，只是它的國際行爲依然受到現存國際體系構造的約束；崛起後的中國，也將逐漸蛻變爲現行國際體系下「負責任的大國」。

不過，如果我們依循日本左翼文化評論家柄谷行人的看法，對中國崛起，將會產生與「班納迪克・安德森—吳介民」命題類似但略帶差別的解讀和判斷。柄谷行人的看法可以濃縮成另外一個基本論斷：「中國社會主義革命乃是帝國重建的過程」[4]。

---

3 Chalmers Johnson, *Peasant Nationalism and Communist Power*, 1962, Stanford University Press.

4 柄谷行人、小嵐九八郎，《柄谷行人談政治》，譯者林暉鈞，心靈工坊，2011。柄谷行人，《邁向世界共和國：超越資本=國族=民族》，譯者墨科，臺灣商務，2007。柄谷行人，《世界史的結構》，譯者柄谷行人對中國革命性質的論斷，源自他的「世界史的結構分析」。他主張：舊有「世界—帝國」的核心、周邊、亞周邊的地緣政治學結構，正以獨特的方式重現於全球性的「世界—經濟」中。舊帝國的周邊，成爲殖民地。亞周邊，則是適應「世界—經濟」，乃至進入了中心。但是，過去「世界—帝國」的核心，不論是俄羅斯或者中國，由於抗拒成爲「世界—經濟」的邊陲，於是轉而構築新的世界體系。

同時，常態的民族國家建設方案(盧梭式的「人民主權市民革命」)，通常會將「世界—帝國」分解爲諸多民族，但俄羅斯與中國的社會主義革命，卻恰好使得這兩個帝國的本體避免裂解的命運。社會主義革命提供一種政治策略，將階級問題置於民族問題前；俄羅斯與中國的社會主義革命無意中正發揮重建帝國的作用。用柄谷行人的話來說：「毛澤東在中國的獨裁，完成了絕對王權在歐洲相同的作用」，也就是，「讓分爲各種地區、民族和身份的人，作爲臣民而同一化，結果形成了民族的主體。」

簡言之，中國的社會主義革命，在他看來基本內容乃是民族國家建設方案；所謂的「社會主義革命」，也就是民族國家形成的過程。但柄谷行人的分析並未止步於此。柄谷行人援引知名政治理論家漢娜・鄂蘭，提出了一組我們或可稱爲「漢娜・鄂蘭—柄谷行人命題」的觀點。這組命題的基本內容是：近代民族國家的誕生，乃是對過往的各種世界帝國的否定與分裂；因爲民族國家的前身——絕對主義王權國家，正是以反對帝國原理而產生的政治權威；不過，在原本的「世界—帝國」的範圍內(例如在中國)，回歸「世界帝國」(在柄谷行人，所指的是以「文明」的型態成立的文化或宗教的共同

(續)

林暉鈞，心靈工坊，2013。

性)的衝動卻依然存在;即便如此,單一民族國家的擴張非但已經無法再度形成帝國,反而將會基於對擴張的反抗而創造出新的民族國家,或者成為人們指稱的「帝國主義」——以民族國家的姿態而展開對其他民族或者民族國家的支配。按照柄谷行人的看法,以現代同質化民族國家的形式而企圖「回歸世界帝國」的方案,在近代歷史上有兩個可參照的前例:德意志的第三帝國和日本的大東亞共榮圈。這些都是由單一民族國家主導而朝向帝國的回歸。於是,從「回歸帝國」的方案角度來分析,中國的社會主義革命歷程實際上就不免帶有雙重的作用:既可避免古典帝國遭到裂解,同時又允許在現代民族國家的樣貌下保存和更新古典帝國的基底,而最終實質上成立以文化共同性為前提,以延續過往的帝國規模為志趣的「文明國家」。而現代的歷史還無法回答的問題是:這樣「重返帝國」的方案,如何可能不會是「帝國主義」的?我們甚至可以說:如果依循「班納迪克・安德森—吳介民」命題,中國民族復興的故事還是在完成民族國家建設方案的敘事中展開的,那麼,依照「漢娜・鄂蘭—柄谷行人命題」,我們就會得到不同的腳本和結局:中國的民族復興,基本上是個僞裝成民族國家的「帝國建設」(empire building)方案;但畢竟我們已身處在以主權性民族國家爲原理構成的現代世界,而在這樣的現代世界,「重返帝國」的政治方案,確切的意涵不外就是「帝國主義」。

四、天下帝國:「華夏中心主義」的帝國想像

李光耀說,中國想按自己的方式被世界所接受,但「中國的方式」的意涵是什麼?李光耀的理解是「朝貢體制」。不過,這就是完善的或者最終的答案嗎?顯然也不是。

「班納迪克・安德森—吳介民」命題預設了現代的「民族」想像，或者說，想像爲「民族」的政治共同體。這種政治想像有幾個特點：民族是有限的：民族不會想像自己等於全人類(相對地，宗教共同體的想像則蘊涵着：終有一日，全人類將會是同一個信仰共同體的成員)；民族是主權的：民族夢想着自由，這個夢想體現爲主權國家；最後，民族是共同體：民族必須設想爲深刻平等的友愛關係。當我們說「中國尚未成爲現代的民族國家」，因而就意味着：中國尚未全然將自己想像爲現代的「民族」，一種主權性的，但世俗的、有限的政治共同體；也在這個意義上，我們可以說：中國的政治現代性是個尚未完成的方案。

不過，「漢娜・鄂蘭—柄谷行人命題」暗示着：這個故事有可能從頭就是錯的。近代的中國社會主義革命，不能詮釋爲常態的民族國家建設方案，因爲它的本質就是帝國建設方案。中國革命繞過了民族國家建設方案通常的市民革命階段，而直接以絕對主義國家爲本體，邁向重返帝國的目標。「中華民族偉大復興」的世界史意義，不外是另一個世界帝國的誕生。

果真如此，我們也就不得不追問：那麼，「帝國」作爲一種政治想像，究竟與「民族」有什麼不同？其實，我們在班納迪克・安德森自己對前現代的「宗教共同體」的論述中，或許就可以找到初步線索。援引他的分析，我們暫且可以如是詮釋中國以往的「帝國想像」：中華帝國奠基於以儒教爲表徵的神聖文化，而被想像爲「廣大無限的共同體」；這種神聖文化是經由某種神聖語言與書寫文字爲媒介而傳遞和散播的(從漢族官方語言形成的「華文」)，同時，這種神聖文化藉助採用神聖語言的、超越塵世的權力秩序(天子，亦即，承接天命的王制)，而將自己設想爲宇宙的中心；這種神聖的表象系統，構成了具有「真理語言」地位的世界性語言，人類存有的本性可以經由參與聖體而改變(傳統中國儒教「化夷狄爲華夏」的「文明使命」);最後,經由神聖語言而結合起來的信仰共同體,沒有擴張範圍的限制,「帝國」是原則上每個人都可以進入的「純粹符號的世界」[5]。

我們可以說,古典的「帝國」想像首先根源於(也奠基於)「文明國家」(civilization-state)的政治方案,而古典「帝國」在文化想像的形式上與現代人熟悉的民族國家截然有別。但帝國想像不只是關乎「文明化使命」的文化方案,它同時也是關於建立特定權力秩序的政治方案。那麼,它的政治性表現在那裡?又要如何理解「帝國政治」與「民族國家政治」之間的差異?

對此,歐美左翼學者奈格里與哈特膾炙人口的著作《帝國》,是值得重新思考的線索[6]。他們反對現代媒體和運動論述中將「帝國」當成語義模糊的隱喻而隨意使用的傾向,主張必須將「帝國」這個語詞鍛造爲明晰的分析性概念。只是,作爲「概念」的帝國,所指的是什麼呢?

他們認爲,「帝國」概念有一個基本的政治特徵:帝國的統治不知「邊界」爲何物。帝國概念設定了能有效包含整體空間的世界性政體;帝國不能源自征服的歷史,而帝國也必須是能有效懸置歷史的一種「秩序」,可以將「現存的事物狀態」永恆地持存(也就是,帝國等於「在歷史之外」或者「在歷史的終點」);帝國不僅管理領土和衆民,而且將創造它所寓居的「世界」——帝國勢必以「全面的社會生活」爲治理對象;最後,帝國雖然不斷沾滿血腥,但總是(至

5 班納迪克·安德森,《想像的共同體:民族主義的起源與散布》,譯者吳叡人,時報出版,1999。

6 Michael Hardt and Antonio Negri, *Empire*, 2000, Harvard University Press.

少，聲稱自己是）獻身超越歷史的「永久的、普遍的和平」。

結合班納迪克・安德森和奈格里等人的論述，對理解「帝國想像」和「帝國建設」的政治方案，我們或可建立一個臨時的分析架構：帝國不但是普遍化的文明化使命，帝國也是沒有邊界的世界性政體。一言以蔽，帝國是神聖語言與神聖文化加披護佑的「文明世界」，也是「文明世界」中最高且唯一的權力秩序。帝國是代表普世人性真理的精神權力，也是統治人居領地(ecumene)的世俗權力。

那麼，當今的中國，是否存在着這種帝國想像和帝國方案呢？不但有，而且發展蓬勃。對建構中國的帝國想像和帝國方案，最醒目的標誌或者里程碑，或許就是「新左派」學者甘陽在2003年發表的文章〈從「民族國家」走向「文明國家」〉。在此文中，他力陳中國需要棄絕20世紀的「現代民族國家」方案；在21世紀，中國的中心問題就是「超越民族國家」，「自覺地走向重建中國作為一個『文明國家』」。他推崇梁啓超在〈大中華發刊詞〉等文提出的「大中華文明—國家」思路，並強調須以梁啓超所謂的「國性」(指的是「語言文字思想宗教習俗」，實際也就是「文明性」)，來爲中國的「文明國家方案」奠定基礎。

甘陽的「文明國家」論述，一方面延續着張頤武、陳曉明等人1990年代中期的後殖民論述，主張中國五四以來的啓蒙話語是西方「東方主義」對中國的文化殖民，必須代之以具有本土意識的「中華性」，但另方面又將西方原本帶有濃重「解構國家」色彩的後殖民論述加以倒轉，變成以恢復「中華性」爲本去建構「文明國家」的政治方案。

甘陽的「文明國家」論述，這十年來不但已是中國新左派的共同主張，同時也與新起的文化保守派交互激盪，交互唱和，蔚爲天朝學術的新主流，也組裝起中國拼湊帝國想像的學術先鋒[7]。限於篇幅，我只能以晚近的一個文本爲例，來說明這個文化趨勢的發展樣貌。歐洲哲學家科耶夫的著作《法權現象學綱要》，是近年來天朝學人熱烈追捧的西方經典。在這本書的〈中譯者導言〉，學者邱立波如此說明這部哲學作品對天朝學人的啓示：這部作品「表徵着西方現代性思想路數的所有邏輯都可能被耗盡了。歷史的終結，終結於現代性。」

對習慣現代性批判和後現代性討論的台灣文青，這些論點並不稀奇，也許還所見略同。但西方現代性的終結，對中國聲勢不斷高漲的文化保守派來說，所揭示的並非是台灣各種「破文化」所宣說的後現代政治，而是崇高的「歷史指令」：中國全面接受現代化成果，不等於中國要接受西方對中國世界角色的安排，更不等於中國要將自身的文化交給西方現代性的邏輯來宰割。

這個「超克(西方)現代性」的歷史指令，用〈中譯者導言〉自己的話來說，導向一個地道中國的、廣大的、深遠的「歷史責任」：「中華文化的復興，以及作爲此種文化復興之肉身體現的『中華帝國』的再造，因此不是單純的民族性課題，更有世界歷史意義。」

在中國文化保守派的詮釋下，「中華民族的偉大復興」，基本的意義就是「以中國爲中心的『中華帝國』的再造問題」。更重要的是，中國應該依據這個歷史意識，重新決斷中國自身的「國策」：徹底拒絕由西方現代性而衍生的普世價值和國際正義，爲重建中華帝國自身的正義原則做好準備，建構屬於中國的國際新秩序。這個國際新秩序，有着古典而儒雅的名字：「天下主義」。

---

7 中國文化保守派的代表人物，有施特勞斯派學者劉小楓，以及「政治儒家」的首席倡議者蔣慶。

「天下主義」是中國新左派與中國文化保守派共享的語彙。這個語彙之所以廣為人知，與學者趙汀陽有關。他於2003年(恰與甘陽發表「文明國家論」同年)在巴黎的「帝國與和平」國際會議發表主題論文〈「天下體系」：帝國與世界制度〉。這篇後來受到西方國際關係學界關注的論文，首先確立了一個基本立場：「『天下』所要表達的正是關於帝國的一種理想或者說完美概念」。趙汀陽認為，中國政治思想沒有不可兼容的他者，沒有不共戴天的異教徒，沒有不可化解的絕對敵人。是此，社會可以無限擴大，文化可以無限交融，即便政治也可無限延伸，完美到萬民歸心，成為整個世界社會的政治。「天下」，是中國對萬民歸心的「世界性社會」所給的名字。西方雖也有與「天下」具有同等語義幅度的觀念——基督教的「上帝之城」，但上帝的政治畢竟不是人的政治，屬於「天上」的上帝之城不可能在人間落實。於是，他做出了一個理論的(同時也是政治的)結論：唯有中國的「天下」才是有效的政治普遍概念，而「天下」理念的實現，將使得「上帝之城」失去政治意義。趙汀陽沒說出的潛台詞是：要實現「天下帝國」，就必須撤除拉丁基督教帝國使精神權力與世俗權力分離和制衡的典制。

此後，帝國性的「天下主義」或者說「天下帝國」理念，成為天朝學人的流行語，相關作品如雨後春筍。甚至於，曾炮製「新時代」話語將後福特主義概念庸俗化，從此在左翼學圈名聲掃地的英國作家馬丁・賈克(Martin Jacques)，也湊熱鬧寫了一本《當中國統治世界》，在2009年出版。

新興的「天下帝國」學術產業繁花似錦，但要論以儒家觀念詮釋「天下帝國」，干春松2012年出版的《重回王道：儒家與世界秩序》可能完成度最高，也微妙地標示出中國文化保守派從文化民族主義到文化世界主義的「帝國化」轉向。他重述諸多晚清以降中國儒家的共識：16世紀後以民族國家為基礎的世界體系就是「戰國」，就是國與國競爭的「世界」。這樣的世界需要中國的天下主義來撥亂反正，經由「結合天道、王道和王權」，重建以道德爲基礎的王道政治。他強調，「王道政治」的最終目標應是「天下一統、王者無外」(所謂「春秋大一統」)。從漢代公羊學(「三世說」)到宋明儒學(「仁者與天地萬物為一體」)，都已為「天下主義」提供形而上的支持。只要中國能達成王道政治，就可為世界樹立規則，最終得到四夷認同。如同唐朝經學家孔穎達在《春秋左傳正義》所言：「中國有禮儀之大，故稱夏；有服章之美，謂之華」。「天下主義」是中國實現「四夷賓服」——中國古代評價朝代興衰治敗的重要標準——的必由之徑。「天下主義」必須是中國版本的「普世價值」；或者倒過來說，世界也必須接受中國版本的普世價值——以華夏爲中心的天下主義。

這種「天下帝國」的思維與方案，一如中國政治儒家所言，在漢帝國時代就已穩固成型。我們無法在此追索天下帝國的系譜學，而只能點出，西漢文學家司馬相如，在〈難蜀父老〉中就已經說及：

> 《詩》不云乎？「普天之下，莫非王土；率土之濱，莫非王臣。」是以六合之內，八方之外，浸淫衍溢，懷生之物有不浸潤於澤者，賢君恥之。……遐邇一體，中外禔福，不亦康乎？夫拯民於沈溺，奉至尊之休德，反衰世之陵夷，繼周氏之絕業，天子之急務也。百姓雖勞，又烏可以已哉？

千古以來，中國文人除了讚歎這是檄文(出師前對敵人的書面討伐)的代表力作，鮮少有人去闡明：這篇文學名作充斥着以「文明化使命」爲名支持漢帝國向「西南夷」擴張的「國家理由」，既是中國帝國美學的範例，也是以「禮樂政教」爲張本的帝國建設方案。這種視而不見，或許正說明着：「天下帝國」意象，乃是漢語文化圈中的「政治無意識」，而且可能還是其中最深沉的。

以這些中國當前的文化動態爲背景，我們才能理解：《紅旗文稿》的「中國天命論」絕非即興之作，而僅是中國浮現中的「天下帝國」思維和方案的冰山一角。依據這種思維和方案，「中華民族的偉大復興」，終極意義就是重返中國歷史上的「天下型帝國」。華夏中心主義的天下帝國，而非常態的民族國家，才是「柄谷行人論斷」(「中國社會主義革命乃是帝國重建的過程」)的最終歷史產物。在這裡，「中國因素」等同於「中華帝國因素」，不折不扣，不多不少。

代結語：天下帝國與公民社會對話

中國崛起是世界史層次的問題，這點今天大概很少人會有疑問。但該從什麼角度理解中國對世界的影響，卻依舊曚昧不清。像齊澤克這樣的歐洲左派，早已提出警告，中國沒有民主的現代化歷程，造成了強勢的威權資本主義，對所有的民主資本主義國家都構成了「向下沉淪」的壓力。齊澤克的警示雖中肯，但卻似乎還沒搔到癢處，後續也未見明確的行動對策。

就此而言，吳介民的「中國因素論」，以權貴資本主義爲對象，從中國社會內部的階級關係出發，就切入中國崛起對世界和台灣的影響的問題而言，至少是打開了新起點。在此種理論進路下，他的中國因素論要求着能在分析上和在實踐上區別對待中國政權、中國官僚資本和中國社會，企求藉此打開中國公民社會與台灣公民社會間的民主對話，讓兩岸的公民社會在制約、規範國家權力和資本權力上建立夥伴關係。

但吳介民以抗拮權貴資本主義爲核心的中國因素論，當然並非唯一的版本。在吳介民出版其著作前，香港知名作家陳冠中也已提出他自己的中國因素論，他稱爲「中國天朝主義」。他認爲，從中國國家統治策略的角度出發，我們可以發覺，中國存在一套特定的意識型態論述。這種「天朝主義」的意識型態論述，首先否定中國是現代(西方)意義下的民族國家或帝國；其次，肯定當代中國的黨國體制是「傳統中國政治遺產」的繼承和發揚；最後，主張大清帝國是傳統中國天朝式政治視野的極致表現，也是今後中國型塑政治想像的基本模版[8]。

在這篇短文中，我們事實上是依循陳冠中以國家策略爲出發點的分析進路，來重新檢視吳介民的「中國因素論」。我們發覺，至少在意識型態論述或者文化政治的層次，對天朝主義的治術話語批判，可能比對權貴資本主義的政治經濟學批判，更能敏銳地凸顯中國政治宰制結構和統治策略的「中國特色」。它要求我們逼視這個時代的重大問題：「民族復興」的中國夢，將會指向常態性的民族國家？還是未知的天下帝國？對這個攸關未來世界基本樣貌的問題，我們還沒做出充分的思考：我們是否可以確定地說，中國還在歧路徘徊中？中國是否還在趨向「天下帝國」的歷史轉折的初期階段？是否一切尚可以導正？或者，歷史的列車已經離站，而我們卻

8 陳冠中，《中國天朝主義與香港》，牛津大學，2012。需要補充說明的是，陳冠中認爲清帝國是中國天朝主義的原型的看法，可能會與近來中國保守派的論述方向抵牾。晚近中國的帝國論述，在爬梳完「朝貢制度」和「多元一體」問題後，其實更傾向於以漢帝國與漢朝經學所建立的政治神學爲原型。這點或許是「天朝主義」分析需要修訂和繼續拓深的地方。

還在月台上等待着一班不會到來的列車？

按此處所做的探索，我傾向認爲：中國的「民族復興」方案已受到「天下帝國」想像所牽引，並穩健地朝向中國版的新門羅主義前進。關於如何評價這種變化，當然中共會認爲，台灣的天朝主義左派也會認爲，唯有在中國版的新門羅主義下，東亞才有和平。不過，正如子安宣邦(一位研究儒家思想的著名日本學者)所說，這樣的和平，是「帝國的和平」，只是維持帝國利益的「非常狀態」。但「帝國的和平」不是真正的和平、不是人民的和平。真正的和平(或者說秩序——pax一字的原意)需要人民展現出共同的生存意志，以這種意志爲基礎，而對帝國一元化的文化、社會、政治不斷抵抗。順著目前的局勢走下去，「亞洲的和平實難想望，而人民的生活在政治上自由與民主會越來越受到限制，在社會上不平等、階級化的現象會越來越嚴重。」[9]

正如子安宣邦所預見的，在「中華帝國」再起的時刻，在中國歡呼「中華民族偉大復興」的時刻，不僅是台灣，任何無法抵禦帝國擴張的東亞周邊國家和地區，都勢必得付出經濟附庸與民主退化的雙重代價。就此而言，台灣需要的，不僅是與中國公民社會對話，而更重要的，是能與東亞周邊國家的公民社會對話。

尤其，在與中國公民社會的對話上，我們更不能迴避中國的世界角色的問題，縱然這有使得對話更形艱難的風險。我們必須指出，「天下帝國」的話題，甚至已滲透入中國自由派群體。諸如許紀霖這樣的自由主義者，也不得不參與其間，談起「新天下主義：中國如何成為文明帝國？」[10] 未來，台灣與世界要面對的，可能不只中

9 祝平次，〈帝國和平 永久和平〉，《自由時報》，2013.06.08。

10 高全喜等，〈世界歷史的中國時刻〉，《開放時代雜誌》，2013，

國新左派或保守派的「天下帝國論」，中國自由派的「天下帝國論」，其實也呼之欲出。

可能有人會質疑：當血氣方剛的「天下帝國」宏大敘事如泰山壓頂而來，公民社會狀似卑微柔弱的理性對話，難道足以對抗結合國家權力與資本權力，融貫中國帝國傳統的新宰制構造？的確，在中國知識分子開始嘗試用儒家文明建構中國版的普世價值的時候，中國天朝主義的意識型態攻勢已經整裝待發：在政治上，有取消民族國家來奠立文明國家的倡議；在社會層面，有滅絕公民社會來純固「人民社會」的訓敕；在國際關係上，有貶抑「主權國家的國際體系」來貢事「華夏中心的天下體系」的獻策。一個以「全面的社會生活」爲治理對象，「大建厥極、綏理群生、訓物垂範、御制天下」的帝國方案，已然雛形初具。

對此，我們唯有指出：公民社會內與公民社會間經由對話而形成的團結意識，固然不是抗衡帝國化趨勢的充分條件，卻一定是必要條件。漢娜·鄂蘭或許以最簡潔的方式，對公民社會對話在培力賦權「反帝國」政治想像上的內在力道，闡釋出其中的政治存有論深意：

> 只有當存在着複數的觀點，世界才會形成。……萬一發生劇變，世上只剩下一個國家，而其國內的事務變成每個人都只從同樣的觀點看每件事情，理解每件事情，生活在完全彼此同意的狀況下，那麼這世界在歷史—政治的意義上來說，就是結束了。[11]

(續)

http://www.opentimes.cn/bencandy.php?fid=368&aid=1708 。

11 漢娜·鄂蘭，《政治的承諾》，譯者蔡佩君，左岸，2010。

從這個對政治本性的現象學洞察看來，倚仗「天下帝國」想像推進「世界歷史的中國時刻」，毋寧宛如「世界歷史的終末」，而非世界歷史的開端。帝國秩序披靡之處，「同居天地之間，各有彼此之別」的大千世界，亦將不復存焉。「化衆爲無的大一統」，無法構成真正的「世界」；真正的「世界」，唯獨存在於複數觀點的對話中。

有首老歌，大家或許聽過：「為什麼太陽還繼續照耀？為什麼鳥兒還繼續歌唱？他們不知道嗎？世界已經結束。」對漢娜•鄂蘭，完美而純粹的帝國秩序亦即「世界的末日」。對我們，複數的「我們」，帝國秩序下「不算數」的云云衆生，當然也是如此。被漢帝國抹除的「西南夷」還依稀記得，帝國的賦歌總是遮蔽着流不出淚的、無法說明的、不被歷史記錄的哀傷。

同時，這個角度也可能讓我們對晚近台灣318反服貿占領運動的意義，賦予一個超越台灣自身的理解脈絡。這場以「捍衛民主」為主旋律的學生與公民運動，在許多媒體和學者的論述中，被呈現為是由於台灣基於行政獨裁的憲政危機而逼迫出來的民主運動。但其實，從這篇文章所試圖探索的分析視野而言，如果深入探討造成台灣憲政危機的根源，這場運動的起因其實與中國的天朝主義意識型態與國家策略不無關聯。甚至，就目前的態勢，我們至少可以說，繼2011年緬甸的民主化之後，台灣的反服貿占領運動實質上已對21世紀中國的新門羅主義(「亞洲是中國的亞洲」)構成了另一次的重大挫敗，尤其，這次還是發生在一個普遍被認為已經民主化的已發展國家。也因此，從香港到日本，到歐美，在所有對中國模式的帝國性擴張感到疑慮的人群中，它引發了迴響，也微妙地改變了逐漸被視為理所當然或者別無選擇的「天朝主義」氛圍。

無論人們如何評價反服貿占領運動的直接結果，但它無疑已在台灣的年輕世代催生著「重新定義台灣與中國的關係」的新思維。我們尚無法確認這股新思維未來的走向和性質，可是它確實已埋伏諸多日後人們可藉此反思中國天朝主義與天下帝國意識型態的參照點。我們或許該認識到：318反服貿占領運動中，真正新生的、屬於新世代的事物，不是冷戰時期遺留下來的「恐共」或「恐中」情緒，而是中國新興的天朝主義在周邊國家所激盪起的社會保護行動。這種社會保護行動，詢問著一個嶄新的時代課題：中國在21世紀，究竟要扮演和發揮什麼樣的世界角色？崛起後的中國，能否建立起一種非帝國性的國家策略？又如何建立？要從一個具有歷史縱深的批判性視野來完整回應這個問題，明顯地絕非易事。而且，它絕不會是只有台灣年輕世代才會感到切身的問題；它勢必也會是整個21世紀中，一代接一代的中國批判性知識分子，都將會——也必須——持續面對的艱難挑戰。

曾昭明，曾為台灣八〇年代學運組織民主學生聯盟的負責幹部，後留學英國。民進黨執政期間，先後在總統府、經建會、青輔會擔任職務。2007年創立台灣企業社會責任協會擔任執行長，推動「責任型經濟」有關的社會倡議。

21世紀的中日大戰？：

東亞國際秩序中的「日本問題」

蔡孟翰

一、回到1914？

2014年1月23日，日本總理安倍晉三在瑞士達沃斯世界經濟論壇的演講與記者會中，把現下的中日關係類比於第一次世界大戰前夕的德英關係。他譴責中國每年的國防預算增加一成，是區域內不安定的因素，並呼籲各國支持日本在東亞建立以國際法為基礎的秩序，反對中國以暴力恐嚇改變現狀。安倍的發言令人側目，引起議論紛紛。英國《金融時報》的馬丁沃夫旋即表示，安倍的論說令他憂慮不安；同報的外交事務總評論人吉迪恩·拉赫曼在主持對談時，詢問安倍中日是否可能戰爭，他察覺安倍並無決心避免衝突。英國國家廣播公司的商業新聞編輯羅伯特・佩斯頓質問安倍，既已認識到中日衝突的可能性，他是否打算減少衝突？安倍回答：只要中國不放棄軍事擴張，那就不可能。佩斯頓說，安倍的答覆給人一種空虛感。英國《每日郵報》更點出當安倍指責中國國防預算每年增加一成，但日本去年的國防預算增加兩成三，還完成一艘名為直升機搭載艦，實際上卻可以搭載混合型戰鬥機的航空母艦。

其實，把中日近年來持續升高的緊張關係比喻為1914年第一次世界大戰前夕的始作俑者，就是《金融時報》。該報在這兩年的專欄評論中，數次提到2014年東亞與1914年歐洲有多點相似，前述的吉迪恩・拉赫曼、馬丁沃夫與飛利浦・史蒂文斯皆為文以1914來喚起世人對中日關係的憂患意識。2014年1月24日《金融時報》的社論更大聲疾呼中日必須懸崖勒馬，極力避免在東海陷入戰爭，而且不假顏色批判說：不管安倍用意為何，作為日本總理卻不忌諱以1914年歐戰前夕的德英比喻2014年的中日，本身就是煽風點火。

按日本內閣官房長官菅義偉的事後解釋，安倍的本意是說：即使中日貿易往來密切如昔日的德英，但經貿往來並沒有阻止德英衝突，故中日間需要更好的溝通。與《金融時報》同屬皮爾森集團的《經濟學人》即寧可相信這個解釋。然而，從當前日本右翼政治的走勢來看，這個解釋顯得相當片面。

在1914年大戰爆發前，幾乎無人料及大戰即將到來。歐洲各國間的政治、經濟與文化上的交流頻繁順暢，完全不亞於今天的中日，甚至還有過之。1914年的世界經濟與今天亦異曲同工，皆為自由主義的經濟體系，貿易資金在全球的流動相當自由。在看似一片大好的歐洲，竟然在奧匈帝國儲君斐迪南大公與他的夫人1914年6月28日被暗殺後的幾個星期，就爆發了全面戰爭。自此以來，學者便紛紛討論第一次世界大戰的成因為何？難道只是偶發事件所造成的？還是有更深的原因？誰要為此負責呢？大戰尚未結束，英法已認定錯在德國，戰後並以凡爾賽條約將德國的戰爭責任條文化，令德國巨額賠償協約諸國，最後一條賠款直到2010年才付清。

安倍的比喻自然是將日本比為英國，中國比為德國。安倍強調中國每年國防預算的增加是區域不穩定的因素，並表示如果戰爭發生，中國的損失將遠遠大於日本。他自信日本可以擊敗中國，世界各國亦會將中國看成罪魁禍首，讓中國吃不著兜著走。他認為日本需要像一戰前的英國在歐洲大陸圍堵德國，不使亞洲大陸有任何一強出現，以免危及日本地位。事實上，在中國國力崛起後，日本有安倍這樣想法的人愈來愈多。2012年安倍上台後的外交安全政策，即是在亞洲尋找圍堵中國的盟友，企圖形成一股制衡中國的、維持目前勢力均衡的力量。敵人的敵人就是我的朋友，所以，日本積極與菲律賓、越南與印度交流合作，並特別看重軍事合作，企圖形成讓中國腹背受敵的形勢。

由此觀之，安倍在世界經濟論壇提起第一次世界大戰，並非單純表達「經濟交往不足以保證和平」而已。《紐約時報》在2014年1月31日題為〈聯合對抗中國？〉的社論中，明確指出安倍係以對抗中國作為外交國防主軸，並嚴厲批判日本奢想印度加入對抗中國的行列。該社論提醒日本，雖然日本和印度交流順暢，但印度聰明得很，不會介入中日糾紛，同時警告日本別妄自四處點火。顯然，華盛頓並不覺得與中國對抗是一件有利可圖的事。但在日本政界，抗衡中國的思路已蔚為主流，而且，冰凍三尺非一日之寒。

二、日本右翼的「勢力均衡」戰略

用第一次世界大戰與之前歐洲的國際政治來判斷東亞局勢，過去一直是戰後日本右派對戰前日本所犯的戰略錯誤的一種反省。這個反省有幾個方面，其一，日本應該學習英國，謹守海洋國家的立場，不要深入涉足大陸事務。其二，日本要如同當年英國，防止任何大陸國家成為區域霸主。其三，日本要如同英國，與美國保有緊密的同盟關係。其四，勿以為經濟交流會帶來和平，維持勢力均衡才是正道。順此邏輯，如今隨著中國崛起，東亞的勢力均衡恐將因此巨變，故日本需要積極振作，對勢力均衡體系進行「再構築」。

今天日本右派以抗衡中國並防止中國成為亞洲霸主作為主軸的戰略藍圖，主要即是建立在國際關係現實主義的「勢力均衡」概念及其演繹。此與1914年大戰前夕歐洲諸國的外交思維，有頗多相似之處。

安倍的外交國防幕僚有兩種人。一種是《讀賣新聞》型的右派，另一種是《產經新聞》型的右派，這個分類主要是從兩家報社的立場、相關人士的觀點以及往來關係而定。比如說，岡崎久彥的觀點近似《產經新聞》，也常在《產經新聞》或其集團內的雜誌寫文章，這樣就叫他產經派。這是日本常見到的一種分類。

讀賣新聞型的右派，並不主張參拜靖國神社，甚至反對參拜靖國神社。如安倍的一個相當反中國的幕僚，負責籌畫日本版國家安全會議的宮家邦彥，就質疑安倍參拜靖國神社。他主張在甲級戰犯尚未從靖國神社分祀出來以前，日本總理不宜參拜。讀賣派反對總理參拜的理由通常與良心、人道、歷史事實、侵略亞洲的戰爭責任等關係不大；他們主要是認為參拜會妨礙日美關係。但如果安倍要參拜，他們也不會死諫或為此決裂。讀賣派絕非鴿派，在萬一不可避免的情況下，與中國硬幹一場的決心絕對不小於產經派。

讀賣派的代表是前東京大學法學院教授，現任日本新瀉縣國際大學校長北岡伸一。北岡在小泉純一郎當總理的時代開始走紅，2001年進入小泉的「對外關係工作團隊」，2004年被選為日本的聯合國次席代表。在第一次安倍內閣時，他曾負責一個「安全保障法律基礎再構築」的懇談會，討論如何讓日本自衛隊往外走，內容集中在集團自衛權的議論。日本戰後歷任內閣對集團自衛權的立場是：有此權利，但不能行使。該懇談會的目的就是想替集團自衛權的限制解套。這個懇談會在安倍再次上台後死而復生，名義上的座長柳井俊二是國際海洋法審判庭庭長，大多數的時間都在德國漢堡。由柳井當座長是要讓這個懇談會在國際輿論上好看，但北岡才是實際上的主持人。該懇談會將在2014年4月交出報告，但內容眾人皆知，就是集團自衛權開禁。原因很簡單，如同自民黨前幹事長暨前官房長官野中廣務所批判的，該會的人選如此偏差，結果可知。

在「安全保障法律基礎再構築」懇談會之外，安倍總理官邸中另有兩個關於外交國防的審議會：一個是「關於安全保障與防衛力」懇談會，座長就是北岡；另一個則是「國家安全保障會議之創設」懇談會。這三個審議會的成員重疊度很高，其中幾位重要的人都身兼兩個審議會。安倍日理萬機，但幾乎從不缺席這三個懇談會的會議，由此可見他有多重視這些議題。再參看他孜孜不忘的靖國神社參拜，令人油然想起《左傳》成公十三年有云：「古之大事，在祀與戎」，一個十足「古典中國」的政治思考。

產經派更接近安倍晉三內心的立場，安倍與這派人士很久以前就有往來交流。這派的代表岡崎久彥，是一位狂熱反中的前外務省駐泰國大使。他多年前在泰國時，從未提倡日本與亞洲或東南亞要親近，他跟同輩的很多日本人一樣，都是脫亞入歐，骨子裡瞧不起亞洲人，結果現在為了反中，天天談強化與亞細安的關係。岡崎從來沒有反省過，如果日本在1980年代經濟大好時期，大力推動東亞整合外交，而不是到歐美各地撒錢，今天的東南亞可能早就是一個準日語日圓圈。他在2004年曾與安倍合出一本書，名為《保衛日本的決意》，說去靖國神社參拜就是保衛日本的決意之一。當然，洗清戰前日本的汙名也一直是產經派的悲願。此派人士總覺得日本受盡委屈，為何其他西洋列強能做的事，日本就不能？西人能在亞洲搞殖民地，為何日本不能？西人能有慰安婦，日本就不能？從NHK新會長籾井勝人在新任記者會上的發言（他說過去各國都有慰安婦，日本不是例外），就清楚顯示出，有這樣想法的日本人很多，而且愈來愈多。

產經派除了反中，想要修改日本的和平憲法以外，他們對戰前的日本有所憧憬，或多或少想要恢復戰前日本的體制。他們還想替日本翻案，提出南京大屠殺否定論，以及東京審判是「勝利者的正義」等說詞。這是他們與讀賣派最大的不同。不過值得提醒的是，這個差異很難說是「道不同」，毋寧只是程度有別。更多時候，程度上的差異反映出優先事項與臨事態度的不同。產經派比較從原則上立論，比較理想主義，對戰前日本比較肯定，雖然支持美日聯盟，但其實對美國態度曖昧，意識型態很重。讀賣派從政策上到個人的前途都是現實主義導向，積極主張美日聯盟，更是把日本看成西方國家的一員，對戰前日本的體制有所保留，在社會議題上並不一定保守。從這角度來說，讀賣派與現在《日本經濟新聞》的立場也無甚差別，若有的話，大概是《日本經濟新聞》在社會議題上更左一點。安倍上台後，國防外交事務由讀賣派主導；在教育文化上，特別是文科省的一些審議會，就可以看到不少產經派的人士。

兩派雖有差異，但在安倍的外交國防團隊裡，兩派的戰略觀點相當一致。且不要看岡崎久彥是個產經派，他在劍橋大學聖約翰書院讀了幾年書，一個十足的英國迷，英國在一次世界大戰以前的戰略就是他的參考樣本。跟讀賣派一樣，岡崎也認為在戰略上與美國同一個陣營是上上策。讀賣派的代表北岡伸一，則早就主張日本與美國合作共管亞洲。兩派的戰略思想即是在中國崛起的挑戰下，重新調整亞洲的勢力均衡體系。且引北岡的學生，現任「安全保障法律基礎再構築」與「關於安全保障與防衛力」審議會成員，慶應大學法學院教授細谷雄一在《國際秩序：從18世紀歐洲到21世紀亞洲》（中央公論新社，2012，頁330-333）裡所說，「最重要的是在東亞恢復『均衡的體系』，達成此一目的的關鍵在美國繼續介入東亞和美日聯盟的強化。比任何其他事更重要的是，日本持有充分的力量」。

他又說：「只有恢復均衡的體系，『大國間的協調』或『東亞共同體』才有構築的可能性」。當然，他解釋均衡體系的戰略並非只是圍堵中國，而是要將中國導入一個穩定繁榮的新亞太安全建構。在此，力量指的就是有經濟力作為後援的軍事力量，以軍事力量與軍事同盟迫使中國服膺於日本主導、美國撐腰的新亞太安全建構，即孫子所謂的「不戰而屈人之兵」。這也是連一向親日反中的《華爾街日報》在今年2月19日記載與安倍內閣官房參與本田悅朗對談中所透露出來的憂慮。本田說安倍經濟學有軍事目的，而且提到神風特攻隊為日本付出犧牲做出貢獻時，目光含淚。

像這樣的戰略思考，實際上如何進行呢？先說強化美日聯盟。強化美日聯盟的手段很多，其中最重要的、也可以公諸於世的，就是集團自衛權的解禁。按照日本現行的憲法解釋，日本不能行使集團自衛權；比如說，在公海上，如果有任何攻擊美國艦隊的行為，日本自衛隊無法幫忙美國艦隊，只能眼睜睜的呆看。所以，集團自衛權的解禁不但日本右派想要，亦是美國多年來的要求。況且，有了集團自衛權，日本現在試圖要在亞洲建立平衡中國的均勢狀況，才不會是馬英九「東海和平倡議」那樣的空包彈。設想，如果中國為了南沙一些島嶼與菲律賓打起來，沒有集團自衛權解禁的話，日本根本愛莫能助，只能袖手旁觀，那誰又會把日本當一回事呢？當然，目前審議會裡關於集團自衛權的討論，還沒有擴及這類情況，僅局限於特定實例和非常技術性的問題，例如當美國受到攻擊時，日本如何在後方支援美國防衛等。如果不是日本，換了其他國家談這些問題，一點也不會引起側目。

問題在於，如同民主黨前副總理岡田克也在今年2月20日日本眾議院預算委員會上的質詢，如果集團自衛權可以任由一個內閣閣議而改變解釋，而無視日本戰後歷任政府的解釋，這才是最大的危險。

的確，就算現在集團自衛權的討論相當限定自制，可集團自衛權一旦以內閣閣議的方式解禁，那以後擴大解釋又有何困難？再加上，自民黨幹事長石破茂在2013年11月6日《日本電視台》的衛星台「深層新聞」裡就說漏了嘴(日本的媒體卻沒報導)，他說集團自衛權可使用於維持亞洲的勢力平衡，也就是說，當某個國家攻擊某個國家，導致亞洲勢力均衡的變動，進而影響到日本的安全，日本就可以行使集團自衛權以維護勢力均衡。這就說明了，集團自衛權的「魔鬼」不在其細節，而在其不言而喻之處，在其「醉翁之意」。

另外一個手段，就是用釣魚台問題綁住美國。自2009年釣魚台問題再次出現後，日本常要求美國承諾《美日安保條約》第五條涵蓋釣魚台海域。美國起初還有點曖昧，但不久即公開說明第五條涵蓋釣魚台。釣魚台一直是產經派想要炒熱的問題，產經派的石原慎太郎對此思量很久，多所計算。他們對日益接近的日中美中關係十分著急，覺得時間並不在日本這邊，故需要攪和破壞日中美中關係，以喚起日本人對中國威脅的危機意識。他們也早就料到在釣魚台動手腳，很容易引起中國暴跳如雷。多年來，石原慎太郎嘗試以各種方式挑起釣魚台爭議，如強行登島，要求日本政府在釣魚台建燈塔，呼籲在釣魚台成立國家公園等等，但日本歷任政府都消極應付。後來，石原終於找到一個切入點，即釣魚台列島中有三個島其實是私人擁有，何不買下來呢？於是，石原就公開募款，募到日幣十三億，也與島的所有權人談的差不多了，才迫使民主黨野田政府先把釣魚台買下來，免得石原買下後鬧出更多令人不敢想像的事情。

2012年9月11日日本政府正式買下釣魚台列島中的釣魚島、北小島、南小島。其他如黃尾嶼、赤尾嶼，至今還是美軍指定的打靶練習場所。赤尾嶼其實在2012年3月就轉為國有地，也沒聽到中國政府抗議，現在只剩下黃尾嶼還是私人擁有。日本政府買下三島以前，從2002年起就已經租下這三個島。這就是所謂釣魚台國有化的過程。過程中日本政府的態度與處理方式，可議處很多，連不少日本人都指出，比如說宣布時間不好，「國有化」用詞不恰當，與中國溝通不良等等。實際上，從主權的角度來說，「國有化」並未改變釣魚台的法律地位，「國有化」前日本有效控制釣魚台，「國有化」後日本仍有效控制釣魚台。日本的主權主張並不會因釣魚台三個島從日本民間轉到政府手裡而增強或減弱，因為一般土地買賣不涉及主權轉移，不具有國際法的意義，這個道理非常簡單明顯。是故，所謂「國有化」實際上是日本國內政治與法律裡一個比較可行的做法，一個有效制止石原慎太郎或其他人利用釣魚台胡搞的釜底抽薪之計。這當然不是說「國有化」以外沒有其他的可能性，但現已公開的資料也沒有顯示中國曾提出其他可能的辦法。這也不是說日本民主黨的野田政府可以免於批判，但冷靜理解整個情況就可以知道，中國大陸後來一連串的對日反彈實在太無限上綱，反而成為安倍領導的自民黨在2012年12月眾議院選舉大勝的主因之一。

日本如何利用釣魚台問題拉住美國呢？日本跟美國說，日本實力目前還相當可觀，如果日本對中國做出任何讓步，那東南亞各國不就要繳械投降？整個南中國海不就成了中國的內院禁臠，等於給了中國一張牌照，讓中國為所欲為？如此情況勢必嚴重影響南中國海上船隻的自由運行，潛在危及亞太地區的能源輸送管道，這豈非傷害美國在亞太的戰略布局與利益？所以，日方不斷跟美方說，釣魚台就是美國重返亞洲意志的關鍵指標，一個不能妥協、只能盡量避免衝突的必考項目。由於美國想維持自己在亞洲地區的地位，日本的「苦口婆心」聽來也很順耳。再加上，順著日本的說法，美國還可多賣點軍火給日本與東南亞各國，何樂而不為？簡直是一石二鳥。只不過，日本的這個如意算盤，如同《金融時報》菲力浦·史蒂文斯去年所警告的，搞不好會玩火自焚。

三、歷史修正主義的上綱

美國一方面想要借用日本的力量，在亞太地區取得新的平衡點，但與此同時，美國也漸漸感到安倍的民族主義的風險。這個風險還說不上日本會走上軍國主義(一個人口迅速減少的國家會走上軍國主義，沒太多人相信)，但除了2013年4月以來《紐約時報》和《華盛頓郵報》社論接連指責安倍製造無謂衝突以外，安倍的靖國神社參拜和他任用的人，從他身邊幾位內閣官房參與及秘書官到NHK的新會長與兩位經營委員會委員的言行，都令美國感到不安，也讓美國的道德制高點下降不少。《華盛頓郵報》2014年2月12日的社論再次直截了當，要求安倍澄清他的歷史立場，並強力譴責NHK新會長籾井勝人的慰安婦發言，連同NHK經營委員百田尚樹的南京大屠殺否定論，以及東京審判是美國掩蓋美軍戰爭犯罪的說法。最後，該社論勸告安倍，歷史否定主義只會讓日本欲提高其國際地位的做法，被說成是危險的軍國主義，也讓美方懷疑安倍到底是個民族主義者還是個改革者。

美國主流媒體的警告或勸告，如同美國副總統拜登2013年12月初與安倍電話談話中要求安倍不要參拜靖國神社，一樣是徒勞無功。簡單說，安倍自認已經吃定了美國，只要美國覺得需要遏制中國在東亞的勢力擴張，安倍根本不必對美國言聽計從。不少日本右翼已經看出，他們可以充分利用美國的「回到亞洲」政策，推動一連串的歷史否定運動，這裡沒有撤退的問題，只有時間快慢與執行技術的問題而已。產經派更深信只要日本在海外大力宣傳其歷史認識，世人總有一天會同意中韓在歷史問題上誣衊日本，日本(右翼)

的歷史認識才是正確無誤。與此相對，美國的基本立場是：希望日本加強軍事防衛，放寬對集團自衛權的詮釋，以配合美國回到亞洲、平衡中國崛起的戰略；但不要去靖國神社參拜，不要否定或漂白歷史，不要在歷史問題上節外生枝。然而，安倍與他身邊的人則是要把兩者綁在一起。他們相信在這兩者之間，國際政治的現實將會壓倒美國在歷史問題上的擔憂，美國最終會站在同盟國日本這邊。在他們看來，日本不需要撤回其歷史修正主義，反倒應該及早亮出底牌，讓美國和其他西方國家適應。

日本右派這樣的思考和策略很天真嗎？都是一廂情願嗎？未必如此。2014年2月22日《金融時報》週末版雜誌有篇題為〈美國對中國：這是新冷戰嗎？〉的長文，由該報前北京分局局長傑夫•戴爾分析美中進入冷戰的可能。戴爾提到，2005年某期《大西洋》雜誌寄到他辦公室時，他一看到封面，有羅伯特・卡布藍〈我們如何打中國〉的文章，一氣之下隨手就丟到垃圾桶裡。但後來他終於讀到了這篇文章，並覺得卡布藍提出了一個很尖銳的現實問題。雖然中國沒有領土擴張的野心，但中國國力日益增強，在與鄰國發生糾紛時，很容易傾向以實力解決問題，屆時美國就必須面對這類情況。在此我想要點出，一位本來很討厭中國威脅論的記者，現已覺得中國崛起是需要面對的難題。中國近來在東海和南海的作為，也容易使更多西方人在此兩難之間，將歷史認知與良知問題拋在一邊，轉而思考如何制衡中國崛起所帶來的勢力均衡變動。

正是如此，近一年多來，《金融時報》、《紐約時報》、《華盛頓郵報》、《每日郵報》與日本的英文報紙《日本時報》，常以社論或觀點文章批判日本的歷史漂白，質疑安倍的靖國神社參拜，希望能喚起美日政府不要在歷史問題上模稜兩可。日本右派的歷史修正主義，在有人類良知的世界裡其實站不住腳。美國政府裡當然有不少人認同這點，這也是美國對日本施壓的主因；更何況日本在歷史問題上執意而行，已嚴重破壞日韓關係，而韓國恰好也是美國的同盟國，美國兩個東亞同盟國的關係已壞到兩國領導不見面，這對美國「回到亞洲」的戰略投下了莫大陰影。儘管如此，美國還是有不少人，雖知道日本在歷史問題上不對，但認為這是可以忍受的小惡，中國對亞洲國際秩序的挑戰、欺負東亞諸國才是真正不可忍受的大惡。這有點像英國保守黨鷹派的政治人物邱吉爾，在納粹德國與共產蘇聯之間，他選擇的合作對象終究不是德國。

回到慰安婦問題上，《華盛頓郵報》社論要求安倍澄清立場，但安倍的反應是什麼？他讓檢視「河野談話」的國會聽證持續進行，但占有國會席次絕大多數的自民黨隨時可以行使否決權。（按：「河野談話」是1993年時任內閣官房長官河野洋平所發表的公開談話，承認日軍設置慰安所，以及慰安所的強制性，並為此表示道歉和反省。）例如，2014年2月民主黨欲找NHK兩位有不當發言的經營委員百田尚樹與長谷川三千子到國會接受詢問，自民黨二話不說就讓此舉胎死腹中。2月20日，則召集與原官房長官河野洋平同時的石原信雄原官房副長官到國會證言。安倍政府事先就知道石原會說什麼，不然也不會讓他來。石原信雄也不負期待，他說「河野談話」的制定過程草率，對於十六名原為慰安婦的韓國女性的證言，沒有另外調查證言屬實與否，亦沒有客觀資料證實日軍強徵慰安婦。他最後補充一點，說「河野談話」並未承認日本曾強制徵召慰安婦。官房長官菅義偉說，他聽了石原證詞後，認為應該檢討是否檢驗原慰安婦的證言[1]。

1 菅義偉用了「檢討」這個字眼，雖然這個字眼在日本「霞關文學」（官樣文章）中多暗示延後再議，而無立即行動之意，但這仍是安倍玩的兩手政治，一手放一手抓，觀察美國的反應，以便控管掀底牌的速度。霞關（霞が関Kasumigaseki）是日本政府中央省廳在東京都時隔不久，3月2日紐約時報在題為〈安倍危險的修正主義〉的社論中，絲毫不留情面，直接批判安倍的歷史修正主義想拖美國下水，其心可誅；再把安倍等民族主義者對南京大屠殺的否定，對慰安婦問題做文章，想要重新檢視河野談話，與執意去靖國神社參拜等，全部指出來並加以譴責，同時警告安倍不要將歷史修正主義與制衡中國綁在一起；並羞辱安倍政府說能不能加強防衛能力，還是要看美國的臉色。結果，3月3日菅義偉在記者會上立刻轉彎，大言不慚地說：檢證河野談話的製作過程與修正河野談話的內容沒有直接關聯。他同時反駁韓國總統朴槿惠在3月1日獨立紀念日批判日本近來檢證河野談話製作過程的舉動，並聲稱檢證製作過程有其必要。同日，文科省副大臣櫻田義孝毫不避嫌出席日本維新會主辦的「要求修正河野官房長官談話之國民大集會」，還在會上說與眾人同心同意。隔天3月4日，菅義偉只是口頭吩咐櫻田注意一下不要招致誤解。3月5日韓國外交部長尹炳世在聯合國人權理事會中再度批評日本近來在慰安婦問題上的種種言行，隔天3月6日菅義偉馬上指示日本外務省在該理事會上反駁韓國的指控。

在歷史問題上，這就是安倍對美國的回答。

四、徐光啓與「日本問題」

東亞現在的「日本問題」不能僅認為是戰後日本清算不徹底而已。戰後日本對戰前政界財界的清算不徹底，只是一個「果」，其「因」則是戰後中韓都未參與東亞國際秩序的重建。中國由於國共內戰，大陸易手，導致原為美國盟友的國民政府退居台灣。國府在

(續)

內的所在地。

很長的一段時間，有隨時失守、朝不保夕的焦慮；控制大陸的中華人民共和國則在1949年後的二十多年間為美國的敵國，所以國共均無法介入美國主導的東亞重建。前麻省理工大學教授約翰・道爾指出，在二戰後美國指揮的「舊金山體系」下，日本與各國恢復邦交是一種「個別的和平」，而且受苦受難最大的國共和南北韓均未受邀出席。這種「個別的和平」不但沒有促成全面和解，反而留下沒有處理的戰爭與帝國主義的傷口，甚至為參與軍國主義的政治人士重返日本政壇鋪路[2]。

一個國家與另一個國家在衝突後和解，將和解與戰後重建結合在一起，才是一種長久實在的和解。在二次世界大戰後，德國與歐洲諸國的和解關鍵，不在於一開始德國就道歉不已(事實上這並不多)，也並非要求德國天天道歉，而是將和解與歐洲新秩序結合為一，以建立歐洲共同體的長遠目標為和解的努力方向[3]。當然，前提是歐洲諸國如法國與英國在戰後可將其意志施加在戰敗的德國上，成為戰後德國再出發的基準點。今年2月27日德國總理默克爾以英語和德語在英國國會對上下兩院演講，為德國過去的錯誤行為道歉，感謝英國抵抗德國擴張、維護歐洲各國自由的莫大功勞，並再三強調德國戰後的繁榮與歐洲共同體建構息息相關，正是一個絕佳佐證。

相對於此，令人惋惜的，二戰後的亞洲沒有經過這樣的過程。這一方面當然是東亞各國的國內狀況所致，但東亞各國的領導精英亦未深究戰後的秩序與對日本的和解問題。這個問題在蔣介石身上

---

2 John W. Dower, "The San Francisco System: Past, Present, Future in U.S.-Japan-China Relations," *The Asia-Pacific Journal* 12(8), February 24, 2014.

3 Jennifer Lind, *Sorry States: Apologies in International Politics*, Ithaca: Cornell University Press, 2010.

看得最清楚。盟軍數次跟蔣介石提起戰後越南與琉球的接管問題，就算只是講客套話，如果蔣介石與他的幕僚知道這牽涉到的問題至為重要，國民政府就應該順水推舟，趁勢而入，積極在越南與琉球問題上取得發言權，在東亞國際秩序的重建中取得在中國大陸以外的著力點。從琉球，國府可以參與重新建立東海秩序，以此作為與日本和解的新基礎。從越南，則可以介入南中國海與東南亞脫殖民地的歷史進程，恢復歷史上中國與越南的關係，使越南不成為一個完全的「東南亞」國家，同時為眾多的東南亞華人謀取保障安全。

當然，不少人會說國民政府面對共產黨的挑戰，已經忙不過來，哪有心思氣力去管這些域外之事？這樣的辯護看似成理，但我們也要認識到現在釣魚台問題懸而未決，除了國共內戰的歷史因素外，更是出於對國際事務懵懂糊塗的態度。從約翰・道爾《擁抱戰敗》[4]中可以看到，一個戰敗的日本是如何與美國老爺們打交道，唬弄也好，諂媚也好，賴皮也行，使盡五花八門的手段，只為了盡量從美國那裡取得好處妥協，為日本爭取最大的利益。總的來說，國府的歷史見識不夠，做事因循苟且，嚴重缺乏大局觀，這正是造成今日東亞危機和「日本問題」的重要遠因之一。

再由於日本得到美國扶持，中間經過美軍介入韓戰越戰而大發戰爭財，日本戰後重建的速度非常快，等到中日韓邦交正常化時，日本的經濟實力遠高於中韓；這使得在歷史認知和東亞和解問題上，中韓政府在1960與1970年代跟日本邦交正常化時，所採取的姿態非常之低，一直到1980年代才在歷史認知與靖國神社參拜問題等向日本表達不滿。只不過日本在這些問題上的態度，追根究柢一直

4 John Dower, *Embracing Defeat: Japan in the Aftermath of World War II*, London: Penguin, 1999.

沒有很大的變化，這亦是日本不少人為何自1980年代起即憤憤不平，振振有詞指責中韓對日本的歷史認識與靖國神社參拜問題大做文章，只是藉著打歷史牌要占日本好處而已。

以靖國神社問題來說，甲級戰犯的確是到了1978年9月17日才入了靖國神社，但乙丙級戰犯卻早在1970年全數進入靖國神社，這些乙丙級戰犯多是親手殺人不眨眼的人。日本天皇在1975年11月21日還到過靖國神社秋例大祭參拜，但邦交正常化後的中韓也沒吭聲，當時到底是無知，抑或是忍氣吞聲呢？難道乙丙級戰犯不算是軍國主義分子？還是誠如日本右派所指控的，中韓打歷史牌以謀取己國利益？總之，中韓在與日本邦交正常化的過程中，打馬虎眼，故作大方，以德報怨，讓日本的戰爭與殖民責任模糊化，遂留下歷史認識與領土問題的爛賬，使得東亞的和解更加複雜詭異。

話雖如此，東亞國際政治中的「日本問題」由來已久。早在16世紀，豐臣秀吉派兵侵略朝鮮，試圖進而侵略中國。在初步猶豫後，明神宗決定派兵保護朝鮮。那場戰役分為兩次，起於1592年，最後在1598年結束，可說是中朝聯軍成功擊退日本，將日本從朝鮮半島趕走。但明朝或者說科舉出身的中國士大夫對何謂勝利並沒有深刻的認知，以為把日本打跑就大功告成，既沒有迫使日本簽下任何和議，也沒有迫使日本接受中國主導的東亞國際秩序，只是放手讓朝鮮與日本去談。這種虎頭蛇尾的德性，這種文人政府的顢頇，不久即被日本看破手腳，造成後來日本的再度擴張。1609年德川幕府准許薩摩藩出兵侵略中國排名第二的朝貢國，即琉球王國。琉球跟中國哭喊求救沒用，薩摩藩不到兩個月輕鬆取下整個琉球王國，琉球自此成為中日兩屬之國，使日本勢力延伸到東海，為後來日本在19世紀併吞琉球打下底子，也預告了後來的台灣問題與釣魚台問題。當時中國把這件事看得清楚的人極少，只有松江人徐光啟(1562-1633)

把這件事看得透徹無比。徐光啟對日本與彼時東亞國際政治的認識，比起今天有後見之明優勢的學界認知，絲毫不讓[5]。

徐光啟的〈海防迂說〉首先指出，日本染指琉球乃因「朝鮮既不可得，則轉而之琉球」，他也準確判斷日本的用意主要在求通市。日本有兩個預測：一是中國必救琉球，「救之則還其故封」，再跟中國要人情，討通市；不救的話，中國也會「遣使責問」，日本到時再讓琉球復國，一樣可以跟中國討人情，要通商。結果日本怎麼猜都猜不著，明朝就來個不理不睬。徐光啟譴責說：「殆哉此舉！不惟貽笑外夷，亦孔之多，即我皇上拯救朝鮮，捐千萬之費，與數十萬之眾，恢復數千里之國，而垂手予之，此紀傳所絕無者，自坐視琉球之後，此德亦晦而不光矣」。翻成白話就是：完蛋了，不只讓外夷嘲笑，漏洞也百出；中國花了一堆錢死了不少人保衛朝鮮，二話不說交還朝鮮，是歷史上未曾有之事(這句話兼有諷刺與讚美之意)，但讓日本人征服琉球而無所作為，就是前功盡棄。他接著解釋，不保琉球的嚴重性還不止於此，日本在琉球得志以後，對雞籠淡水必有企圖，若取得雞籠淡水，澎湖也就危險了。在此狀況下，中國整個東南省份門庭以外的海洋皆是日本勢力。〈海防迂說〉正面主張准許日本貢市，說准許日本通貢的好處很多，並以四句話總結通貢的優點：「惟市而後可以靖倭，惟市而後可以知倭，惟市而後可以制倭，惟市而後可以謀倭」。最後一句「謀倭」之後，徐光啟大膽提出一個假想，就是應該徹底解決日本問題，使日本「常為外藩」。

---

5 徐光啟對東亞地理政治的分析與現在攻勢現實主義大師約翰·米爾沙麥(John J. Mearsheimer)在今年2月美國《國家利益》雜誌中題為〈再見台灣〉的文章裡，對東亞的地理政治，特別是關於台灣戰略價值的討論並無兩樣，只是徐光啟談的是「日本問題」，而米爾沙麥關注的是「中國威脅」。

他會有征服日本的想法，源自於他深知日本與中國當時雖看似相安無事，但日方實有對外擴張的野心。

徐光啟在萬曆45年(1617)寫成此篇時，已清楚認識到由於中國沒有守住琉球，結果在朝鮮半島擊敗日本的剩餘震懾效果完全泡湯，也從此使東亞的國際秩序埋下了日本這一個巨大的動盪不安因素。中日兩國的緊張關係沒有化解，只是暫時冰凍起來而已。他分析日本對外擴張乃其國內政治及其所處的東亞國際形勢(中國在朝鮮保衛戰後，沒有把中國的意志成功地加於日本)的必然傾向，中日暫時相安主要還是德川幕府不願生事，硬把日本國內一些向外擴張的聲音壓下，但日本對朝鮮侵略戰後的東亞國際秩序不滿，試圖改變現狀的想法一直未曾斷絕。這就解釋了何以德川幕府1868年倒台後，1870年日本馬上出現「征韓論」。1873年「征韓論」作罷之後，1874年馬上假借1871年排灣族殺害漂流到台灣南部的琉球人(請注意不是日本人)而出兵台灣。徐光啟所指出的日本對外擴張的傾向，在牡丹社事件後，由於清廷在琉球地位上含糊妥協，於是變本加厲，一發不可收拾。日本先於1879年併吞琉球王國，到了1895年便吃下台灣，也占領朝鮮。徐光啟的噩夢在三百年後成真。

五、「冷戰」？「勢力均衡」？抑或是「歐盟」？

2014年的東亞，會重蹈一百年前歐戰的覆轍嗎？還是會如一些國際政治專家的預測，進入一個新冷戰情境？東亞何去何往呢？要回答這些問題，首先必須考慮東亞國際政治現在所面臨的結構變遷。其一，中國的崛起導致東亞區域內實力均衡的迅速改變，造成次要國家如菲律賓、越南與國力相對下沉的大國如日本感到不安。其二，二次戰後，日本與中國、韓國、北朝鮮沒有真正和解，各方的歷史認知與戰後的東亞國際秩序嚴重脫節。東亞各國均對此國際秩序與「對方」感到怨恨不滿，都以為自己受到欺負。汪宏倫把日本民族主義的這種怨恨稱為「東亞怨恨的重層結構」[6]，其實適度調整後也適用於中韓台。不過，此種心理狀況不完全可以用民族主義高漲來解釋；甚至可以反過來說，民族主義高漲只是這種心理深層結構的爆發與催化劑。其三，直到今天，作為亞太區域的安全提供者的美國，仍缺乏通盤的全球大戰略思考。哈佛大學相當鷹派的帝國主義論者尼爾‧佛格森在2014年2月22日美國版《華爾街日報》以〈美國在全球的撤退〉為題，毫不客氣地批評美國唯一近似大戰略的「回到亞洲」，只是讓北京疑神疑鬼、徒增緊張而已，另外又使得中東地區陷入更大的混亂，他認為根本沒有道理可言。

亞洲會因中國與美日關係惡化而進入新冷戰嗎？在小泉純一郎當日本總理時，因為參拜靖國神社，中日已陷入所謂的政冷經熱。2010年9月，因日本逮捕衝撞日本公務船的中國漁船，中日又再度進入政冷經熱。安倍在2012年底上台後，連經濟交流也逐漸低迷。從這些發展來看，中國是否將與日本(或美日)發展出新冷戰關係，仍值得繼續觀察。冷戰作為管控國際衝突的一種模式，曾經起到了避免大型熱戰的作用。從1950年代到1990年代，美蘇兩大陣營儘管冷戰，但沒有大戰爆發。此種冷戰模式也有國際關係新現實主義大師肯尼士‧沃爾茲的背書，他認為兩極對立比多極關係更容易管控。他這說法的一個面向，就是批評19世紀到20世紀中葉歐洲型(多極)勢力均衡政治的風險[7]。

---

6 汪宏倫，〈從《戰爭論》到《新歷史教科書》：試論日本當代民族主義的怨恨心態及其制度成因〉，《台灣社會學》第19期，2010。

7 Kenneth N. Waltz, *Theory of International Politics*, McGrew-Hill, 1979.

但現在的中國並非彼時的蘇聯，中國沒有輸出革命的企圖，也沒有推翻目前的世界體系的野心，更沒有一個與美國或西方針鋒相對的意識型態。此外，中國與美國日本的經濟緊密相關，這跟當年美蘇陣營的關係不可同日而語，地理政治環境也非常不同。目前來看，我們也很難想像東南亞各國會真正加入具有冷戰意義的中國陣營或美日陣營。這不是說個別的東亞國家在某些議題上不會選邊站，而是說全面的敵對關係形成不易。所以，「冷戰」很不可能成為管理東亞國際關係的一種模式。

再回到1914的比喻。1914年以前的歐洲經濟關係緊密，英德也非常緊密(不要忘記英國的皇室其實是德國貴族後裔)，這與今天的東亞或亞太毋寧是比較接近的情況。在類似的國際政治經濟情況下，思考歐洲從19世紀以來到1914年的國際關係互動與管理模式，就比較實際。就此來說，安倍的外交國防幕僚借鏡1914年以前歐洲的國際政治，有其一定的眼光和老謀深算之處。只不過，任何的歷史比較，都很難有百分之百的吻合。如何精準掌握其中差異，以提出較符合今天東亞國際情況的詮釋，才是關鍵所在。

天普大學日本分校的當代亞洲中心主任羅伯特·杜傑瑞克在2014年2月20日《外交官》網站上發表一篇妙文，題為〈中國不是1914年的德國〉，反駁安倍把今日中國比附為1914年的德國。杜傑瑞克舉出五點：其一，中國的社會不如德國穩定。其二，中國的軍隊比不上德國的陸軍；中國大官的兒女都在海外享樂，相反的，德國統治階層高度看重從軍報國。其三，中國的科研不像當年德國是世界第一。其四，德國有盟友而中國沒有。其五，中國的人口已經開始老化，當年的德國人口是很年輕的。總之，說中國像當年的德國是往中國的臉上貼金，中國根本沒有當年德國的優越條件。所以對其他國家來說，中國沒有當年德國可怕。中國須知自己比當年德國脆弱，戰爭的風險更大。杜傑瑞克的意思是說，日本美國歐洲一些恐懼中國崛起的人，不需要小題大做，因為中國沒那麼可怕。

即使如此，亞洲仍不是不可能陷入1914年以前歐洲的國際政治局勢。日本現在在亞洲與世界上試圖建立抗衡中國的聯盟，這像是一種自我實現的預言或圈套，一旦中國對號入座，就可能帶動亞洲走向歐戰前夕的歐洲。只不過，日本雖然自己假想為當年的英國，但日本可能更像是1914年的法國，一個在19世紀初叱吒歐陸風雲的拿破崙法國，到了1914年已是一個國力下沉的大國，想要西邊抓緊英國，東邊拉俄羅斯來夾擊德國。在這個景象中，2014年的美國更像1914年的英國，一個日不落涵蓋四海的帝國；印度有如1914年的俄羅斯，越南則是當時的義大利，菲律賓便是塞爾維亞。這樣的戰略情況設想，當有助於理解勢力均衡策略中的自身處境的風險，有助於避免一些基本的戰略錯誤，如德國迷信自己可以克服兩邊夾擊的宿命，孜孜於以軍事戰略克服此腹背受敵的格局，而未能以外交與大戰略化解此種包圍。以昔觀今，啟發不少。不過我們仍需要認知到，以第一次世界大戰前歐洲均衡政治的情況作為參照，存在重大的局限，因為歐洲最終未能跳脫兩敗俱傷、同歸於盡的歷史命運。

中國雖比不上1914年的德國，但今天的中國卻在日本的大戰略下，並因為中國自己在南中國海的強力主張，正在使周邊一些弱小國家如菲律賓或越南因感到來自中國的威脅，轉而配合日本的勢力均衡聯盟，共同抗衡崛起的中國。如此發展下去，中國便不由得陷入當年德國的窘況。歷史上一個霸權取代另一個霸權，往往皆由戰爭決定，大國間主導權的和平轉移如何可能，乃國際政治中的最大課題之一。最值得注意的是，第一次世界大戰也是一個霸權將主導權和平拱手讓給一個新興霸權的契機，由美國取代英國成為世界新霸主的歷史性時刻。其實，這個英美間霸權的和平轉移是中國和平崛起以及與美國一起創造新型大國關係的最好樣本。

但我們必須認知到，1914年以前歐洲的勢力均衡體系，最後歸於徹底失敗，後果是歐洲特別是大英帝國自我終結其世界霸權。這是一個毒性很強的處方，絕非2014年的世界應該學習模仿的對象。如果亞洲走上這一條不歸路，最後的結局很可能賠上亞洲現在蒸蒸日上的繁榮與為數眾多的人命，同時更可能使得中國的崛起完全脫軌。從長遠的眼光來看，這絕對得不償失。

早在2000年，普林斯頓大學教授愛隆·費德堡寫了一篇〈歐洲的過去是亞洲的未來〉，從新現實主義分析為何亞洲的國際關係會愈來愈像是19世紀歐洲；他的理由是亞洲已出現走向多極勢力均衡的雛形，加上中國的崛起造成亞洲形勢更趨緊張多變[8]。2013年11月中國跟進美日前例，宣布東海防空識別區，這其實就是一種鸚鵡學舌。互相模仿乃人之常情和人性弱點，如果日本繼續操弄歐洲型的勢力均衡政治，中國逐漸就會以其人之道還治其人之身。現在，我們還看不出中國有任何的東亞或世界大戰略，除了韜光養晦與和平崛起兩個口號作為指導以外，實際上仍在摸石頭過河。中國最需要思考的是：如何不步上德國的後塵？如何不被日本「做成」下一個德國？如何消解目前由日本主導、美國撐腰的均衡戰略攻勢？我想要強調，中國對安倍戰略的應對，絕不能仰賴無限上綱的民族主義發洩，也不能僅靠美國對日本的約束；雖然中國需要讓美國深刻認知到，縱容日本繼續玩火的後果可能是玉石俱焚，而這絕非美國所當為或世界所樂見之事。

更關鍵的是，中方需要謀定一個大戰略，以化解日本建立於死

---

8 "Will Europe's Past be Asia's Future," *Survival* 42(3), Autumn 2000, The International Institute for Strategic Studies.

胡同的19世紀歐洲勢力均衡政治，主動重新布局、導引局勢，在一個更高的層次上解決東亞難局，而非見招拆招、處處被動。唯有如此，中國的和平崛起與東亞的繁榮才有可能，也才能免於戰亂，締造出更長遠實在的東亞和平。

實現東亞的長久和平，歐亞的歷史與所謂的歐盟模式仍具有相當的參考價值。2010年6月鳩山由紀夫總理下台後，「東亞共同體」在日本已成為死語，鳩山欲把東海轉換為「友愛之海」的呼籲變成了眾人笑柄。但這不是歐盟模式在亞洲失效，反而是中國在亞洲推動亞盟實驗的契機。日本實已再度放棄以其經濟與軟文化優勢，帶頭建立東亞共同體的機會。當日本再度回頭看而不向前看，中國大可以汲取歐盟的啟示，以東亞共同體的構建化解日本以軍事對抗為核心的勢力均衡戰略。在我看，這也是中國在參與WTO以後，再度自我轉化的時機。吸取歐盟模式的積極要素因勢導利，因勢弭恨，因勢正義，因勢合情，將可望不經由戰爭，以和平的手段，重建一個走向東亞和解的新東亞國際秩序。

這樣的設想如何進行呢？可分地區分專案，不求一日走到共同體。且不再以經濟金融合作為主，因為東亞的經濟緊密度已經夠高。東亞的問題不在於經濟缺乏整合，更非人的交流太少，而是在經濟活動與一般民眾往來以外，政治社會文化教育安全等方面的整合度太低，共同處事的歷練太少。經濟整合的密度已經頗高，但與區域內政治社會環境共同治理的經驗短缺，落差過於巨大。我們千萬不要忘記，沒有共同政治目標的經濟整合無法消弭戰爭，這的確是第一次世界大戰留下的深刻教訓。在具體事例上，中國可主動展開協商，促成南中國海的共同行為準則，更要主動成立一個「南中國海資源環境組織」，與相關各國各地共同管理分享南中國海的資源，共議航行安全等問題。邀請美國和韓國成為准會員，也可讓日本加入成為准會員，但前提是日本放棄歷史修正主義。另一個想法，則是在中國日本韓國越南泰國印尼等地成立一個「東亞文化機構」，收集整理研究發展所有東亞文明的物質與非物質資料，即一個21世紀繼往開來的新「四庫全書」新「永樂大典」計畫。諸如此類的東亞非經濟整合專案都應該認真考慮，以使中國崛起產生完全不同的意義和面貌，而不是只有船堅利砲而已。

中國與東亞需要共同思索：我們真的想從2014回到1914，真的讓2014成為1914嗎？還是要讓2014在百年後成為一個令人嚮往的、東亞和解的里程碑？這個抉擇正考驗著今天的我們。

蔡孟翰 日本千葉大學人文社會科學研究所地球環境福祉研究中心副教授。

在地經驗，全球視野：

國際傳播研究的文化性

李金銓

今天的世界實際上是個混雜、遷徙與跨界的世界。

——薩伊德(E.W. Said, 2000, p. 287)

從特殊性入手，可以上升到普遍性；但從普遍性，就無法回去直觀理解特殊性了。

——蘭克(Leopold von Ranke)，引自潤格(Ringer, 1997, p.11)

一、前言

一位著名英國學者問我，在美國中西部大學教國際傳播這麼多年有什麼心得。我半開玩笑回道：「美國學生老把他們的國家擺在『國際』的對立面，而不是『國際』的一部分。因此，『國際』學生是『外國』學生，『國際』傳播自然就是『非美國』傳播了。」北美職業棒球隊的年終賽號稱「世界大賽」，彷彿美國就是世界，世界就是美國。「國際傳播學會」之為「國際」，不外是每四年選一個「海外」大都會的希爾頓或喜來登酒店開一次年會罷了。該會一向以美國人為主，如今外籍會員已攀達42%，我認為這是「收編」更多外國人做美式研究，而不是醞釀著一場認識論與方法論的靜默

「革命」。唐寧(Downing, 2009)調查美國大學採用的導論教材及課程內容，結論是「愈走愈褊狹，而不是朝國際化的方向走」。布迪爾(Bourdieu, 2001)批評以西方價值當作全球標準是一種「普適性的帝國主義」(the imperialism of the universal)。這個「以西方為全球」的霸道模式，其實源自西方的特殊語境，我模仿他稱之為「特殊性的褊狹主義」(the parochialism of the particular)。

有些學者疾呼「傳媒研究必須國際化」，他們尚未完全同化於美式主流研究，又有「跨文化」或「多文化」的經驗與身分認同。唐寧(Downing, 1996)質疑，傳媒研究大抵來自少數政治穩定、經濟富裕的民主國家——它們得天獨厚，深具新教背景，又有海外殖民的糾葛，豈能概括第三世界的經驗？科倫(Curran and Park, 2000)最早提倡傳媒研究「去西方化」，以糾正「西方傳媒理論僅僅關注自己而眼光褊狹」的弊病。科倫(Curran, 2005)左右開弓，攻擊美國新聞研究只顧向內看，又批評歐洲中心的傳媒和文化理論妄稱有普適性。屠素(Thussu, 2009)與汪琪(Wang, 2011)也做了一些「去西方化」的努力，儘管所收論文的水平未免參差。大致上，發出「去西方化」微音的多半是非主流學者(也有例外，如科倫)，只有位處邊緣，才願意跨界去交叉聯結不同的知識領域。

冷戰結束後，美國政治的勝利意識高漲，文化情結志得意滿，與「國際傳播國際化」的呼聲形成尖銳的對比。美國宣稱注定要領導「世界新秩序」，一意要把象徵新自由主義的「華盛頓共識」延伸到全世界。「全球化」的口號高唱入雲，非但沒有促進國際或跨文化的對話，反而變成美國外交利益的潛台詞，為其「天命論」披上一層浪漫的理論外衣。例如福山(Fukuyama, 1992)聲稱，20世紀裡自由主義先後擊敗了法西斯主義與共產主義，自由主義成為「歷史的終結」。亨廷頓(Huntington, 1993)冷戰期間倡導現已破產的現代化理論，冷戰結束後又提出文明衝突論，論點簡單化約，極盡誇大西方與儒家、伊斯蘭文明衝突之能事，彷彿這些文明既鐵板一塊，又一成不變。亨廷頓關注的不是如何化解文明衝突，而是擔心文明衝突會對美國利益與西方價值帶來潛在威脅。「全球化」的進行曲敲得震天價響，但國際傳播卻不太國際化。

在這篇文字裡，我首先要論證：極端的實證方法論忽視「文化性」，把文化特殊性扭曲為抽象的普遍性，強加西方的世界觀於全世界，成為普遍的實踐標準。接著，我願意以個人的知識生涯為例，檢討美國國際傳播範式的問題。然後，我呼籲重新審視韋伯式的現象學，探討它對國際傳播研究有何啟示，從而認真對待文化意義的問題，而非僅將文化視為社會或心理因素的前因、後果或殘餘變項。

在進入正題以前，必須說明幾點：

第一，我們不全盤接受西方支配性的觀點，也反對抱殘守缺的本土觀點。薩伊德(Said, 1995, p. 347)說，文化與文明是混種的，異質的，「彼此緊密關連，相互依賴，無法簡單刻劃它們的個性。」類似福山與亨廷頓占據話語霸權，以致封閉了另類思想與平等對話。另一端有李光耀的「亞洲價值」和北京推動的「孔子學院」盤踞，都自以為是，傲慢自卑，是抗拒自由民主的逆流。過猶不及，兩種立場都不可取。第二，普遍性與特殊性間有辯證關係，社會科學是處理這種關係的一門藝術：一味抹煞特殊性造成霸道的學術殖民；但一味訴諸特殊性，毫無普遍意義，必然一事無成。文化解釋賦豐富的具體性以生命，使具體性與普遍性蓬勃地辯證互動；而凸顯具體性，正可以使普遍性更加生動活潑。第三，社會科學在西方兩百年不到，中國於19世紀末引入社會科學以後，社會動盪與政治干擾頻仍。傳播學在中國尚在襁褓階段，有待摸索它的語言與典範，思考它的認識論與方法論。我們當然應該鼓勵中西交流，但必須取精用宏，無損於文化根基。

二、美國主導性範式的陷阱

1970年代初，我有緣接觸到一系列「發展傳播」顯學的名著，於是一腳踏入年輕的國際傳播領域。引領這個範式的學者冷納、施拉姆和羅傑斯，都以現代化理論為圭臬，試圖解釋傳媒在國家發展的角色與功能。「現代化理論」是美國社會科學家在政府鼓勵下所構建的，認為經濟成長是促進政治民主化的關鍵，完全符合美國戰後外交政策的思路(Diamond, 1992)。二戰結束後美國推動「馬歇爾計劃」，拉拔歐洲各國從廢墟中重新站起；東西冷戰開始以後，美國全球擴張達於巔峰，在第三世界推動「國家發展」項目，以經濟發展為主軸，防止國際共產主義蠶食鯨吞。

冷納：《傳統社會的消逝》

施拉姆與羅傑斯坦承受惠於冷納的理論，施拉姆(Schramm, 1964)是影響深遠的二手研究，我打算聚焦於冷納與羅傑斯，並從冷納(Lerner, 1958)的先驅著作《傳統社會的消逝》開始。此書在國際傳播公認是經典之作，左右了學術方向和問題意識至少二十年，但在社會學現代化理論群中地位卻不突出。我將集中討論冷納如何「索證」以自圓其說。

1950年代美蘇兩國在中東角逐宣傳戰，哥倫比亞大學做問卷調查，證明美國輕易勝出。冷納(Lerner, 1958, p. 46)根據調查資料再分析，提出一個現代化的模型：

> 工業化愈高，都市化也愈高；都市化程度高，將帶動識字率成

長；識字率提高，接觸傳媒程度上升；接觸傳媒程度上升，可望提高公眾在政經生活的參與。

冷納的論旨很簡單：一個社會要告別傳統，步入現代，人們必須擺脫傳統宿命論的桎梏；要擺脫宿命論，就要培養所謂的「移情」(empathy)能力，也即是「精神的流動性」(psychic mobility)。這是一種現代化人格，令人敢於想像宿命以外的角色與情境。傳媒無遠弗屆，正是移情作用的「魔術擴散者」(magic multiplier)，洵是社會變遷的關鍵觸媒。只要人人具備移情能力，整個國家自然就從傳統踏入現代化的門檻了。

學界對冷納理論的批評，過了這麼多年，大致已經耳熟能詳，舉其要者包括：(1)傳統與現代錯誤截然兩分，但除非傳統與現代有機綜合，否則無法創造發展；(2)他運用簡單的社會心理學概念(移情能力)解釋宏觀的社會變遷，以致漠視社會結構僵硬的因素、全球霸權、帝國主義與後殖民情境；(3)他錯誤地假設西方現代化的路徑適用於全世界；(4)「後進」第三世界與「先進」歐美國家在現代化的進程中，面臨不同的結構條件(Lee, 1980, pp. 17-24)。

冷納相信，現代化進程是直線的，美國只不過走在中東前頭，中東將來必步美國後塵；他斷然宣稱：「一言以蔽之，美國是怎麼樣，中東追求現代化，就是希望變成美國那樣。」美國經驗不止適用於地理上的「西方」，更投射成為全球行之有效的模式。當新興國家有人懷疑美國經驗是否適合，因而呼籲建立另類模式時，冷納毫不妥協，痛斥「種族中心的窘境」是「現代化的重大障礙」。然而他的現代化直線發展論畢竟是背馳史實的：歷史社會學家穆爾(Moore, 1967)揭示，西方現代化的歷史(英美法、德、俄)其實是崎嶇而殊途的；提利(Tilly, 1975)指出，西歐民族國家不是自然而然形成的，而是經過了榨取、鎮壓與強制的血淋淋過程，今天得到這個好結局是始料所未及的，這種好運未必能夠複製。

回到在方法論上，我最關心的是他如何舉證，以圓其說。他屬意在「多樣性中尋求統一原則」，此話何解？「透過說明事物的規律，我們記錄現代化的過程；透過指出偏差，我們可以將各國放到適當的階段。」換言之，他為了建立普遍性，不惜抹煞差異性，把「例外」消解於普遍規律之中，這是實證主義一般的處理。在哲學上，他的舉證方式是一種目的論，充滿了循環邏輯，先有結論，再找證據。他模擬一個金字塔式的「現代化」(也就是西化)指標，土耳其與黎巴嫩高居塔尖，埃及與敘利亞夾在中間，而約旦及伊朗則墊在塔底。為了「證明」這個先驗模型的正確，他分頭寫了六個國家的個案敘述，文筆雄健，故事生動，受到著名政治學家拉斯韋爾(Harold Lasswell)在書的封底頁讚譽為「引人入勝」。作者所寫每一個國家案例，其實混合了史實、奇聞軼事及二手資料的分析，他用這個方式「建構現代化理論，刻畫所有中東民族必經之道」。

在方法論方面，我要提出三點評論。首先，作者顯然先入為主，有了結論，再在各章節穿插各種有趣生動例證。但例子通常充滿片面性，容易以偏概全，縱然巧為既有立場自圓其說，卻無力證偽。其次，作者承認，在比較各國經驗時採取「相當的自由度」，他選的個別議題因國而異，這樣做旨在「討論傳播、經濟與政治行為間的顯著關聯」。每個國家的故事單獨看都精彩，但六個國家合起來一道比較，無論選擇的事實、強調的題目以及證據的解釋都甚為隨意，這樣得出的「顯著關聯」實欠嚴謹。重讀此書，我強烈感覺到他的假設就是結論，結論就是假設，理論殿堂建築在動搖的經驗基礎上面。最後，作者一味追求「多樣性的統一」，以常態象徵現代化，不合解釋體系的「異例」則歸為「未現代化」國家。然而，與其輕易抹煞這些反證和異例，何不引為重新思考理論的契機？作者從不承認他的理論是有瑕疵的、片面的甚至錯誤的。如果他肯仔細思考反證和異例的背後，也許就不敢硬撐「現代化直線發展」的假設與結論了。

羅傑斯：創新擴散

有學者以「看不見的學府」為喻，研究「創新擴散」學術群體網絡的形成、流程與互動(Crane, 1972)，可見這個範式曾經發揮重要的影響。《創新擴散》一書流傳廣泛，在四十年的學術生涯裡，羅傑斯連續增訂五版。他建立一套「通則庫」(propositional inventory)，說是為經驗證據與理論概念搭橋。第一版(1962)整理了405篇文章，以美國與歐洲研究為主。第二版歸納了1,500篇研究，提煉103個命題；隨著1960年代發展中國家的研究顯著增加，作者自信滿滿，此版冠上「跨文化取徑」的副標題(1971)。第三版從3,085篇案例中篩選出91個命題，其中30%的研究來自發展中國家，作者宣稱他的書愈來愈沒有文化偏見。到了修訂第四版(1995)時，文章繁多，不及細載，只能估算為4,000篇。在他辭世以前的第五版，估計累積至5,200篇文章(2003)。

「通則庫」的結構風格獨具，保留在前後五個版本中。我最初接觸此書第二版，每個命題更附有「評分表」(其他版本取消了)，印象深刻。例如：

5-29 早採納(創新)的人比晚採納(創新)的人更可能是意見領袖(共42篇，76%支持；另13篇不支持)。

5-30 早採納(創新)的人比晚採納(創新)的人更可能屬於具有現代規範的制度(共32篇，70%支持；另14篇不支持)。

當時我剛進入研究所的門牆，接觸到這些意簡言賅、貌似科學的推論，立即被吸引到國際傳播的領域（後來羅傑斯一度成為我的業師）。若干年後，我才逐漸接觸到其他學者的批評。有學者（Downs & Mohr, 1976）批評羅傑斯那些命題晦澀難解，因為經驗支持度太不穩定。羅傑斯（Rogers, 1983, p.132）回覆道，比起其他社會科學研究，創新擴散的穩定性毫不遜色。這個辯護也許不無道理，但我不禁懷疑，他參考的文獻來自五花八門各個領域，在綜合的過程中是否有意無意盡量磨平經驗證據的矛盾，以提高命題的穩定性。又有學者（McAnany, 1984）指責羅傑斯的命題太瑣碎粗糙，無助於理論建構，這個批評更傷筋動骨。就本文所關注的方法論範圍而言，我倒是想問：如果一個通則出現許多「異例」，是被當做一般的「例外」打發掉，還是應該以此為鑑，藉機批判或反省理論假設的有效性？

儘管創新擴散的許多研究源自發展中國家，但整個文獻既缺乏「比較的」視野，也不是真正意義的跨文化研究，而是逕自在海外前哨複製美國的理論預設、框架及世界觀。例如，羅傑斯（Rogers & Svenning, 1969）由美國國際開發總署資助，採用相同問卷的譯本，在巴西、奈及利亞、印度與哥倫比亞做調查，探討傳播對農民所造成的影響。他們難道假定國家脈絡間沒有文化意義的差異，就是有也無關宏旨，否則怎麼會在異地散發相同的問卷？羅傑斯在《創新擴散》各版中曾小幅修正他的理論：（一）他批評主流範式忽略「創新擴散」的負面功能，以個人為單位，沒有注意到結構的制約（Rogers, 1983）；（二）他提出匯合模式，以取代線性擴散模式（Rogers, 1995）；（三）他增添新議題（如網路、愛滋病、恐怖主義等）的擴散過程（Rogers, 2003）。這些技術性的修修補補，實在無補於大局，對「現代化理論」的詰難者未免隔靴搔癢，完全沒有回答他們提出的根本問題。

在方法論上，「比較研究」必須通過三個考驗(Smelser, 1976, p. 166)：(1)不同的社會能否比較？(2)抽象的概念在不同社會是否對等或同義？(3)用以衡量概念的經驗指標在不同的社會是否對等或同義？任何研究都必須照顧到概念與經驗的效度和信度，但比較研究必須更進一步考慮不同的社會文化脈絡如何影響到理論與經驗的連結。以此標準衡量，「創新擴散」的過程儼然是單一的，放之全球而皆準，不因社會脈絡而改變。論者可能辯說：羅傑斯的書蒐集不同文化的許多案例，怎能說是漠視文化差異？然而，如同冷納對個別國家的描述，這些案例即使再盎然有趣，也都帶有高度的選擇性；作者只會選擇符合既定立場的故事，不會選擇相左的例證，更不會從跨文化的高度省察理論或方法的預設。

總而言之，知識一般由中心擴散到邊陲，由已發展國家擴散到發展中國家，從西方擴散到東方。學術霸權不能單靠強制脅迫，而是靠制約「從者」一些核心信念及預設，使之心悅誠服地接受，或視為當然；一旦「從者」把信念或預設內化甚至制度化以後，則強化知識上的依賴，再也無法產生有意識的反省、抵抗或挑戰。「創新擴散」的影響力在國際傳播日漸式微，但在市場行銷、公共衛生與農業推廣等應用領域仍然維持不衰。此外，它在全球中心的影響日漸消退，但在邊陲國家仍頗具權威。第三世界如此缺乏自信與警覺，正是彰顯了學術霸權的根深蒂固。倘若「後現代轉向」有何積極意義，那就是「去中心化」與「多極中心」未嘗不可能，哪一天邊陲也可能成為中心。因此，維持學術警醒及文化自覺，就顯得特別迫切而必要了。假如海外研究只一味替美國中產階級的世界觀背書，跨文化研究還有什麼價值？

三、韋伯式的現象學研究取徑

綜上所述，冷納量身打造中東各國的案例以圓其說，羅傑斯抽繹的結論率皆「一方面……另一方面……」模稜兩可。他們都映照了美國主流的意識型態，理論框架裡跨文化的意義是枯竭的。為了糾偏補弊，我以為國際傳播應該回頭多重視韋伯式的現象學取徑，獲取知識論和方法論的靈感。這個路徑先由社會演員(社會行動者、當事人)入手，解釋他們自己所創造的「跨文化」意義，描寫深層的動機及複雜多端的結果，並允許不同跨文化的解釋社群建構多重的社會實體。

「意義之網」：因果與意義

實證社會科學以自然科學為張本，旨在將複雜的社會現象化約成少數變項，建立其間的因果關係，組成精簡的結構，企圖以最少的因素解釋最多的現象，若能用數學公式呈現出來尤其高妙(Luckmann, 1978)。解釋性社會科學受到人文學科的啟發，旨在以「深描」(Geertz, 1973)的方法照明威廉斯(Williams, 1977)所說的「感知結構」內層層疊疊的複雜意義。懷海德形容實證主義是「追求簡約，然後懷疑之」，意思是：既要尋找那個最精簡的結構，卻又戒慎恐懼，不斷自我否定，深怕找錯那個結構。卡瑞(Carey, 1992)把這句話俏皮地翻轉為：「尋求複雜，並賦予秩序」，人間事物不止因果關係，還牽涉意義的問題；而文化意義千頭萬緒，複雜萬端，不但不能簡單化約，並且應該用濃彩重墨，細緻地刻畫並剝解其層層的意義，使這些豐富的意義結構井然有序地呈現出來。韋伯式的現象學試圖平衡科學與人文的兩個傳統，為國際傳播「國際化」在認識論和方法論上提供重要的基礎。

韋伯從未刻意發展他的方法論，而是在與其他學派辯論時逼出來的。我們討論韋伯的方法論，當然不能跟他的實踐截然割離[1]，但這篇文字只能粗淺地聚焦於韋伯方法論對國際傳播重要的啟迪。早在六十多年前，社會學家希爾斯（Shils, 1949）即指出，社會科學已發展出一系列精確的、具體的觀察技術與分析方法，在韋伯那個時候連最樂觀的人都不敢預見。但他說，學界的興趣氾濫無歸，無法形成核心的知識體系，因此呼籲以韋伯所提的「價值關聯」（value-relevance）為選題標準，為社會科學帶來一種秩序。這番話在今天尤有現實意義，因為學術日趨行政化，鋪排成一條生硬的論文生產線，使得學術碎片化的潮流更加勢不可擋，許多人抱個瑣碎的小問題糾纏到底，形成學界各說各話的局面，沒有從容交流對話的基礎。此時更需要提倡以「價值關聯」選題，促進學術多元化，從不同角度在重大問題上互相爭鳴。

韋伯式的研究的第一步，從了解社會演員解釋他們自己的「生命世界」開始——用社會科學的術語來說，就是人類學家格爾茲（Geertz, 1983）說的「在地知識」（local knowledge）、現象學家伯格（Berger & Kellner, 1981）說的「相關結構」（relevance structure），以及英國文化研究巨擘威廉斯說的「過往和活生生的經驗」（lived and

1 韋伯的《基督新教倫理與資本主義精神》（Weber, 1930）是曠世宏著，但他對中國儒家與印度教的分析則充滿爭議。韋伯（Weber, 1951）認為儒家無法發展出如喀爾文教派的「入世禁欲主義」，因而阻礙資本主義的發展。余英時（1987）根據文本解讀，認為「入世禁欲主義」是中國宗教倫常的一部分，中國無法發展出資本主義，是因為政治與法律體系並未經歷理性化的過程。由此可見，運用韋伯的理念類型恰到好處並非易事。

living experience）。第二步，學者運用有洞察力和概括力的學術概念，協助社會演員在更大的脈絡下重釋「生活世界」的意義，這是主觀解釋的客觀化，現象學稱為「類型化」(typification)。換言之，社會演員解釋「內在於」生活世界的第一層意義，學者把它轉化為「外在於」生活世界的第二層意義，當中的橋樑是概念、邏輯和理論架構。必須強調的是：韋伯企圖平衡「因果充分性」(causal adequacy)與「意義充分性」(meaning adequacy)，一方面以同理心去理解社會行動的前因後果，一方面闡明社會行動所蘊含豐富而複雜的層層意義。韋伯也講因果關係，但不像實證主義那麼斬釘截鐵，而是靈活地因應具體脈絡而變化；韋伯不追求抽象的「普遍通則」，而是在歷史架構內追溯具體之因與具體之果(Ringer, 1997；Weber, 1978b)。雖然現象學和實證主義都以經驗證據為基礎，但現象學反對「實證」式的化約，而力圖照明證據裡幽暗的意義。現象學的雙重解釋與實證主義的單重解釋是迥然異趣的。

在這裡，我要提出三點意義來討論。第一，我們必須謹防「普世性的帝國主義」，切莫接受自外強加的模式為預設或結論。舉凡現代化理論、科技決定論，或經濟決定論，都可以活絡我們的思想，但切切不能取代邏輯推理或剝奪經驗證據。例如，德國海德堡大學的一群漢學家(Wagner, 2007)，硬套哈伯瑪斯的宏大理論，宣稱晚清和民初上海報業已營造了「公共領域」，馴至把中國帶入「全球共同體」。我以為，他們徒以後設的概念曲解歷史，沒有還原早期上海報紙的歷史時刻和語境，以至於一廂情願，過度詮釋公共領域(Lee, 2011b)。第二，選題最好以韋伯的「相關結構」為依歸，以文化的內在理路和歷史經驗為主導。我服膺米爾斯(Mills，1959)揭櫫的「社會學的想像」，力圖聯繫困惑個人的難題到社會結構的公共議題，並置個別問題於歷史和全球的時空座標中檢視。第三，實證主義者假設，宇宙現象的背後暗藏一套客觀規律，科學家的任務便是「發現」這套已經存在的規律。現象學家認為，人文與社會的「意義之網」複雜、矛盾而又統一，略如《論語》說的「毋意、毋必、毋固、毋我」，所以無法以「自然化」的途徑直接理解；唯有透過「主客交融」或「互為主觀」的方式建構與詮釋，方能顯豁「意義結構」的豐富性，條理分明，譬如「橫看成嶺側成峰」的多元景象。說到這裡，不同的詮釋社群建構「多重現實」(multiple realities)，賦相同事相以不同的意義，琢磨切磋，求同存異，也是應有之義了。韋伯不是為國際傳播「國際化」提供最堅實的知識論和方法論嗎？

我絕非提倡一條鴕鳥式保守或褊狹的學術取徑。「在地」不是「全球」的同義字，「在地」必須與「全球」隨時保持互動。從內在理路發展出來的問題，達到某一點時，自然而然會從具體聯繫到普遍：我們在適當的時候必須接觸浩瀚的文獻，或商議之，或詰難之，從而善用世界性的概念，重構更具世界性意義的論述。但以優先順序來說，寧可從特殊性向普遍性移動，而不是從普遍性向特殊性移動。唯有經過批判、評價、修正，並吸收相關文獻，反思具體經驗以後，才邁步走向普遍性。特殊性與普遍性是一組辯證關係，愈了解自己，也愈會理解別人，這樣才會出現有意義的文化對話，而這個對話總是有相關脈絡與語境的。19世紀德國史學泰斗蘭克說：「從特殊性入手，可以上升到普遍性；但從普遍性，就無法回去直觀理解特殊性了 。」(轉引自Ringer, 1997, p.11)國際傳播融會在地觀點與全球視野，與其用具體經驗去迎合抽象理論，不如善用抽象理論來燭照具體經驗。經驗是馬，理論是拖車，要是把拖車綁到馬的前面，必本末倒置，得不償失。試問我們放棄文化傳承，難道只為了提供異國風味的材料，以驗證那些以科學為名的西方「真理」？

對比兩種「依賴」論述

1950 到1960年代是美式現代化理論流行的鼎盛期，1970年代從拉丁美洲冒出依賴理論，以為尖銳抗衡，構成一正一反的意識光譜。依賴理論有兩個主要的版本，一是激進的，法蘭克(Frank, 1972)稱之為development of underdevelopment，或稱underdevelopment of development，一語雙關，意思相同，即是說歷史上第一世界發展的軌跡，是靠對第三世界殖民、剝削、外部經濟制約及武力征服等方式換取的，以致第三世界至今仍遲遲無法發展。法蘭克是政治經濟學家，遵循實證主義的方法，企圖建立一套形式化的理論，他在意識型態上固然與現代化理論」對立，但在方法上卻是它的水中倒影。另外一個版本是卡多索(Cardoso & Faletto, 1979)提出的「依賴發展」(dependent development)觀點。卡多索是歷史社會學家(後來當選巴西總統)，從韋伯式路徑出發，反對視「依賴發展」為形式化的理論，而只是一種具體分析巴西(以至於第三世界)的方法論。法蘭克採取從普遍到特殊的框架，卡多索走由特殊到普遍的路徑，這種分析更細緻，並落實到具體的歷史語境。卡多索(Cardoso, 1977)抨擊美國學者知其一不知其二，只透過法蘭克的實證視角簡單理解「依賴」理論。

依賴發展認為，若干拉丁美洲國家的經濟是依賴與發展同時並進的，一方面繼續依賴第一世界，一方面繼續發展工業。他們以結構與歷史分析法，以關鍵概念闡釋在全球的架構裡和「依賴的具體情況」下，「對立的勢力拉著歷史向前走」。「當解釋提出堅實的概念範疇，能照明(支配的)根本關係時，……歷史就變得清晰可解了。」(Cardoso & Faletto, 1979, p. xiii)依賴發展不止聚焦於外部的剝削關係，更深入刻畫國家機器、國內階級結構，以及國家與國際資本主義體系間的多組複雜互動。這種細緻入微的分析，激發了巴西、南韓與台灣「依賴發展」的個案研究，但應用到傳媒研究倒不多見，僅有少數例外（如Salinas & Palden, 1979）。過去二十年，依賴理論已不時髦了，倒不是解釋力已呈疲態，也不是無關現實，而是冷戰結束，新自由主義體制及意識型態抬頭，學術獵狗轉而追逐更鮮美的新獵物，那就是後現代主義與全球化論述了。

四、跨文化研究

國際傳播迄今仍不太國際化或跨文化。國際研究不能單向強加西方觀點於世界的邊陲，我提出直率的批評，不是故意對已逝的前輩不敬，而是學生時代的教訓使我不斷檢視走過的軌跡。我願意反省向西方所學到的東西，但我也響應文化學者張隆溪（2004, 2010）的呼籲，拒絕封閉保守的「文化民族主義」，反對東西二元對立。漢學家應該趕緊跳出文化的封閉圈，出來與廣大的知識社群良性對話。「區域研究」應該轉型為「以區域為基礎的研究」（area-based studies，借用Prewitt, 2002的創詞），庶幾將豐富的區域知識整合為有意義的理論框架。

社會學家莫頓（Merton, 1972）呼籲局內人與局外人的觀點應該互相學習，彼此滲透。他借用傑姆斯（Williams James）的兩種知識分類：「熟悉知識」（acquaintance with）與「系統知識」（knowledge about）。（芝加哥學派派克[Park, 1940]也曾借用這組概念分析新聞與知識的關係。）「熟悉知識」指個人接觸的第一手經驗，例如日常生活的現象和事物，局內人當然有直覺理解的優勢；但局內人習焉不察，熟悉導致忽視，猶如身在廬山中看不到廬山真面目，所以局內人不能僅憑天賦特徵（不論是種族、國家、性別或文化）宣稱有知識壟斷權，彷彿他們獨有特殊通道了解真相，外人不得其門而入。另一種是「系統知識」，指經過長期研究與深入探索，獲得條貫分明、邏輯嚴謹的抽象知識。要獲得這種知識別無捷徑，端賴嚴格訓練，接受客觀學術規範，有治學能力，知道問些什麼問題，知道如何蒐集和評估相關證據。「系統知識」不讓局內人或局外人所獨占，只開放給那些長期耐心墾殖、系統探索的人。

局內人與局外人的觀點應當相互滋養，沒有理由彼此排斥，容我引申四點。第一，社會科學把我們訓練為專業上的「多重人格」(multiple persons)，穿梭於兩個經驗區，對於某些問題有局內人的直覺洞見，對於其他問題則必須靠冷靜分析和系統理解。這兩種知識交叉重疊，活潑交流，我們既相信直覺，又要否定直覺。學術活動其實就是把「熟悉知識」轉化為「系統知識」。第二，如果聯繫到韋伯式的現象學，學者的角色不啻把社會演員的「熟悉知識」轉變為學術的「系統知識」。第三，國內傳播與國際傳播的辯證關係，也當做如是觀；國內傳播幫助我們思考國際傳播的面相，但國際傳播矯正國內傳播的局限。第四，莫頓說局內人未必有掌握「系統知識」的特權，但若以韋伯的知識論和方法論為國際傳播「國際化」的基礎，豈不又優遇了特殊社群(例如中華文化圈)的文化權？我以為文化社群不以種族或國籍為界線或為依歸，「研究」中國文化和華人社會的美國學者，在各方面都是不折不扣的美國人，但在專業認同上不可能完全自外於中華文化社群。反之亦然。關鍵還在於文化社群有沒有能力把「熟悉知識」轉化為「系統知識」。

牛頓的蘋果：捍衛個案研究與比較研究

斯梅策(Smelser, 1976)寫了一本《社會科學比較研究法》專書，見解精闢，他以托克威爾的《美國的民主》個案研究首開其端，依次介紹韋伯的現象學方法，又比較涂爾幹的實證主義方法。他最後歸宗於涂爾幹，認為比托克威爾和韋伯優勝，因為實證主義可以用嚴謹的統計方法，剔除冤假錯誤的因果變項。多變項的統計分析需要大量的數據，很少國際傳播和跨文化研究做得到，何況若要照顧豐富的脈絡與文化意義，則難上加難。話說回來，國際傳播研究一旦抽離文化意義，往往簡單、化約而乏味，結論也模稜兩可。

斯梅策的學術偏好和標準未必顛撲不破。換個角度，倘若學術旨趣在求知識洞見，不是因果關係，實證主義的方法就失靈了，必須借取格爾茲的「深描法」，刻畫、剝解、分疏層層意義，烘托出各種社會形態、結構、過程、動機與互動關係。即使一個多世紀以後，嚴肅的民主論述都還繞不過托克威爾在《美國的民主》(Tocqueville初版1835/1840年，再版1945年)立下的基準。李普曼(Lippmann, 1922)對美國媒介與民意的經典論述，無論是否同意，都無法迴避，也是這個道理。我覺得，社會科學盡可仰慕科學的成就，卻毋須盲目模仿科學的「硬」法則。我們能借鏡於人文學科的不少，包括對核心價值的恆久關注，長期累積的豐富洞見，以及各種詮釋方法。韋伯(Weber, 1978b)執客觀主義(科學因果)與主觀主義(人文意義)的兩端，開闢一個可行而有效的中間立場，為國際傳播「國際化」提供知識論和方法論的基礎。他的學術業績斐然，與涂爾幹、馬克思並列為現代社會學三座大山。

以文化角度研究傳媒的名家卡瑞(Carey, 1992；Munson & Warren, 1997)，從未涉足國際傳播領域，但他的國內分析足為國際研究提供典範。有人(Waisbord, 2014)批評「深描式」個案研究，認為只能取悅褊狹的區域專家，有世界視野的學者不屑光顧。是耶，非耶？我以為卡瑞「深描」的美國傳媒歷史、文化及其技術形成，理論層次高，感興趣的其實是跨學科人文與社會科學學者，區域專家的窄圈反而無動於衷。卡多索的韋伯式分析，不也如此？個案研究(特別是比較性個案研究)的特長不在於「經驗概括性」，而在於「概念概括性」。喻諸牛頓的蘋果，目的不在解剖蘋果，而是要從蘋果揭露地心引力的奧秘。最出色的個案研究總是提出解釋力強的概念，聯繫到歷史和全球的比較性架構，令人看世界眼光一新，景象更豁朗，見樹又見林。

舉例說明，格爾茲(Geertz, 1963)首創「內眷化」(involution，或譯「內捲化」，意義稍異)的概念，以解釋印尼爪哇與峇里島農業轉型的社會生態史。荷蘭統治者強取豪奪，加上人口壓力，爪哇沒有改變農耕方式，只顧吸納更多人去墾殖相同的農地，單位產量非但沒有增加，還造成社會和生態的災難。「內眷化」可以延伸理解為「向內看」的趨勢，內部細節精心雕琢，一味炫耀巧技，以致忽略概念創新、大膽嘗試以及開放性變革。根據蘇鑰機(So, 1988)的統計，傳播學核心期刊愈來愈喜歡引用自己的文獻，而與廣泛的社會科學愈來愈脫節。有人讚揚傳播期刊文獻引用日臻「自足」，是學科成熟的象徵。我不以為然，毋寧相信這是典型的學術「內眷化」，心態上自我陶醉，概念上近親繁殖，對新興領域(如國際傳播)的發展極其不利。只顧在瑣碎的問題上面精耕細作，徒給各種碎片化「照肚臍眼」的利益團體一種假安全感，躲在學術高牆下面高枕無憂，對大問題不聞不問，不主動參與，更不積極爭鳴[2]。總之，「內眷化」的概念其來有自，是美國著名人類學家在遙遠的印尼群島做的

2 1970年代《傳播學季刊》(*Journal of Communication*)的文章或許參差，但經常爆發知識的火花，展開重要的辯論。如今該刊愈來愈專業化，只往縱深發展，技術上無懈可擊，問題的格局卻劃地自限，甚至索然無味，再也感覺不到當年那種知識的刺激。一葉知秋，其他期刊乃至整個學術論文生產的趨勢莫不如此。

個案研究，而其影響力不限一隅一地，早已超越學科和文化的藩籬。可見問題不出在個案研究，而在做個案研究的學者能否提出具有解釋力的概念。有鑑於此，我們應該審視傳媒的個案研究，從這些文化資本中，提煉有解釋力的概念，帶出國際傳播的意涵——例如李普曼（Lippmann, 1922）的「刻板印象」（stereotype），塔克曼（Tuchman, 1978）的「客觀性的策略儀式」（strategic ritual of objectivity）與「新聞網」（news net），哈林（Hallin, 1986）的「正當爭論領域」（sphere of legitimate controversy），威廉斯（Williams, 1977）的「收編」（incorporation）皆屬之。

跨文化研究的普遍意義

人文社科研究是否需要有普遍意義？史學家為此爭論不休，傳播社會學者可多數是肯定的。國際傳播既是比較性的，也是普遍性的；比較的視野來自文化社群之內，也來自各種文化社群之間。以色列社會容納全球各地回歸的猶太人，他們帶回來不同的價值與經驗，展現了一幅繽紛的文化馬賽克圖。凱茲和他的同僚（Liebes & Katz, 1993）透過深度焦點訪談，發現各地移民社群在以色列落戶生活，但其所來自的文化價值和觀點仍然根深蒂固，因此對美國進口影集《朱門恩怨》的解讀簡直南轅北轍。以往有些激進左派政治經濟學家提出「文化帝國主義」，總是先分析跨國媒介資本的所有權，然後把資本所有權等同媒介內容的控制權，再把媒介內容的控制權等同資本主義發揮意識型態的效果，一連串邏輯推論完全漠視受眾如何解讀內容（Tomlinson, 1991）。凱茲他們發現，受眾根據次文化解讀媒介內容，得到的是複雜矛盾的「多元歧義」（polysemy）。這個視角賦受眾以發言權，挑戰原來簡單化的「文化帝國主義」，重啟了一場重要的辯論。

跨文化研究可以聚焦於國內的次文化群，也可以擴展到國際間的文化群體。前面提到的創新擴散研究，通常把美國的問題搬到外國再生產。但韋伯式的跨國界研究是反對這樣做的，它必須深入當地的文化肌理，所要求的語文歷史文化素養高，難怪學者一般說得多做得少。(多年來，屢有出版社邀我撰寫比較東亞媒介制度的專書，自問無力承擔，不敢答應。即使東亞學者在一起開會，講的是英語，他們分析東亞媒介制度的英文論文不多，夠分量的更少。東亞學者缺乏文化自覺，連選題都跟著西方亦步亦趨，知識霸權之頑強，這是鮮活一例。)因此，要做好跨文化研究，最可靠的還是結合志同道合的跨國學者，通力合作。近年來成功的範例是：哈林和曼西尼(Hallin & Mancini, 2004)先邀請西歐與北美18個國家的學者，就若干理論問題做個案研究，比較各國媒介制度，從中總結若干論據；接著以這些論據為基礎，他們(Hallin & Mancini, 2012)協調六位非西方國家學者，各自提出比較個案，回應西方經驗的論據，以驗證其解釋力和概括力。從研究設計來說，西方國家代表「最大相似性」(許多面相類似)，非西方國家代表「最大相異性」(愈不同愈好)，互相對話交流，為跨文化研究開拓一條有意義的途徑。

敝帚自珍，容我以拙作(Lee, He, & Huang, 2006, 2007)為例進一步說明。因為選題要抓社會主要矛盾，我們決定聚焦於當前中國傳媒承受黨控制和準資本主義市場機制的雙重壓力如何運作。我們沒有現成的理論憑藉，只能先聽取各級編輯、記者和管理層的「意義系統」，再根據平日理解，配合相關文獻結合。我們借用拉美學者黨國「統合主義」(corporatism)的概念，但在中國「共產資本主義」體制底下，黨權與市場既合謀又競爭，所以修訂為「黨與市場的統合主義」(party-market corporatism)。全國共分三種統合形態，說明國家、資本與傳媒的交錯關係。第一種以上海為例，是一種侍從主義的關係，傳媒以沉默和效忠換取經濟酬報。第二種以廣州為代表，我稱之為「政治管理的市場化」(marketization of political management)，在黨國意識型態的界限內允許激烈市場競爭。第三種，以北京最顯著，是「市場化的政治吸納」(political absorption of marketization)，因為各種新舊權力山頭多，維持恐怖平衡，權力空隙創造有限的言論空間，而市場活躍的媒介更期望被吸納到政治建制內。這種分析一旦成熟，可望用來比較前歐洲共產國家、拉美與東亞右翼獨裁政權在「傳媒—國家—資本」的轉型。

薩伊德的《東方主義》(Said, 1978)對我最有啟發。他閱讀相同的西方文學經典文本，卻讀出不同的味道——借威廉斯(Williams, 1978)的話來說，薩伊德在英法美帝國的支配性意識型態以外，讀出「另類」和「敵對」的文化意義。他是樂評家兼業餘鋼琴演奏者，順理成章從古典音樂汲取靈感，以「對位」的方式解讀西方文學經典，並聯繫到歐美帝國主義的政治、經濟與文化脈絡。之後，薩伊德(Said, 1993)延伸到第三世界，剖析它們如何抵抗、顛覆或挑戰帝國中心的文化霸權。他強有力地挑戰西方的主流閱讀，截然改變了解釋學的徑道，並豐富了整個比較文化、政治與意識型態的論述。特別值得注意的是：自始至終，他的解讀除了「去西方化」，還有更遠大的目標，那就是他從來沒有脫離啟蒙和解放的宏大敘述。受他鼓舞而發展的後殖民觀點，實應構成許多國際傳播研究的起點。他的「對位閱讀法」不妨廣泛而系統運用，當有助於去蕪存菁，以修正、發展、延伸甚至淘汰國際傳播和跨文化傳媒研究文獻中的理論概念。

「跨文化」交流的典範

余英時(1988, p. 331-351；2007, p. 279-290)筆下對王國維和陳寅恪融匯中西、創造轉化的過程，有非常深刻而親切的描述。王國維年輕時浸淫於德國哲學，包括康德、叔本華以及尼采，而且遍讀西方社會科學各領域，從心理學到社會學，從法學到邏輯，無不涉獵，代表當時中國人對西學瞭解的最高峰。這些早年的經驗構成後來寶貴的知識養分。當他回頭研究中國的中古史地，固然得益於新出土的考古文物以及歐、日漢學界的成果，但最重要的是他接續乾嘉之學，加以發揚光大，將它帶到一個新高峰，學風所及，影響了以後數代學人。王國維成熟時期的作品幾乎不提康德，彷彿全然不懂康德似的。余英時說，王國維如果不是早年接受這種西學的訓練，而且將其精神內化，斷無可能提出這麼具有原創性的問題，做出這麼嚴格精闢的分析。

陳寅恪是百科全書式的史家，與王國維「風義平生師友間」，清華園的王國維紀念碑碑文就是他寫的。余英時追述陳寅恪的史學有三變。第一變，陳寅恪受到歐洲「東方學」的影響，以其通曉十幾種歐洲、邊疆和西域語文的優勢，研究「殊族之文，塞外之史」，於史實考證和音韻訓詁，發人所未發。第二變，中年以後「捐棄故技」，轉而治隋唐政治史與制度史，由於早年遊學外國時經歷過「學習世界史」的自覺階段，能夠自如運用重要的概念，使史實復活，對中古史提出嶄新的、有系統的整體解釋。第三變，則發揮飛躍而入情入理的歷史想像力，通過明清興亡的故事，以及三百年前人物的種種活動與「心曲」，撰寫他個人的「心史」。王國維和陳寅恪，學貫中西，融會貫通，把中國史學最好的傳統加以現代化，攀登學術的頂峰，允為最具啟發性的典範。

五、結語

國際傳播學者若要從文化對話相互理解，就必須虛心聆聽交響樂的主題與變奏，並深刻體會交響樂是由各種刺耳樂器組成的和諧曲。薩伊德（Said, 2000, p. 583）對亨廷頓與基辛格之流政客學者嗤之以鼻，勸他們多多聆聽類似梅湘（Oliver Messiaen）與武滿徹（Toru Takemitsu）的作品，感受各種音樂交融在一起的妙諦。

八百多年前，管道昇寫給趙孟頫一闋雋永的〈我儂詞〉：

你儂我儂，忒煞情多，情多處，熱如火。
把一塊泥，捻一個你，塑一個我。
將咱兩個，一起打破，用水調合。
再捻一個你，再塑一個我。
我泥中有你，你泥中有我。
與你生同一個衾，死同一個槨。

這闋詞打消趙孟頫納妾的念頭，夫妻私情原不足為外人道也。但它的意象與比喻相當生動而豐富，權且借來說明一點：國際傳播的「國際化」，就像泥土重塑，需要「我」的形象，也需要「你」的形象，最終我能進入你的，你能進入我的。用太極的智慧語言表述，陽是陽，陰是陰，但陽中有陰，陰中有陽。這正是中西學術互相滲透、彼此學習、共同滋長的最高境界。有你無我，何益於溝通交流？然而國際傳播的現狀正是「我」被「你」掩蓋，西方一面壓倒東方。為了建立「我」的形象，只能拿出大量精湛的學術業績，從文化制度、媒介再現到日常生活方式各方面，展示出色的個案、比較和跨文化研究，否則文化對話有如緣木求魚。我們離理論華廈還有漫長的道路要走，但至少應該開始添磚加瓦，第一步得建構有理論和文化意義豐富的個案和比較研究。在我看來，國際傳播的本質就是要理解與對話，這是可以從韋伯式的現象學獲益的。

最後，野人獻曝，我想再次引用拙文(Lee, 2011a)，表達我對中國傳媒研究的一些淺見。我深惡以西方為全球標準的霸權，但也痛絕文化民族主義的閉門造車；我不相信有本質化的亞洲或中國傳媒理論，更與假大空的中國例外論毫無瓜葛。研究中國傳媒，固然因為我們是文化中國的成員，但這不是唯一的原因；更不是因為我們屬於文化中國，就只能研究中國傳媒。研究中國傳媒，在知識上不許自足或孤立，應當與國際傳播保持互動，更當隨時從人文與社會科學的活水源頭汲取理論與方法的新生資源。我們想建立的，是具有中國文化特色的普遍性理論，選題和解釋既根植又彰顯文化的特殊性，但從深刻的文化反省，發展出具有普遍意義的廣闊視野。哪天能夠建起這種普遍性觀點，具有文化特色，包容內部差異，又超越理論的褊狹，我們便能立於不敗之地，以開放心靈與西方文獻平等對話。這是世界主義的精神，是國際傳播的指路明燈。

參考書目

余英時(1987)《中國近世宗教倫理與商人精神》，台北：聯經。

余英時(1998)《陳寅恪晚年詩文釋證》，台北：三民。

余英時(2007)《知識人與中國文化的價值》，台北：時報。

張隆溪(2004)《走出文化的封閉圈》，北京：三聯。

Berger, P., & Kellner, H. (1981). *Sociology reinterpreted*. New York: Anchor.

Bourdieu, P. (2001). Uniting to better dominate? *Issues and Items*, 2(3-4), 1-6.

Cardoso, F.H. (1977). The consumption of dependency theory in the United States. *Latin American Research Review*, 12(3), 7-24.

Cardoso, F.H., & Faletto, E. (1979). *Dependency and development in Latin America*. Berkeley, Calif.: University of California Press.

Carey, J. (1992). *Communication as culture: Essays on media and society*. New York: Routledge.

Crane, D. (1972). *Invisible colleges*. Chicago: University of Chicago Press.

Curran, J. (2005). Introduction. In H. DeBurgh (Ed.), *Making journalists* (pp. xi-xv). London: Routledge.

Curran, J., & Park, M.-J. (2000). *De-Westernizing media studies*. London: Routledge.

Diamond, L. (1992). Economic development and democracy reconsidered. *American Behavioral Scientist*, 35(4-5), 450-499.

Downing, J.D.H. (1996). *Internationalizing media theory*. London: Sage.

Downing, J.D.H. (2009). International media studies in the U.S. academy. In D. Thussu (Ed.), *Internationalizing Media Studies* (pp. 267-276). London: Routledge.

Downs, G.W., Jr., & Mohr, L.B. (1976). Conceptual issues in the study of innovation. *Administrative Science Quarterly*, 21(4), 700-714.

Evans, P.B. (1979). *Dependent development: The alliance of multinational, state, and local capital in Brazil*. Princeton, N.J.: Princeton University Press.

Frank, A.G. (1972). *Lumpenbourgeoisie, lumpendevelopment: Dependence, class, and politics in Latin America*. New York: Monthly Review Press.

Fukuyama, F. (1992). *The end of history and the last man*. New York: Free Press.

Geertz, C. (1963). *Agricultural involution: The process of ecological change in Indonesia*. Berkeley, Calif.: University of California Press.

Geertz, C. (1973). *The Interpretation of cultures: Selected essays*. New York: Basic Books.

Geertz, C. (1983). *Local knowledge: Further essays in interpretive anthropology*. New York: Basic Books.

Hallin, D.C. (1986). *The "uncensored war": The media and Vietnam*. New York: Oxford University Press.

Hallin, D.C., & Mancini, P. (2004). *Comparing media systems: Three models of media and politics*. New York: Cambridge University Press.

Hallin, D.C., & Mancini, P. (Eds.). (2012). *Comparing media systems beyond the Western world*. New York: Cambridge University Press.

Huntington, S. (1993). The clash of civilizations. *Foreign Affairs*, 71(3), 22-49.

Lee, C.-C. (1980). *Media imperialism reconsidered: The homogenizing of television culture*. Beverly Hills, Calif.: Sage.

Lee, C.-C. (2001). Beyond orientalist discourses: Media and democracy in Asia. *Javnost-The Public*, 8(2), 7-20.

Lee, C.-C. (2010). Bound to rise: Chinese media discourses on the new global order. In M. Curtin & H. Shah (Eds.), *Reorienting global communication* (pp. 260-283). Urbana, Ill.: University of Illinois Press.

Lee, C.-C. (2011a). Voices from Asia and beyond: Centre for Communication Research, City University of Hong Kong. *Journalism Studies*, 12(6), 826-836.

Lee, C.-C. (2011b). Overinterpreting the "public sphere." *International Journal of Communication*, 5: 1009-1013.

Lee, C.-C., He, Z., & Huang, Y.（2006）. 'Chinese party publicity inc.' conglomerated: The case of the Shenzhen Press Group. *Media, Culture & Society*, 28(4), 581-602.

Lee, C.-C., He, Z., & Huang, Y.（2007）. Party-market corporatism, clientelism, and media in Shanghai. *Harvard International Journal of Press/Politics*, 12(3), 21-42.

Lerner, D.（1958）. *The passing of traditional society: Modernizing the Middle East*. New York: Free Press.

Liebes, T., & Katz, E.（1993）. *The export of meaning: Cross-cultural readings of Dallas*. Cambridge, U.K. : Polity.

Lippmann, W.（1922）. *Public opinion*. New York: Harcourt Brace.

Luckmann, T.（1978）. Philosophy, social sciences and everyday life. In T. Luckmann（Ed.）, *Phenomenology and sociology*（pp. 217-256）. London: Penguin.

McAnany, E.G.（1984）. The diffusion of innovation: Why does it endure? *Critical Studies in Mass Communication*, 1(4), 439-442.

Merton, R.K.（1972）. Insiders and outsiders: A chapter in the sociology of knowledge. *American Journal of Sociology*, 78(1), 9-47.

Mills, C.W.（1959）. *The sociological imagination*. New York: Oxford University Press.

Moore, B.（1967）. *Social origins of dictatorship and democracy*. Boston, Mass.: Beacon.

Munson, E.S., & Warren, C.A.（1997）. *James Carey: A critical reader*. Minneapolis, Minn.: University of Minnesota Press.

Nye, J.S.（1990）. *Bound to lead: The changing nature of American power*. New York: Basic Books.

Park, R.E.（1940）. News as a form of knowledge: A chapter in the sociology of knowledge. *American Journal of Sociology*, 45（5）, 669-686.

Prewitt, K.（2002）. The social science project: Then, now and next. *Items and Issues*, 3（1-2）, 5-9.

Ringer, F.K.（1997）. *Max Weber's methodology: The unification of the cultural and social sciences*. Cambridge, Mass.: Harvard University Press.

Rogers, E.M.（1962, 1983, 1995, 2003）. *Diffusion of innovations*. New York: Free Press.

Rogers, E.M., & Shoemaker, F.F.（1971）. *Communication of innovations: A cross-cultural approach*. New York: Free Press.

Rogers, E.M., & Svenning, L.（1969）. *Modernization among peasants: The impact of communication*. New York: Holt, Rinehart and Winston.

Said, E.W.（1978）. *Orientalism*. New York: Vintage Books.

Said, E.W.（1993）. *Culture and imperialism*. New York: Knopf.

Said, E.W.（2000）. *Reflections on exile and other essays*. Cambridge, Mass.: Harvard University Press.

Salinas, R., & Palden, L.（1979）. Culture in the process of dependent development: Theoretical perspectives. In K. Nordenstreng & H.I. Schiller（Eds.）, *National sovereignty and international communication*（pp. 82-98）. Norwood, N.J.: Ablex.

Schramm, W.（1964）. *Mass media and national development*. Stanford, Calif.: Stanford University Press.

Shils, E.A.（1949）. Foreword（E.A. Shils & H.A. Finch, Trans.）. In M. Weber（Ed.）, *The methodology of the social sciences*. New York: Free Press.

Smelser, N.J.（1976）. *Comparative methods in the social sciences*. Englewood Cliffs, N.J.: Prentice-Hall.

So, C.Y.K.(蘇鑰機)（1988）. Citation patterns of core communication journals: An assessment of the developmental status of communication. *Human Communication Research*, 15(2), 236-255.

Thussu, D.K.（Ed.).（2009）. *Internationalizing media studies*. London: Routledge.

Tilly, C.（1975）. Western state-making and theories of political transformation. In C. Tilly（Ed.）, *The formation of national states in Western Europe*（pp. 3-83）. Princeton, NJ: Princeton University Press.

Tocqueville, A. de.（1945）. *Democracy in America*. New York: Knopf.

Tomlinson, J.（1991）. *Cultural imperialism*. Baltimore, Md.: Johns Hopkins University Press.

Tuchman, G.（1978）. *Making news*. New York: Free Press.

Wagner, R.G.（Ed.).（2007）. *Joining the global public: word, image, and city in early Chinese newspapers, 1870-1910*. Albany, N.Y.: State University of New York Press.

Waisbord, S.（2014）. De-westernization and cosmopolitan media studies. In Chin-Chuan Lee（Ed.）,*Internationalizing "International Communication."* Ann Arbor, Mich.: University of Michigan Press.

Wang, G.(汪琪)（Ed.).（2011）. *De-westernizing communication research : altering questions and changing frameworks*. London: Routledge.

Weber, M.（1930）. *The Protestant ethic and the spirit of capitalism*. London: HaperCollins.

Weber, M.（1951）. *The religion of China: Confucianism and Taoism*（H.H. Gerth, Trans.）. New York: Free Press.

Weber, M.（1978a）. *Economy and society*. Berkeley, Calif.: University of California Press.

Weber, M. (1978b). The logic of historical explanation (E. Matthews, Trans.). In W.G. Runciman (Ed.), *Weber: Selections in translation* (pp. 111-131). Cambridge, U.K.: Cambridge University Press.

Williams, R. (1977). *Marxism and literature*. New York: Oxford University Press.

Zhang, L.(張隆溪)(2010). The true face of Mount Lu: On the significance of perspectives and paradigms. *History and Theory*, 49(1), 58-70.

李金銓，香港城市大學媒體與傳播系講座教授兼傳播研究中心主任。研究領域包括國際傳播、媒介政治經濟學、傳播與社會理論以及新聞史。中文近著有《文人論政：民國知識分子與報刊》(2008)和《報人報國：中國新聞史的另一種讀法》(2013)。

思想訪談

王力雄 先生

為中國尋找方法：
王力雄先生訪談錄

陳宜中

王力雄先生，1953年出生於長春。1968年父親在文革被關押中去世，隔年隨母親下鄉。插隊期間，一度受毛澤東主義感召成為知青左派。1973年作為工農兵學員進入吉林工業大學，主修汽車設計。1975年萌發「逐層遞選」的民主方法構想，後來理論化為「遞進民主」論。1980年後脫離體制，改行寫電影劇本和小說，包括改革題材的《天堂之門》，黃河漂流之旅的紀實小說《漂流》，和著名的政治寓言小說、帶有強烈生態意識的《黃禍》。自1990年代起，長期關注西藏與新疆的民族問題；並主張以範圍縮小、隨時選舉、議行合一的遞進民主制，在中國兌現自由和民主的理念，實現相對平順的政治轉型，同時化解漢藏、漢維之間急遽升高的民族對立。2009年後，曾推動與達賴喇嘛通過推特與網絡視頻進行的漢藏對話。多年來對多黨競爭式的代議制民主進行反思，認為其有縱容消費主義、在民族衝突中助長政治極端主義的弊病，並在中國結束長期專制的民主轉型期間難以避免社會動盪。在小說之外，寫有《溶解權力：逐層遞選制》、《天葬：西藏的命運》、《遞進民主》、《我的西域，你的東土》等書。近來致力於長篇小說《轉世》的寫作，試圖把中國的政治轉型和民族衝突問題，跟遞進民主論結合起來，提出新的時代警醒。

此篇訪談於2012年7月1日在北京進行，2014年1月補充提問，經陳宜中編輯後，由王力雄先生修訂後確認。

一、早期經歷

王力雄（以下簡稱「王」）：我1953年出生於長春，父母都是山東人。我父親出身農民家庭，15歲在中學時投奔了共產黨的八路軍。我母親1940年代末期在國民黨控制的青島搞學生運動，加入了共產黨。

陳宜中（以下簡稱「陳」）：您父親在文革期間遭批鬥，被關押中過世，這對您產生了哪些影響？

王：我父親是長春第一汽車廠的負責人之一。那是蘇聯援助的項目。我當時上的是以幹部子女為主的「長春八一學校」，文革開始後解散了，我就沒有繼續上學，等於中學一天沒上。1966年文革開始時我是小學六年級，那時小學生一般不參加文革，但我們學校是小學、初中合一的九年一貫制，小學高年級生也裹進了一些。「大串聯」時我也跑出去，最後只剩我一個人，在各地晃了兩個多月。以那年代的通訊條件，出門跟家裡無法聯繫。家裡對13歲的孩子兩個多月沒消息也不著急。

我父親的變故，對我的影響當然很大，但到底是哪些影響，我也說不清楚。他被說成「走資派」和「蘇修特務」，後一罪名是因為他曾經跟蘇聯專家有比較密切的工作交往。他是1968年9月去世的，去世前已被拘押了近一年。正式說法是「自殺」，也有人說他是被打死的，但都無從查證了。當時這種「自殺」的家庭悲劇我周圍的朋友和同學都有不少；那個時代人的承受能力要比現在大，因為周圍的環境早已給你了很多心理積澱。但打擊還是不小。

陳：能否談談您的下鄉經驗？

王：我是跟我母親去農村的，她被下放到吉林省東豐縣。那時很多人即使到了鄉下，周圍有城裡一塊下去的同學或其他幹部家庭，形成自我的小圈子，不會和農民有深入接觸。我比較不一樣，因為周圍人只有我是從城裡來的，每天和當地農民在一起。生產隊讓我做會計，也就成了生產隊領導班子的成員，幹了兩年。那一段歲月使我真正了解農村，也是了解中國，是我生命中很重要的一段。

下鄉之前，我的反叛是比較頹廢的，就是那種所謂「垮掉的一代」。因為文革的家庭遭遇，對世界憤世嫉俗，對一切橫眉冷對，有一種報復社會的心理。那時父母都被關押，我家裡有很多藏書，我讀了很多文學作品，總把自己與小說裡的沒落貴族之流相比。下鄉以後，做了一番自我改造，想從頹廢中振作起來，去尋求一些更偉大的社會意義，把個人犧牲視為換取社會進步的必要。那時我一度具有知青左派的色彩。

陳：受毛主席的感召？

王：那年代什麼都脫不了毛的影響。自我改造中間有一種振奮人心的東西，只是很難描述。比如說，即使一天勞動很累，但當回到房子裡讀書，油燈下有一把野花插在瓶中，周圍物品都很破舊，你心中會產生一種審美，甚至有一種自我欣賞的感覺。

陳：您是以「工農兵學員」的身分去上大學？

王：1973年我去了吉林工業大學。我進這類「工農兵大學」並不容易，因為我父親還屬於「黑幫」嘛。但負責招生的是我父親所在的「一汽」的工人，他們同情我父親的命運，也就對我網開一面。當時對父母有問題但本人表現還不錯的人有個專稱，現在聽上去挺可笑——「可教育好子女」，大學招生時給一個很小的比例，我就算那種人。

陳：您寫小說和劇本的興趣，跟您母親是電影製片編輯有關嗎？

王：有一定關係。我們家的藏書很多，雖然在文革期間損失了一些，相對來講還是不少。文革以後正好不用上學，我就把這些書全看了一遍，絕大部分是西方古典名著。1967-68這兩年，是我讀書最多的階段。當然下鄉插隊以後也讀書，但讀的主要就是政治性書籍了， 還有當局以批判名義在內部出版的書。

陳：您在工農兵大學，學的是什麼？

王：工農兵大學現在被當做中國教育史上恥辱的一段，我卻慶幸我上的是工農兵大學。它除了政治上有要求，其他方面都很自由。不考試，不留作業。我的專業是汽車設計，但是要用很多時間學馬列主義。那也不算浪費時間。我們這一代人的政治學、社會學或歷史觀點的啟蒙，基本都是從馬列主義來的；雖然馬列也包含了很多八股，跟文革那套的差別還是挺大的。我的「遞進民主」最初的萌芽，就是1975年在工農兵大學時產生的。

陳：您從何時開始對文革、對毛主義產生懷疑？

王：我在工農兵大學裡讀馬列時，很大程度上已經是「以馬批毛」了，是想從馬列主義去尋找否定文革和毛的思想資源。我當時主要的思路是：我贊同共產主義理想，但中國只搞了財產公有而沒有實現權力的公有。如果權力仍然是私有的，財產公有反而會變成一種最壞的狀態，因此我提出「共產必先共權」，消滅私有制必須包括消滅社會權力的私有制。這想法是在1975年形成的。1978年我在北京貼出關於這個想法的小字報。

陳：去「西單民主牆」貼小字報？

王：對，那份小字報的標題就是「共產必先共權」。那時起我就被當局掛號了。1975年我對消滅權力私有制想出了一套方法，起初只是關於選舉的「逐級遞選」方法，後來逐步發展為更完整的「遞進民主」。

陳：您畢業後被分發到哪個單位？

王：先被分到長春的第一汽車廠(一汽)，也就是我父親當年的工廠，我自願要求去當車間工人。做了一年多以後，我自己活動調到湖北的第二汽車廠(二汽)，「一汽」和「二汽」都是有數萬職工的巨型企業。我在「二汽」搞企業管理的計算機應用。一年多後，我認識到單搞企業管理不能解決體制問題，本來我對工科和企業也沒有太大興趣，便去了一個製片組，跟著去拍電影、寫劇本。從1980年我就基本脫離了體制，不再拿單位工資，一邊拍電影一邊自己寫作。《天堂之門》(1983)和《漂流》(1987)就是在那個階段寫的。《漂流》是非虛構小說，寫的是我的黃河漂流之旅和後面實際發生的個人故事。

陳：那時，您跟北京的文學圈子有往來嗎？

王：我第一篇公開發表的文字〈永動機患者〉是1978年在北島主編的《今天》上發的。但我當時跟他們並沒有更多往來。

陳：您的第一本小說《天堂之門》在台灣找不到，它的題材是什麼？

王：《天堂之門》是我正式出版的第一本書，是企業改革題材。《天堂之門》曾獲得「茅盾文學獎」提名，據說差一點得獎，《人民日報》也發過讚譽的書評。當時我一度被主流接受，我也在那時由文化部副部長陳荒煤和作家朋友史鐵生做介紹人，加入了中國作家協會。但我沒有在那條路上繼續走下去，我天生不喜歡主流，更何況是充滿黨八股的主流。後來我以發表公開信的方式批評中國作協，並宣布退出作協。

陳：在《漂流》之後，您寫了警世小說《黃禍》。這本小說在華人世界流傳很廣，跟您的名字至今還是連在一起的。您何以會寫這本小說？跟六四有關嗎？

王：《黃禍》1988年動筆，1991年出版。八九天安門運動時停了一段，那時我每天去街上和廣場看。我沒有參加運動，即使想參加也參加不了，因為我的身分當時屬於政府方面打壓而學生方面看不起的「社會閒雜人員」（就是沒有單位的人）。六四之後，我把那時的一些觀察和想法融入到《黃禍》寫作中。

陳：如果沒有六四，《黃禍》的寫法會很不同嗎？

王：應該也不會。從1980年代開始，我就覺得中國社會存在很多無解的問題，認為當時「改革開放」的大方向有誤區。《黃禍》中的「綠色思想」，對消費主義的質疑，在六四之前就形成了。當時看了如羅馬俱樂部《增長的極限》那類書，但更多的是一種直覺：全民對利益的瘋狂追逐和對消費的無限欲望，最終一定會帶來嚴重問題。

陳：1980年代的利益追逐和消費欲望跟今天相比，簡直小巫見大巫。

王：當然是。這可能是我的問題所在。我總是把問題看得太提前，太嚴重，這是我的習性。當然，我至今仍然覺得大方向沒有錯，我的憂慮並非空穴來風。因為個人的人生很短暫，向前展望時心理上就會不自覺地壓縮預期時間。但在人類的歷史長河中，即便預期被拖後了幾十年，又算得了什麼？也只是彈指間啊。我寫《黃禍》時的消費主義，跟現在比的確不算什麼，但是才二十幾年就發展成現在這樣子，再過二十年又會如何呢？《黃禍》為什麼描寫中國人出走世界？就是因為中國這塊土地養不了，人們只好向外求生。當然，中國後來的進程跟我寫的不一樣，鄧小平1992年後在經濟上徹底擁抱資本主義，使中國社會發生了跟《黃禍》不一樣的變化。但那不過是繞了一個彎而已，《黃禍》的大方向至今還在，中國現在還在往那個方向走。

六四為《黃禍》增添了素材，但對書的基本邏輯沒有大的影響。我擔心的生態問題和社會整合問題，不管有沒有六四，有沒有鄧小平九二南巡，都仍然存在。比起1980年代，現在這些問題更迫切了。

陳：您如何理解社會整合？

王：整體來說，我認為一個社會需要有三種大的整合。其一是生態底座，如果生態好的話，最低限度大家可以各自去耕田、放牧或採集狩獵，有保持基本秩序的物質基礎；再一個是道德框架，如果社會成員都有道德底線，即使政權崩潰，沒有了警察和法官，人們還是可以和平相處，共同遵行道德基礎上的秩序；第三種就是靠政權整合。如果三種整合全有的話，那是一個經得起風浪的社會。但是在中國，生態底座和道德框架已經解體，唯一剩下的就是政權依靠強力的整合。這種整合看似強悍、不可動搖，卻隨時都可能發生突變。

《黃禍》寫的就是這個。一旦政權崩潰，沒有了道德框架支撐的社會就會發生人與人的相互爭奪。偏偏生態底座也已喪失，政權崩解使得社會壓榨生態的能力大大減弱，資源供給必然萎縮，崩潰就會愈演愈烈，無法收拾。

二、遞進民主

陳：您提出的「遞進民主」與主流的代議民主(含多黨選舉競爭)多所不同。「遞進民主」是一種自下而上的逐級遞選，它顯然從巴黎公社得到了不少靈感。您在《遞進民主》(2006)書中，敘述的順序是先談中國的專制及其導致的整合危機，再申論西方式的代議民主何以在中國未必可行，然後解說「遞進民主」的操作方式。我想就按照這個次序，先請您說明您對代議民主的主要批評。

王：首先我當然認為中國若能順利地實行代議民主，會比專制好很多。但是我覺得更該提醒的是：代議民主制度未必能解決中國的問題。西方現行的代議民主是在長期的循序漸進過程中形成的，而中國沒有這樣的過程，推行代議民主可能造成較大震盪，甚至帶來難以挽回的結局。長期專制給中國造成的社會整合難題，使得用什麼方法去實現自由和民主的理念變得非常關鍵。我認為至少在今日中國，代議民主很可能不是最好的方法。

我對專制持有絕對的批判，我也被中國警方視為反對人士打壓，但是我特別強調方法，看重具體的操作。我這種經歷過文革的人對籠而統之的「民眾」抱有深刻懷疑。這並不是說我不覺得民眾利益是最高的，只是民眾一旦變成烏合之眾，會做出很多恐怖的事情。我們要打倒暴政，但也要防止暴民，這一點我覺得特別重要。現在人們只說打倒暴政，這我當然支持，但我們怎麼防止暴民？

我擔心代議民主在中國可能導致多數專制的暴民政治，這是其一。第二，我認為西方現行的民主制度無法解決我特別關心的兩大問題：一個是消費主義問題；另一個是民族主義問題。

陳：請您先談暴民或民粹政治。

王：代議民主常造成一種廣場效應，讓政治極端主義有機可乘。我始終擔心代議民主的選舉競爭，在中國環境下會形成趨於極端的賽跑。對於這種廣場效應，我觀察八九天安門運動深有感受。你會看到當時廣場上每一個理性的聲音都被哄下去，極端的聲音得到掌聲和喝彩。就連六四早上最後決定是否撤離時，也是廣場上同意和反對撤離的雙方比賽吶喊，以哪邊聲大哪邊聲小來決定。這麼重大的決策是靠喊的聲大聲小！

還有一個共生的問題是，由誰判斷哪個聲大哪個聲小呢？只能是一個人或是少數幾個人。這是一種「離不開主持人」的民主，中間能玩的花招太多了。中國共產黨式的假民主，包括現在村霸操控的村民自治，都是這麼玩的。

在廣場上欺騙十萬個陌生人要比欺騙身邊十個熟人容易得多。群眾愈激動，聚集愈多，善言辭會煽動的政客就愈是如魚得水。中國若是實行了代議民主，各種力量的首要目標將是跑馬圈地，爭搶制高點，什麼能贏得最多民意和選票，就把什麼炒作到極致，達到贏家通吃。那其中蘊含的危險，可不是把「民主」二字當成政治正確可以解決的。

陳：消費主義和民族主義問題，您怎麼看？

王：我承認資本主義加代議民主最能調動創意與活力，是最有利經濟發展的制度，但當人類開始面臨消費主義和生存環境的衝突時，以鼓勵個人自由發展為目的、政府合法性來自民眾普選的代議制度，是無法有節制社會的能力的。自利是人的天性，放縱的自利會成為貪婪，而只要缺乏節制，自利一定放縱為貪婪。在這一點上，可以說代議民主是一種縱容貪婪的制度。選民的要求就是收入不斷提高，消費不斷增加。經濟增長指標成為最高指令，逼迫所有政治家或政客都要服從，想懸崖勒馬都勒不住。這種由貪婪個人匯集的民主，只能走上物質主義的不歸路。

人類要有自由，我絕不否認，但人類也要有「節制」。沒有節制的話，一定會出現人類和生態的最終衝突，只是早晚而已。我與自由主義的距離主要在於這個方面。我主張在自由的平台上建立「節制」，靠什麼呢？就是「遞進民主」。

消費主義跟民族主義或族群衝突之間是有連帶關係的。消費主義帶來資源的爭奪。這種爭奪往往是以族群或國家為單位，比如說，新疆的民族衝突在很大程度上是由於移民，移民造成了水資源的爭奪。當人類的消費欲望愈來愈擴張，資源又愈來愈緊缺，這種衝突也會愈來愈加強。中國很多的民族主義情緒，針對西方的、針對少數民族的、針對漢族的，其實都是在消費主義和經濟擴張的背景下產生的。

在中國，消費主義和民族主義這兩大問題都比西方要嚴重。生態的極限在中國已經不遠。至於在中國60%領土的新疆、西藏、內蒙古的民族衝突，中國若是實行代議民主，那不會是達賴喇嘛說的「只要中國民主了，民族問題一個星期就可以解決」，更大可能是各民族的極端主義走上前台，成為主導。

陳：您在《遞進民主》中曾以台灣為例。

王：如果現在的中國政府打台灣，會被認為是專制對民主的進攻，民主國家會為此保護台灣。但若中國實施了代議民主，在極端民族主義的鼓動下，選民以符合程序的多數投票贊成打台灣，包括打西藏、打新疆，不是沒有可能的，那時國際社會該如何判斷與對待？我把代議民主稱做「數量民主」。數量沒有方向，或者說只有正負——贊成或反對，然而人的判斷和選擇其實是無限豐富和複雜的。變成一正一負是大大的簡化，而且是不合常理的簡化，往往會把大眾局限疊加在一起，讓局限被放大。真正的民主應該是「矢量」(向量)的，既能體現每個人的意志，又能把所有「矢量」求和在一起，得到的結果不是局限放大而是真正的全局。

陳：不少人認為，代議民主制具有一種「效率」。在特定議題上，51%贊同的政策實現了，49%的相反意見就不能兌現；不過，大概沒有人會在所有議題上都屬於少數。我同意您說這種「數量民主」是一種政治簡化，但您提出的遞進民主(所謂「矢量民主」)又能否克服代議民主的弊病？我們是否轉到這個議題？

王：我們可以把究竟哪種民主更好的問題先放下，先從可行性上著眼。我曾經寫過一篇〈以「遞進民主」實現中國的平順轉型〉，提出通過自下而上的逐層自治與選舉，循序漸進地把政治權力從專制手中拿過來。針對藏人自焚我也寫了一篇文章——〈除了自焚還能做什麼？〉，主張從村莊自治開始做起。達賴喇嘛要的是整個藏區的自治，那只能等著中共發慈悲恩賜，怎麼可能呢？如果不可能，為什麼不從小做起，從每個村莊的自治開始呢？由每個村莊的村民自己制定決策，不再聽官府的，只服從自己的決策和所選舉的領導者，不就實現了村莊的自治嗎？如果村莊自治能夠實現，再由每個村的當選村長組成本鄉鎮的管理委員會，制定決策並選舉鄉鎮長，實現鄉鎮自治……當局當然會鎮壓，然而人們不是一直都在說非暴力不合作嗎？當局頂多是抓幾個當選者，不可能把所有老百姓都抓起來吧？那抓了就再選。如果藏人連自焚都不怕，被抓又算得了什麼？何況也不能把當選定什麼大罪。非暴力不合作的口號之一不就是「填滿監獄」嗎？就看是否有決心。

這裡要提出「層塊」的概念。「層塊」是由直接選舉者和當選者構成的。村民委員會和當選的村委會主任構成一個層塊；村委會主任組成的鄉鎮管理委員會，和當選鄉鎮長又構成更高一層的層塊。這時的村委會主任具有雙重身分——他是本村委員會的主任，同時是鄉鎮委員會的委員；他是下級層塊的當選者，同時是上級層塊的選舉者。他是下級層塊的行政者，同時是上級層塊的立法者。遞進民主的層塊之間正是靠這種雙重身分連結起來的。依此類推，鄉鎮長組成縣委員會，選舉縣長……一直到各省委員會選舉的省長組成國家委員會，決定國家大政方針，選舉國家元首。從最基層一直搭建到最高層塊，構成整個國家的管理體系。

遞進民主的結構是就由多個、多層委員會自下而上組成的委員會系統。我稱為「遞進委員會」系統。整個社會被這系統包容。遞進民主的另一特徵是「逐層遞選」。遞進委員會在逐層遞選過程產生，逐層遞選又由遞進委員會完成，二者互為因果。遞進民主首先實現每個層塊內部的「直接民主」和「參與式民主」，再把各層塊用「間接民主」遞進地搭建在一起。

藏區如果能利用遞進民主，先實現村莊自治，到實現鄉鎮自治，再實現縣自治，繼續向上，縣長選出州長，州長組成藏區管理委員會，再選舉出藏區領導人，最後實現整個藏區的自治。先把遞進民主當做手段，自己掌握實現自治的進程，自下而上一個層塊一個層塊逐步實現自治。既能步步取得看得見摸得著的成果，又避免大的衝突和決戰，完成平順轉型之後，再進行全民投票，決定是要實行代議制民主，還是繼續實行遞進民主。

陳：您在1975年就有了「逐層遞選」的想法。但我對列寧的巴黎公社論說，以及他的直接民主理論，多少有些質疑。列寧說巴黎公社或蘇維埃制是自下而上的，不是一種代表制或代議制，因為被指派到更上一層的「受委任者」只是傳達下一層的決定，而且隨時可以被下一層召回。歷史上，這種架構只有在革命時刻曾經短暫出現，都非常短命。列寧後來以中央蘇維埃壓制、毀滅了蘇維埃制，這也是事實。您主張「隨時召回」的制度設計嗎？在所謂的現代多元社會中，「隨時召回」是否可能？這是我的一個疑問。

代議制或代表制的優點在於其效率，缺點在於其「異化」(代表和被代表者之間的疏離)。但金字塔型自下而上的巴黎公社架構，似乎也有明顯弱點，就是它假設了各種「矢量」不但能合，還能取得一定共識。務實地問，您認為這真的可以運作嗎？試想：在高度爭議的公共議題上，如果第N-1層可以隨時召回派去第N層的「受委任者」，這種體制是否可能因爭議僵持不下，或來回拉鋸而癱瘓？於是演變為比代議民主更異化的政治體制，例如中央蘇維埃的集權專政？

王：理論上，中國的人民代表大會制度跟蘇維埃制度相似，都是自下而上的金字塔，而且也有逐層遞選。人民代表大會的鄉級代表由鄉民直接選舉；縣級代表由全縣選民選舉；再往上，地區級或省級代表由縣級代表選舉；全國代表則由省級代表選舉。但是這種選舉是虛假的，是被操縱的，愈是上層的代表愈受操縱。

問題首先在於選舉的規模。中國的鄉鎮往往有幾萬人，縣則有幾十萬甚至上百萬人。在這麼大的規模中是不可能進行充分溝通的，如相互協商、串聯、熟悉候選人、瞭解執政情況等，只能依靠主持人，而主持人就會利用主持的權力去操縱和把持選舉。「遞進民主」主張從社會最小單位開始民主化。這個你千萬不要小看，最小單元可以實現充分的溝通，正是解決弊病的關鍵，是真正民主化的基石。金字塔結構本身不是錯，專制權力的金字塔也是因為溝通需要。一個皇帝管不了一千個縣官，只能管幾十個總督；每個總督管若干個知府，每個知府再去管若干個縣官。民主更需要充分的溝通，因此同樣可以利用金字塔結構，只是要調轉方向——權力的源頭不在上而在下，自上而下的金字塔變成自下而上的金字塔。

第二個不同是，中國人民代表大會是定期選舉，「逐層遞選」可以隨時選舉，以新人取代原有的當選者，這類似你說的「隨時召回」。蘇維埃的「隨時召回」之所以最終變得有名無實，同樣是因為規模。當不可能自發地協調串聯進行重新選舉時，主持人便會想方設法控制選舉。蘇維埃制度後來的發展的確如此。遞進民主的隨時選舉相當於皇帝可以隨時罷免手下的官員。既然不可想像皇帝只能定期罷免官員，爲什麼民主就只能定期挑選官員呢？代議民主的定期選舉更多是因為大規模選舉無法隨時舉行，是出於技術限制的不得已；遞進民主卻是在技術上找到了方法。

不必擔心因此會頻繁更換當選者。「隨時選舉」的規則使得每個當選者在決策前都會先在頭腦中「模擬選舉」，想方設法迎合多數，反而使選舉在很大程度上無需發生，甚至可能比定期選舉還少。既然皇帝不會因為有隨時罷免的權力就不停地撤換官員，爲什麼擔心民主會這樣做呢？如果民主是那樣無理性，我們又爭民主幹什麼呢？

還有一個不同，「遞進民主」是「議行合一」。中國的人民代表大會只是「議」，也就是立法(甚至這也是假的)。而具體執行權力的行政系統，全是自上而下任命。「遞進民主制」的「議行合一」並非把立法和行政的權力合在一人身上，而是合在一個體系中——每個當選者是下級層塊的「行政首長」，同時是上級層塊的「立法者」。立法與行政既有聯繫，又有制約，而且比分立的權力有更多層的制約，卻能避免分立權力之間的脫節與對抗。

遞進民主的轉型不需要重新規劃與建立「層塊」，不需要從頭建一套新體系，不會把原有社會組織推倒重來，因為它需要的層塊在社會生活中一直存在，遞進民主只是把權力關係反過來，社會就從統治結構變成自治結構。區別僅僅在此，對社會結構的觸動和改變最小，變化卻最為徹底。

我之所以能夠在1975年產生遞進民主的基本想法，正是因為那時整個中國都納入在一個單一的權力金字塔中。農村結構是生產小隊、大隊、公社，工廠是班組、車間、分廠、總廠，結構非常清楚，只要權力源頭一調就行了。如今隨著中國社會的多元與複雜化，產生很多民營企業，多種生存狀態。適應這種變遷，我把社會組織分成私權、眾權(集體)、公權三種性質。私權組織不實行遞進民主，眾權組織可自行選擇，公權組織實行遞進民主。

「縮小範圍」和「隨時選舉」是遞進民主的兩個基本點。民主的範圍縮小到社會基本單元，再由隨時選舉（逐層遞選）組合在一起。而只有把民主的範圍縮小，每個範圍才能實現充分溝通和隨時協商，決策和選舉都無需依靠主持人，也才能實現隨時選舉——大家相互表個態，馬上就能得到結果。

陳：關於司法，您有何制度設計？

王：我的想法是，需要設置法官和檢察官的遞進民主層塊，以三分之二多數選舉法官和檢察官。遞進民主結構的每個層塊可以在不違背上級層塊立法的前提下自行立法（或制定規則）。每個層塊的法官、檢察官根據本層塊立法行使本層塊內的司法和檢察權。只要不招致本層塊三分之二多數的反對，法官和檢察官就可以相對獨立地行使職權。關於遞進民主的司法不是幾句話能說清楚，需要另做專門的討論。

陳：到了縣級、地級或省級，在您的設計裡，會出現一個龐大的官僚隊伍嗎？

王：遞進民主制一樣需要公務員系統。較高層塊的行政首長需要公務員輔助其行政。但遞進民主中的公務員由每個層塊自己供養，因此會盡可能地精簡。

陳：公務員系統屬於公權力，所以也要實行遞進民主？

王：不，公務員只是輔助行政首長，必須服從，不能自治。保證這一點的前提是任命制，不服從即可撤換。因為行政首長處於本層塊「隨時選舉」的制約下，所以不必擔心濫用這種任命。另外重要任命都要經過層塊批准，也是一種牽制。

陳：我注意到，其他論者對遞進民主論的批評，您最近少有回應。

王：我原本對批評是積極回應的。我還辦過一個「遞進民主」網站（2007年被當局關閉），目的就是與批評者進行討論。後來我的回應逐漸少了，原因既有想用更多時間去做原創研究和寫作，也有覺得批評者沒有認真讀我的文本。比如我從1970年代就論證何以人民代表大會制度是專制工具，根源就在於過大規模造成的無法溝通，通過主持人操縱把人大變成橡皮圖章。但遇到只是按照自己想像的批評者，仍然說遞進民主和人民代表大會一樣，也就疏於繼續回答。不管怎麼樣，我想了幾十年，如果對方聽了幾分鐘就自信滿滿地全盤否定，就很難找到對話的介面了。

陳：您認為，遞進民主可以容許多大程度的寡頭化？理論上，第N層塊必須對第N-1層塊負責，但第N層塊所掌握的資源(包括財政收入、文官體系、警察等)要比第N-1、N-2、N-10多得多。遞進民主制度的穩定性，從我的直覺，似乎意味一定程度的寡頭化。您是否考慮過這方面的問題？

王：這是對遞進民主最常見的質疑。但是美國總統不能利用三軍統帥的身分讓自己成為終身總統吧？只要社會已經在憲法意義上接受並實行了遞進民主制，軍警就不會執行那樣的命令。N-1層塊也會立刻罷免N。如果N聯合N-1一塊篡權，N-2則會罷免N-1……即使所有當權者聯合起來要廢除遞進民主制，但權力是以人的同意為前提的，會面對整個社會的不同意和不服從，他們也就不會有實際的權力。即使佔領了中南海，也不過是佔領了一個大院，社會並不因此服從。

還有人說，遞進民主的最高層塊因為與老百姓隔著好幾個層次，以權謀私不會被發現，也拿他們沒奈何。但這不會發生。遞進民主結構除了最基層和最高層，其他節點都是雙重身分，同時身在下級層塊和上級層塊，這形成了一種經驗延伸的鏈條，成為普通民眾制約上層的手段。當選者在本層塊內不敢謀私，否則會被罷免。當他進入上級層塊，雖然隔了一個層次，下級層塊仍能知道上級層塊的主要情況(何況還有制度保證的透明性)。層塊規模愈小，經驗延伸愈多，如果當選者在上級層塊勾結謀私，照樣會被發現和更換。這種「經驗的延伸」存在於每一級，中間不會中斷，一直到最高層，層層都需要對下級負責，最終結果就是對民眾負責。這如同多米諾牌，第一塊壓住第二塊，第二塊壓住第三塊……直到第N塊。每塊壓住下一塊的部分相當於延伸過去的經驗。民眾雖然只壓住上一層塊，離N隔著好幾層，但就像第N塊倒下是第一塊導致的一樣，第N塊的任何動作也會通過相互壓住的關係傳回到第一塊，第一塊是最終的制約。

舉例說，中共政治局決定把國庫的錢據為己有，下面老百姓不可能知道，因為相距太遠了。可是中央委員會的人一定知道，因為他們之間的關係是千絲萬縷的。在遞進民主下，N層塊分贓N-1層塊一定會知道。如果N層塊為此賄賂第N-1層塊，N-2層塊又會知道。這樣一直下來，除非把全體老百姓都賄賂到，否則總是過不了關的。

陳：您說民營企業或私權組織不納入遞進民主制，這是一種妥協嗎？民營企業一旦大到一定規模，其社會性是很難否認的？

王：私權組織不實行遞進民主制，因為那是所有者的個人領地。民營企業工作人員只是受雇者，但是他們可以在自己的居住地加入公權组織的遞進民主结構，也可以在企業內的工會組織(眾權組織)中自願實行遞進民主制，然後納入到公權組織中去。在公權組織的遞進民主中，老闆與雇員的權利同等，而雇員人數多於老闆，遞進民主的最終結果就會是抑制私權組織的惡，同時保留其對社會有利的一面。私權組織和眾權組織不管是否納入公權組織，都要接受和服從所在地的公權組織的法律和管理。

陳：您在《遞進民主》書中的說法，並不是只把遞進民主當做一種平順的轉型路徑，也希望在轉型之後繼續實行這種制度。

王：我說過可以先把它當做實現平順轉型的方法，然後由民眾選擇是否繼續實行。我的設想是「遞進民主」作為基本法，修改需要很高的門檻。基本法中還應該有人權保障的內容，我沒有去寫，因為我認為一旦實行遞進民主，就會進入自我完善的循環，法治與人權一定能夠得到保證。

的確我認為遞進民主優於代議民主。代議民主中參與管理的只是少數人，遞進民主卻可以把全體社會成員包容進不同層塊的委員會，等於全民參與民主管理，個人權利通過遞進結構逐層凝聚為「人民主權」，這是其他政治結構無法做到的。

陳：您如何考慮社會流動性的問題？一個農民工可能今年在廣東打工，明年就去別的省分了。張三是北京市某區居民，同時參加了一些NGO或眾權組織，那麼，在您的設想中，他可以參加幾個民主單元？最多可以有幾張票？由於人的興趣、關懷或身分認同具多元性和流動性，遞進民主制會讓大家自由選擇其所屬的民主單元嗎？想棄權的人，不想參與任何民主生活的人，會是處於何種位置？有沒有不參與的權利？所謂可直接溝通的小範圍，除了自然村之外，在北上廣等大都會如何實行？不喜歡開會的人很多，沒有共和主義參與精神的人很多，您如何安置？

王：恰恰是「遞進民主」可以讓參與成本降到最低。流動性的問題在於人們互相不認識，而且變化太快，然而我說的充分溝通並不需要成為全天候的共同體，不是非得像一個村莊那樣祖祖輩輩互相都清楚。對於現代社會生活的流動和多元，人們只需要在共同從事的「項目」上合作，互相了解，與「項目」無關的部分不需要了解。而遞進民主的每個層塊都是小範圍，決定了人們在那種範圍相互瞭解的速度可以很快。我經常想，如果當年天安門廣場上的學生實行的是遞進民主，會是什麼樣的結果？天南地北不同學校的學生，以左鄰右舍的帳蓬為單位，一個人說五分鐘話，總共用不了多長時間，基本就能判斷出哪個靠譜，哪個不靠譜，然後選出一個人進入上一層。選舉也很容易，表現不好馬上可以撤換，經過幾輪一定會把最合適的人選上去。經過逐層遞選形成的領導核心，跟當時的「廣場指揮部」會不一樣，說不定那場運動的結果也會不同。當然這只能是想像了。

遞進民主制的公權組織一般按地域形成，從覆蓋面上應該可以囊括所有社會成員。公民按照居住地(如業主委員會)加入。當然不強制。美國不也是有一半以上的人不參加選舉嗎？但是當參與成本很低時，就不一定非得需要共和精神才參與，而是因為參與會給自己帶來的好處。

人除了居住以外還有工作和社會活動。農村人的工作地與居住地往往重合，城市人的工作地和居住地卻大部分分開。遞進民主制允許公民從不同渠道同時參與多個公權組織，數量不限，使公民的個人意志從不同側面得到立體表達。而他不管表達多少個側面，也無非等於「1」的自乘，乘多少次仍然是「1」，僅是他個人意志的分解和細化，不會因此使他的個人意志得到擴大。

陳：您何以認為，這套遞進民主制可以緩解中國的轉型陣痛和民族問題，甚至對消費主義形成克制？您整體的圖像是什麼？

王：在數量民主中，表決被簡化成「是」或「否」，然而完全的「是」或完全的「否」只是兩端，個人意志絕大多數都處在兩端之間的不同位置。即使同一人對某個問題表示了贊成，也只是他的取向之一。例如問一個少數民族人士是否贊成民族獨立，很可能回答「是」，但若問他是否願意為此家破人亡，回答就可能變成了「否」。因此只對單一問題進行表決是誤導，結果也是假像。

人類以往形成的機制已經無法處理今日面臨的全球問題。那些機制促進擴張，今天的人類卻需要節制。由熱衷物質主義的大眾直接普選，社會的總體節制如何建立得起來？不能埋怨民眾缺少「放眼世界」的眼光，個人對全球問題有局限再正常不過，全球問題從來不是普通社會成員能把握和該把握的。但是他家水缸被人撒尿，他一定玩命也要制止。而面對宏觀範圍，個人的破壞或保護，作用似乎都可忽略不計。有人往太平洋撒尿，自己能被污染多少？挺身阻止是否值得？代議民主正是把人放在這種關係疏遠且作用渺小的宏大規模中。當民主對個人進行簡化時，個人也會對民主進行簡化，民眾總是重消費輕生態就不奇怪。遞進民主則是要把個人責任放進類似自家水缸的範圍。水缸對世界雖小，對靠它喝水的人卻是全局，不容污染。再通過逐層的矢量求和實現理性的逐層提煉，把每人對自家水缸的守護匯合成對村莊水井的保護，擴展到對地域河流的保護，再匯集成全人類對大洋大海的保護。這種矢量民主進程便是從保護自己開始，形成對人類行為乃至對每人自身的節制，最終解決消費主義的難題。

三、西藏思考

陳：您從何時開始關切西藏？《天葬》的問題意識是從《黃禍》衍生出來的？

王：1991年出版的《黃禍》，對我不是單純的文學，而是對中國未來的真心思考。《黃禍》寫的恐怖場景不是危言聳聽，我確實認為那真有發生的可能。因此寫完《黃禍》後，我決定好好想一想怎樣才能防止那樣的未來。此前我已有遞進民主的基本想法，《黃禍》也寫了逐級遞選的內容。隨後我用了幾年時間把「逐級遞選」理論化，《溶解權力：逐層遞選制》就是那時寫成的。

1990年代世界爆發了多場跟民主轉型相伴的民族衝突，讓我想到中國民主轉型時，首當其衝的挑戰也會是民族問題。跟今天相比，二十年前中國的民族衝突還不算嚴重，可西藏問題、新疆問題都已經存在了。因為我經常去那些地方旅行，比較早地感受到民族衝突的存在。而力圖阻止中國民主化的人也利用民族問題，說民主化會造成國家分裂。大一統意識對中國國民是有說服力的，寧可不要民主也不要中國分裂的說法被不少人接受。因此我覺得應該從中國政治轉型的研究開闢一個分支，認真考慮一下民族問題該如何處理？我對西藏比較熟，幾乎每年都去藏區，就選了西藏問題。原來沒打算為這個分支用太多時間，結果從1995下半年開始，到1998年《天葬》出版，花了三年時間。我當做主體的遞進民主至今沒多少人認，作為分支搞的民族問題卻被當成了我的招牌，現在到哪都被介紹為「民族問題專家」，有點搞笑。

陳：《天葬》主要是從中國政治轉型的角度去思考西藏。跟您十年後的《我的西域，你的東土》(2007)相比，《天葬》更像是一個漢族知識分子的獨白。我注意到，您的基本想法並沒有改變，您認為追求獨立的後果是兩敗俱傷，即使流血也未必能夠獨立，還將使中國的民主轉型胎死腹中。但《我的西域，你的東土》所展現出的同情心和對話願望，比《天葬》要強烈了許多。

王：您說的沒錯，在跟唯色走到一起之前，我雖然多次去西藏，但對西藏是不帶感情色彩的。那時打交道的多是在藏漢人。有一批1980年代志願進藏的大學生，被稱為中國最後一批理想主義者。這些人的圈子雖然經常議論西藏話題，但多是從國家主義的角度。我寫《天葬》之前也有很強的國家主義思維，考慮的是如何「保住」西藏這塊領土，只是反對用高壓方法。在寫《天葬》的過程中，通過對西藏問題的研究和思考，我有了很多轉變。我希望用客觀的態度，居高臨下地分析西藏的不同方面。我對流亡西藏有批評，對中共的批評更多。這是《天葬》的基調，不過仍有國家主義的殘餘。

後來是唯色讓我進入藏人的心靈世界。當然這種轉變也可能帶來一些問題。和唯色的關係會不會讓我在西藏研究上失去客觀性？我開玩笑說有了裙帶關係，需要迴避了。比如我雖然十分尊敬達賴喇嘛，但以前我對他有什麼看法，會直言不諱地表達，跟唯色結婚後就不怎麼說了，因為擔心唯色會不高興。我的確一度淡出跟西藏有關的活動。直到2008年三一四事件後，漢藏衝突的危險加劇，當局倒行逆施，我才又開始介入。

陳：您是指〈西藏獨立路線圖〉那篇文章？您認為官方的高壓維穩只會適得其反，把藏人推向獨立運動？

王：我認為官方的做法十分危險！但是無論如何苦口婆心，事實證明寄希望於官方解決西藏問題徹底無望。我只能想，可否通過促進民間的漢藏溝通，為將來的和平解決民族問題留下一點可能性？從2009年開始，我推動並且主持了中國網民和達賴喇嘛的兩次推特對話，後來又組織了中國維權律師與達賴喇嘛的網絡視頻對話。

陳：您怎麼看達賴喇嘛和中共的互動？

王：如果像達賴喇嘛所期望的，中共願意在整個藏區落實中國憲法規定的民族區域自治，以及藏人的權利，西藏問題就會變得很簡單，達賴喇嘛將會回西藏，海外藏人的政治運動也會解散。境內藏人只要達賴喇嘛回來，有自治的權利，人權有保證，也就滿意了，皆大歡喜。這是達賴喇嘛多年盼望的。他一直表示不想要西藏獨立建國，說整個世界都是地球村了，歐洲都合在一塊兒，藏人為什麼非要獨立呢？只要保障我們的權利，不再擔心我們的寺廟被砸，不獨立有什麼不可以？中國的國家強大，藏族也能借光，等等。

理論上，這些全都成立，但從現實來講只是幻想。中共不會這麼做。而不會這麼做的原因，我在〈西藏獨立路線圖〉裡面說了，就是吃反分裂飯的官僚集團要用反分裂謀取權力、地位和資源。這樣的部門有一堆——十三個省部級以上部門涉藏，算上跟反分裂有關的省部級部門則有二十幾個。這些部門都有專門負責民族問題的機構和人員，他們會用各種方法抵制和綁架中央，長期以來形成了一個利益同盟，從印把子（按：此指官章）到槍桿子到筆桿子什麼都有，按照他們自己的邏輯自我運轉。2008年三一四事件發生後，所有反應都是按反分裂集團的意志自動運行，其後果是把民族對立愈搞愈厲害。在此之前，西藏境內沒有多少西藏獨立的內在動力。但在三一四事件之後，情況已經改變，反分裂集團的所作所為讓西藏獨立的意識在西藏境內覺醒。

陳：內在動力是指什麼？

王：就是指普通民眾開始有了追求獨立的意識。三一四事件是個分水嶺，它讓民族問題變成了種族問題，變成了種族之間的血債，一直延續到近幾年的自焚。你以為中共會擔心種族對立？實際上，正是吃反裂飯的官僚集團不斷強化仇恨，一步步把藏民族推向追求獨立的道路上。當藏民族中的多數人都有了追求獨立的願望和訴求時，差的就只是歷史機會了。

陳：機會或機運，賭的是中原政權出現危機，甚至外國勢力介入？

王：這種機會可遇而不可求，只能等待。不過他們的基本判斷沒錯，中共政權最大的檻——民主轉型的檻沒過，而世界不會有任何政權永遠不過這個檻，總有一天遇到。而那時往往國家控制力會大大衰落，國際介入力卻大大增加，在民族獨立人士眼中那就是機會。

我也認為民主轉型是中國的難關，如果不提前循序漸進地自覺過檻，總有一天會發生突變。突變可能造成社會崩潰，崩潰又可能導致暴政重新上台，進入新的惡性循環。即使突變帶來某種轉型，也要付出巨大代價，包括國家分裂、人民流血和生產力大幅倒退。

現在中國思想界有個很大問題，就是只說「應該怎樣」，不從「能夠怎樣」談問題。藏人也是這樣。鼓吹西藏獨立的人說「應該」獨立，我不反對，我認為藏人有追求獨立的權利。但是你得面對現實。政治正確是一回事，能不能實現是另一回事。追求獨立的代價是多大？付出那麼大代價又能否真獨立？我跟藏族朋友說，我寫〈西藏獨立路線圖〉向漢人展示了西藏獨立的可能性，不過站到藏人的角度，我並不認為這種可能性很大，反而要付的代價非常非常大。

陳：您說中國若無法平順轉型，終將面對突變式的崩潰危機。您希望中國不要爆發這類危機，可有些人寄希望於這類危機，以獲得獨立的歷史機運，不是嗎？

王：我不否認中國崩潰將是西藏獨立的機會。但我不認為中國崩潰西藏一定可以實現獨立。在中國崩潰中西藏能自保嗎？依附中國的西藏經濟是不是也會隨之崩潰，並造成社會動盪？藏區內的漢人和藏人會不會發生流血衝突？內地求生困難的漢人會不會大批湧入西藏？漢人軍閥會不會佔領藏區，就像民國初年做過的那樣？實現獨立的可能性不能完全排除，但是渺茫，而且一定伴隨人民流血的災難！

陳：您怎麼看所謂的「大藏區」自治？中共說這不是中間道路，是分裂國土。

王：流亡西藏雖然沒有提「大藏區」，但確實提出「整個藏區」的概念。整個藏區除了現在的「西藏自治區」，也包括藏文化覆蓋的四省藏區。我不認為「整個藏區」的自治會構成多大問題，反而是藏區分割統治會出問題。譬如1950年代那次所謂的「叛亂」，很大程度是因為四省藏區按照內地政策施政，搞社會主義改造那一套，而西藏自治區境內實行一國兩制，由達賴喇嘛的政府管理。一邊是傳統制度和政府，另一邊是社會主義改造，鬥牧主、分牛羊，藏人怎麼能明白？

陳：在中共之外，不少大陸（漢族）自由派也不支持「大藏區」，擔心在這麼大的區域搞自治，未來可能還是要搞獨立。

王：我不認為把藏區合併會對中國構成多大威脅。文革前中國分過好幾個大區，西北局、東北局、華東局、華中局、華北局什麼的，每個局都跨好幾個省。過去曾有建議在西藏自治區之外，再設一個東藏自治區，把四省藏區放在裡面。或者也可按照藏人傳統，分成安多、康巴、衛藏三個區，上面再設一個大區來管理。這對主權沒有任何影響，跟「藏獨」有什麼關係呢？

很多人是因為不理解，才說高度自治就等於獨立，或說高度自治會導致獨立。可是你軍隊在那駐紮，外交是中央政府管，怎麼算是獨立呢？讓整個藏區高度自治，放在相對統一的文化傳統中去管理，我覺得沒有壞處，只有好處。比如唯色的老家德格，那裡有個印經院，收藏了非常古老珍貴的經版，但是因為德格屬於四川，四川有很多漢族的文物古蹟，德格印經院受不到特殊重視，得到的支援也少。如果屬於藏區管理，一定會被列為最高級別，得到更好的保護。

陳：為什麼中共一直說達賴喇嘛要求的自治是變相獨立？

王：統戰部的很多說法根本無法認真對待。達賴喇嘛說他就像念經一樣，天天說不獨立、不獨立！統戰官員也像念經一樣，天天說你要獨立、你要獨立！他們指鹿為馬，不過也確實達到了效果，國內大部分漢人民眾都被洗腦了。

達賴喇嘛的弟弟丹增曲傑曾在一個訪問中說：高度自治的下一

步就是獨立。這事被記者捅出以後，中共抓住把柄，一直說高度自治就是變相獨立。這讓達賴喇嘛非常生氣，此後丹增曲傑對外幾乎不說話了。先爭取自治然後再去追求獨立，這種想法的藏人當然有，但是只要中國把民族關係搞好，不再去迫害人家，實現憲法承諾的自治，人家為什麼非要付出那麼大的代價，流血犧牲去獨立呢？對普通百姓來講，是獨立還是自治有什麼區別嗎？我真不這麼認為。只是他們感到活不下去時，才會去想若是獨立就不會這個樣。

陳：官方和親官方學者常以蘇聯解體為例，說不但不能給高度自治，更應該從嚴管控，以免少數民族哪天逮到機會跑了。也有人主張「去民族化」，把民族都改成族群。

王：對，他們是在做防範。但蘇聯憲法是給了加盟共和國自決權的，這跟中國不一樣。我認為一個國家防範自己的國土被分裂屬於正常思維，但可以用很多措施去解決分裂隱憂，其中最重要的是實現民族平等。

「去民族化」的說法我也注意到，雖然得到高層欣賞，但當局要實行卻不容易，因為各個民族自治區域都形成了既得利益集團，那些利益集團的基礎就是民族區域自治。各民族跟著共產黨的精英人物，有賴於民族區域自治的政策，他們將是「去民族化」的堅決反對者。各民族普通百姓也不會歡迎，因為儘管民族區域自治是假的，但至少還有個名目，多少有一些優惠。提出「去民族化」的馬戎教授說美國就沒有這些身分優惠，這說法並不準確。而且，美國有一個前提條件是中國沒有的，就是人權保證。有人權就會有民族權，那時不需要特別強調民族權，人們會利用人權自然地形成族群，提出訴求。美國的亞文化群是最豐富的，正是因為有自由和人權保證。中國學者不去看這最基本的一點，只主張去掉民族自治的權利，甚至乾脆把「民族」去掉(只保留中華民族)，這可能會形成更大的偏頗。

陳：在西藏，同化和移民政策的力道有多大？漢人跟藏人的比例正在快速改變嗎？照十幾年前《天葬》的說法，西藏高原有先天限制，漢人適應不易，當局很難隨心所欲地把人搞進去。但現在呢？所謂的「漢藏結合部」似乎不斷擴大？

王：《天葬》曾說「無人進藏」，現在看似乎說錯了，很多漢人都在進去嘛。尤其在四省藏區，漢人增加很多。但是進藏漢人主要集中在大城市、交通幹線和旅遊點，真正的牧場、農村仍然是很純的藏人區，這還是因為漢民族對高海拔的不適應。跟低海拔的新疆不一樣，漢人去低海拔的新疆綠洲搞農業經濟，不會有什麼不適應，絕對會經營得很好。藏區現在之所以能把漢人引到城市，是因為那裡營造出了漢人能適應的生活環境。你到拉薩去看，那是成都郊區的克隆版，水準低一點，但反正就是漢人那一套，卡拉OK、小姐、紅燈區、川菜什麼都有。漢人在拉薩除了喘氣費點勁，其他方面跟成都沒多大區別了，而且有錢掙，他為什麼不去？在拉薩的幹部住宅區，江南園林都放在院裡面了。甚至一家配一個制氧機，讓房間裡的氧氣含量跟內地一樣。在毛澤東時代這是沒有可能的，在駐藏大臣時代更不可能。現在有了這些，漢人就進來了。但這種移民是沒有根基的，哪天一發生動盪，很多人會馬上撤出西藏。

陳：如果漢人移民多了，單從數量對比的角度，獨立就困難了，除非搞大清洗。這是鼓勵移民的重要出發點嗎？

王：西藏、新疆和內蒙古是中國三大民族地區。對當局來講，內蒙古是最成功的，就在於漢人移民的淹沒效應。內蒙古二千五百萬人，蒙古族只是零頭，二千萬是漢人。所以當局基本認為內蒙古問題不存在了，已經完全解決。雖然也會發生一些抗議什麼的，但掀不起大的波瀾。當局試圖把同樣模式用在新疆，從1950年代開始大規模地往新疆送人。新疆受制於自然條件的限制，缺水，只能仰賴綠洲農業。綠洲農業也要靠水，而水是有限的，所以兵團(新疆生產建設兵團)首先幹的就是搶水。在上游把河一攔，把水引走，河的下游就乾涸了，下游綠洲就萎縮。兵團在河的上游造了新綠洲，然後說我根本沒佔當地人的地，都是我自己在荒原上開墾的！新疆維吾爾人特別反感這個，矛盾就這樣激化起來。但是受制於有限的水資源總量，當局也沒法無限制地往新疆送人。目前新疆在人口上是勢均力敵，進去的漢人不少，不過也不能更多了，達不到內蒙古那樣的淹沒。而勢均力敵恰恰最危險，雙方都有衝突的願望和可能性，所以新疆的民族矛盾最激烈。

西藏本來是「無人進藏」，它在中國人口最多的四川省旁邊，漢人走西口、闖關東、下南洋，就是不進西藏。漢人不怕吃苦，只要有希望就能吃苦。但在西藏高原那地方，農耕文化的漢人根本樹立不起希望。我在早期進藏的時候就強烈感到不可能在那裡久留，只能偶然進來轉轉。大多數漢人都是這樣的。清朝駐藏大臣入藏，帶的人走到康定就全跑沒了，得在康定重新招人。入藏以後，整個衙門除了駐藏大臣，往往只有幾個從內地跟來的漢人。手下只有那麼少的人，駐藏大臣也就是起個大使的作用而已。後來有軍隊進去，常駐的頂多也就千八百人。

改革開放以後，隨著漢人移民增加，民間的漢藏矛盾愈來愈多了。從三一四事件可以看出，一些藏族青年和失業者去砸漢人店鋪，打漢人，很大程度是因為經濟上藏人在本土的邊緣化。1980年代末的藏人抗議者主要是喇嘛和部分城市居民，那時主要是出於對文革的不滿和發洩。當局如果寬大一點，繼續實行胡耀邦的懷柔政策，讓藏人把該出的氣出了，應該可以把不滿慢慢消化，後來也不會愈來愈緊張。不幸的是強硬派占了上風，歸咎胡耀邦把漢人撤回內地導致了西藏騷亂，於是進一步強化經濟移民和同化政策。今天漢藏衝突的惡化恰恰是這種思維造成的。

陳：這幾年接二連三的藏人自焚，您的分析是什麼？

王：自焚是從2009年開始的。自焚者喊的口號多為「給西藏自由」和「讓達賴喇嘛回家」，後來有自焚者遺囑流傳出來，表達要護佑藏國、為西藏獻身等。自焚是因為藏人沒有別的路可走，跟中共九次談判毫無作用，達賴喇嘛說了所有該說的話，該做的都做了，但是達賴喇嘛的謙卑除了換來侮辱，沒有其他效果。唯色認為自焚不是出於絕望，是在表達抗議。對此我同意。我只是覺得應該為藏人找到方法，為藏人百姓想到下一步該怎麼做。對此應該負起主要責任的本該是西藏流亡政府和藏族知識分子，但是流亡政府並沒有很好的作為，只是跟在境內藏人後面，發生自焚就去悼念一下。

陳：他們主要是遊說西方政府？

王：是，但是這種遊說有多少作用呢？達賴喇嘛做了幾十年，已經做到極致了，後面的人誰還能比達賴喇嘛做得更好？西方政府沒有真正讓西藏問題改觀，他們能做的有限，不會真為西藏跟中國撕破臉。把西藏未來繫於西方的後果就是讓流亡政府看不到自己前進的方向。

陳：有人認為，當局就是想拖到達賴喇嘛去世，讓流亡政府因內鬥而亂，再把其中的激進派打成恐怖主義。

王：對，當局現在就是在等著達賴喇嘛去世。他們認為那時西藏問題就可以迎刃而解。不過，儘管現在境內藏人憤怒和緊張，但是什麼都不會像達賴喇嘛去世那樣刺激他們。那一刻很可能一切都被崩斷，成為藏人全面暴動的發令槍。

陳：中共沒看到這一點嗎？

王：他們認為可以解決，就是開槍。六四怎麼樣？三一四怎麼樣？新疆七五事件怎麼樣？不都鎮壓下去了，有什麼了不起？中國每年發生十萬起、二十萬起群體事件，不照樣撲滅？當年周恩來和胡耀邦的死，在中國都造成了不約而同的動員，激起廣泛的社會抗議。但都不會如達賴喇嘛去世對藏人造成的衝擊。達賴喇嘛對藏人何其重大！那時藏人會感到徹底絕望和痛不欲生！這麼多年達賴喇嘛流亡在外，對中國當局百般示好，忍辱負重，卻沒得到任何結果，最後客死他鄉，情何以堪？藏人的終身願望就是能見到他們的宗教領袖，得到他的加持，卻始終無法如願。中共不讓達賴喇嘛回西藏，又不讓境內藏人去見他，不給藏人發護照。被憤怒積累的爆發能量，加上達賴喇嘛去世的震撼，到時的情況絕對會超出當局估計。

陳：達賴喇嘛並沒有強力制止自焚，這您如何理解？

王：達賴喇嘛沒有嚴厲制止自焚，我覺得也許有甘地主義的成分。甘地的非暴力抗爭有個很重要的面向，就是以犧牲作為武器。達賴喇嘛不會這麼說，但我認為他深受甘地主義的影響。不過我不看好甘地主義的犧牲在中國會有效果，因為它需要的前提是對方有良知。六四中共用坦克鎮壓北京市民，他手軟了嗎？天安門廣場上幾千孩子絕食，一個一個絕食昏倒，被救護車拉走，他動搖了嗎？一點沒耽誤開槍殺人！對藏人自焚，當地維穩官員說的是「燒光才好！」這是很多當地漢人官員的想法。

陳：唯色曾出面呼籲境內藏人不要繼續自焚……

王：我當然支持這個呼籲。她是從珍惜藏人生命出發，我是認為自焚的勇氣應該用來做事，不能全消耗於自焚，勇敢的人也不能都死於自焚。這的確是兩難。藏人自焚，達賴喇嘛當然不能說這樣做不好，西藏流亡政府也一定會把自焚者視為英雄，開法會，請眾多高僧為他們超度念經。而境內高僧平時懾於當局淫威，唯唯諾諾，在當局讓他們論證自焚不符合佛教教義時，他們卻會說：自焚者如果是為了自己自焚，五百年不能超生；如果是為了眾生自焚，當場就會成佛。這些態度當然也會對自焚的前仆後繼起到鼓勵的作用。

陳：中共對西藏宗教的控制有多嚴？

王：中共對宗教的控制很嚴，同時極力利用宗教。西藏宗教的「佛、法、僧」，佛在心中，法很難懂，在信徒和佛、法之間充當橋樑的是僧侶、僧團。西藏有幾千個活佛，僧團領袖主要是活佛。現在中國政府對西藏宗教的插手之一，體現在對活佛的管理上。活佛認定要由政府批准，要進入當局的培養體系，最終用重利益、善投機的活佛，去取代真正的活佛。

陳：能否談談您在達蘭薩拉的遞進民主實驗？

王：話說回來，我在十幾年前見達賴喇嘛，就跟他談「遞進民主」，希望流亡社會不要採用代議制。2009年我到達蘭薩拉時也想推廣遞進民主，但沒有成功。那次是當地激進藏人給我扣上胡錦濤密使和中共間諜的帽子，發動抵制，沒能做下去。如果歷數這些年我在這方面所做的努力，可以說屢戰屢敗。

西藏流亡社會現在是走代議民主的路，對此我有很大擔憂。西藏流亡政府沒有國家的框架，其實是一個NGO組織。NGO組織的特徵就是經常分裂，我跟你稍不合意，你沒有約束我的能力，我就拂袖而去。本來能夠避免這種情況，起到整體框架作用的是達賴喇嘛，沒有人敢超越他、違背他，所以即使有不同意見也不會分裂。但在達賴喇嘛之後，如果流亡西藏走政黨競爭式的民主道路，後果就會不一樣。最近當選的司政洛桑桑傑，哈佛出身，是第一個把西方式的政治競爭引入流亡社會的人。傳統西藏人講謙卑，總是說我不行，我的能力不夠，我有很多缺點。但洛桑桑傑一出來就說我最棒，我什麼都行。在任何正常的民主國家，這樣的人沒有問題，所有政客都這樣做。哪怕當選的是個白癡，因為有成熟的專家團隊和文官系統，也照樣運轉。但是西藏處於歷史轉折關頭，面臨達賴喇嘛年邁甚至離世的可能，正是需要最大智慧的時刻。而按照代議制方式選的人，如果能力主要在模仿西方政客的表演和做派，是承擔不起這種重任的。因為洛桑桑傑模式獲得的成功，以後在流亡社會的選舉中將被普遍採用，最終會不會發展到互相攻擊指責？那時沒有國家框架把相互競爭的流亡者約束在一起，結果會怎樣？還有待觀察。

流亡西藏只有十五萬人，卻分布在幾十個國家，和印度境內幾十個難民點，競選難度並不小。洛桑桑傑競選時走了很多地方，有人要求他說明經費打哪兒來？他不說。因此有人提出競選經費要透明。這個先不說，咱們不用懷疑洛桑桑傑，我想強調的是代議民主激化競爭的內在邏輯。這種競爭一出來，誰愛西藏？誰比誰更愛西藏？愛西藏的標準是什麼？爭取獨立是不是比同意自治更愛西藏？這種追逐極端的比賽，一個後果是激進化，另一個後果是造成分裂。歷史告訴我們，具有同樣目標的人群，也會產生路線鬥爭，而不同路線的鬥爭，最終往往會陷入你死我活的境地。鑒於這些因素，我一直認為採用遞進民主對流亡西藏要比代議民主好。

四、新疆和台灣

陳：您所謂的「穩定集團」或「反分裂集團」，在藏人中扎根是否比在維吾爾人更深？

王：可以這樣看。官員中的比例，藏人比維吾爾人要高。因為入藏的漢人少，藏人在藏區是主體，幹部中的藏族比例也高，多年來一直是這樣。新疆漢人多，中共又用民族分化對策，除了漢人掌握主要權力，另一些權力交給哈薩克人等，有意地以夷制夷。

陳：您寫新疆的書《我的西域，你的東土》直到2007年才出，似乎醞釀了很久？

王：真正寫作的時間並不長，只是中間有些周折。有位趙紫陽過去的幕僚，趙下台後轉入民間，請我去新疆做一個類似《天葬》的研究。我覺得新疆也是大問題，應該去看看，就同意了。1999年初我到新疆，開始主要是蒐集資料。在那過程中，我複印了一本關於新疆生產建設兵團的資料。要瞭解新疆就得認識兵團，我非常需要那個資料。而警方事先就在暗中監控我，正好可以以此為把柄，就以竊密罪把我扣押了。在關押期間，我認識了同牢房的維族朋友，為我打開了走入維吾爾人內心世界的一扇窗，後來才有了《我的西域，你的東土》。

陳：最近漢維衝突愈演愈烈，您剛才提及了水資源和兵團的問題，是否繼續展開一下？

王：我認為民主轉型會是中國民族問題的爆發點。民族衝突無疑是因為專制造成的前因，但是專制可以靠鎮壓壓住民族衝突，民主轉型卻不能再用那種鎮壓手段，民族衝突也就會在那時爆發，成為讓民主首先品嚐的苦果。我相信西藏那時會出事，新疆也會出事，亂象百出。如果在民主化前達賴喇嘛去世了，西藏會先出事。當局在新疆用軍警嚴防死守，目前不會出太大的事，頂多小打小鬧，劫機、騎摩托車砍人什麼的。儘管如此，新疆漢人的恐懼心理還是很普遍。我一個表哥在新疆待了一輩子，七五事件後就去青島老家買房子，不回新疆了。子女還在新疆，因為年輕人的事業都在那邊，但能回來的幾乎都回來了。

維族人的不滿，我認為主要還是移民帶來的。在沒有大規模移民前，雙方關係還比較好，至少沒有大衝突。在1950年代，維吾爾人也好，漢人也好，彼此印象都不錯。漢人移民大量湧入後，衝突與日俱增。特別是改革開放後，從內地去的多是民工，在維吾爾人那兒殺豬，不能吃的豬雜碎扔在河裡，可是人家要喝那水呀。同時新疆的小偷、毒販跑到內地，讓漢人不滿。隨著民間衝突，民族主義動員延伸到底層。如果民族矛盾只停留在精英，還比較好解決。一旦成了種族衝突，只因為種族不同就相互對立，那就很難解了。新疆比西藏更早地完成了這個階段。

我在1990年代就看到，新疆連幾歲小孩都有種族隔閡。同一個機關大院，既住著漢人幹部也住著維族幹部，但是小孩不在一塊玩，互相只是打架。烏魯木齊的漢區和維區之間，沒有鐵絲網，也沒有其他有形的障礙，但無形的壁壘那麼鮮明——兩個區人的模樣不一樣，語言不一樣，文字不一樣，招牌的形式不一樣，連味道都不一樣。

共產黨剛進入民族地區時，成功地用階級分化了民族。歷史上民族之間相互對立，儘管民族下層可能受上層壓迫，但是在與其他民族對立時，民族上層和下層結為一體，民族的旗幟掌握在上層手裡。共產黨來了則說，維吾爾的巴依、西藏的領主和漢人的地主都是一樣的壞人，天下烏鴉一般黑，而各民族被壓迫人民是一家，漢人老大哥來幫助你們一起打倒共同的階級敵人，得解放。至少在當時，這很動聽，很有說服力呀。

文革之後，鄧小平放棄了階級鬥爭。你總不能自己不搞階級鬥爭，還在人家那兒繼續搞吧？而不再分階級，各民族自然又重新融合在一起，宗教和民族的旗幟又回到民族上層手中。當局承認文革是錯誤，拿錢重修文革被砸的寺廟，但對民族人士那意味什麼？民族精英已經被你打得滿身是傷，不會買你的好。普通老百姓也一樣。當年貧下中農聽你的號召扛著鎬頭去刨廟，把寺廟木頭拿回家蓋房子，蓋豬圈，在宗教中那都是罪孽呀，天大的罪孽！現在你突然告訴他，這一切都是一個錯誤，是幾個藏在我們黨裡的壞人搞的，你這不是調戲人家嘛。

陳：您前面還提到兵團問題和資源爭奪。

王：我把新疆生產建設兵團叫做「新疆維吾爾自治區內的漢人自治省」。它是正省級地位，跟新疆自治區平級，新疆自治區政府管不了它。它在新疆有一百多塊領地，加在一塊好幾萬平方公里，有自己的政府、銀行、軍隊、武警、法院、公安、婚姻介紹所、學校、電視台、報紙等等。建立兵團的主要目的就是要遏制新疆當地民族。鄧小平1980年代去新疆視察時說「兵團是穩定新疆的核心！」新疆當地民族對兵團的牴觸是最大的，老百姓把它當成是侵略軍。兵團看管當地人民的意圖非常明顯，新疆每一個縣都有一個兵團的「團場」，不就是把當地民族當敵人防範嗎？

資源呢，新疆主要是缺水。但新疆有其他各種資源，特別是天然氣。中國政府老說給了新疆多少財政援助，可新疆人跟你算的，是你從我這兒拿了多少油、多少氣、多少礦。這中間到底誰多誰少，一本糊塗賬！

陳：兵團的控制力在降低嗎？七五事件的鎮壓，靠的主要是陝甘調去的武警？

王：對於當局在新疆的維穩，兵團屯墾這一套仍然有作用，只不過現在一般用公安、武警就夠了。兵團的民工很多是從內地招去的，其實就是普通農民，平時被兵團的連長、指導員壓迫、剝削，都有一肚子氣。但是一聲令下讓他們去鎮壓疆獨分子，卻一個個擼胳膊挽袖子，都興奮得很，要立功。現在兵團用這些人組成民兵，隨時可以投入維穩。

陳：不讓穆斯林留鬍子，是最近的政策嗎？

王：逼迫當地民族人剃鬍子已經很久了，理由是：留鬍子就是宗教極端勢力的表現。有時甚至在街上強行剃人的鬍子，剃完還讓人家交剃鬍子錢。我有個留鬍子的維吾爾朋友，是學校老師，就是不剃鬍子。他說馬克思有鬍子，恩格斯有鬍子，列寧也有鬍子，還是你們的領袖，為什麼我有鬍子就不行？這些政策真是太愚蠢了。

陳：維吾爾人民族意識的強化，是從何時開始的？

王：這是長期累積的結果，在1990年代以後逐漸強化。經過了這十幾年，現在我覺得已經很難回轉。海外維吾爾運動的基本目標已經確立，就是要獨立。按照他們的看法：達賴喇嘛說的中間道路，讓藏人耽誤了幾十年時間，事實證明中間道路是徹頭徹尾的失敗。維吾爾人不能再走中間道路。在他們看來，中國的海外民運人士也多是大中國主義者，老說維吾爾人不能搞獨立。於是他們現在乾脆不跟漢人對話，就是自己走獨立道路，先以內部反抗和招致的鎮壓喚起國際社會的注意，不惜為此付出巨大犧牲，主動迎接大規模流血衝突，以得到西方世界「人權高於主權」價值觀的背書。他們認為維族比藏族有利的條件是有伊斯蘭世界的廣大人力和物質支援。等到中國發生內亂，就可以把漢人趕走，建立一個東土耳其斯坦。

中國的民族仇恨是專制播種的惡果，卻要由未來的民主吞嚥苦果。因為專制可以用殘酷手段鎮壓民族，不會形成大規模衝突，而民主不可能再用殘酷鎮壓的方式，尤其在轉型期，國家控制力大幅減弱，那時一直壓抑的民族仇恨就像突然打開瓶塞，噴湧而出。從時間點看似乎民族衝突是民主轉型造成，專制者們也正是以此恐嚇國民，其實那是專制統治強加給民主轉型的遺產。要想中國走向民主，我們便沒有選擇，只能承擔。要打破綁架者與人質共生死的困局，我們就得去尋找不讓民族衝突與民主轉型共生的方法。而能夠避免廣場效應、進行向量求和、逐層提煉理性的遞進民主，正是這樣一種方法。除此，我還真沒有看到其他更好的方法。

陳：您的朋友伊力哈木還在境內做各種努力，他所承受的壓力似乎極大？壓力既來自於中共的高壓維穩，也來自於海外維獨運動？（按：2014年1月15日，伊力哈木被警察從家中帶走，當局將會以「分裂國家罪」對他進行審判。）

王：伊力哈木是少有的維族知識分子，我認為他的主張就是達賴喇嘛的中間道路的維吾爾版，雖然他自己不會這麼說。海外維吾爾人不一定認同他的路線，但是新疆境內的維吾爾人會認為他的主張更現實。當局為什麼一直打壓伊力哈木？看似很愚蠢，但也許當局的目的就是不想讓溫和的維吾爾力量成氣候，以便把維吾爾反對力量都打成極端分子和恐怖分子。

陳：相對於藏人，宗教對維吾爾人的影響稍弱一些嗎？

王：不能這樣說！宗教勢力在新疆非常大，絕大多數維吾爾人都在伊斯蘭教的影響之下。海外維吾爾人的政治組織現在是走世俗政治道路，因為他們希望跟國際社會接軌，也知道伊斯蘭宗教勢力在西方社會吃不開。然而他們不一定具有對新疆未來的主導權。宗教勢力會不會發展起來，現在還不知道。在海外維吾爾人中，目前沒有強有力的宗教領袖。熱比婭的地位是在烏魯木齊七五事件之後，因為當局指控她操縱事件而奠定的，其實那是抬高了她。海外維吾爾人目前暫時沒人能挑戰她，但熱比婭的方式也有問題，比如最近她捐錢給日本人買釣魚島，還說希望西方和日本把新疆也買走，她一點都不顧忌漢人和中國人的想法。

陳：您在2008年的一篇評論中，建議台灣各界投入更多的資源和心力，讓台灣成為研究大陸政治轉型的最重要基地。藉此機會，您是否願意再說服一下台灣讀者？

王：我認為這不光是為大陸而做。台灣應該有危機意識，因為未來的中國大陸無論怎樣，都會對台灣產生重大影響。我為什麼提議台灣成為中國轉型的研究中心？不是研究中國的古代，不是研究中國的文化，而是研究中國的政治轉型？因為中國大陸無論是轉型成功、轉型動亂或是轉型崩潰，都會對台灣帶來巨大衝擊。台灣離大陸一百海哩而已，不是可以開走的航空母艦，而是一顆動不了窩的蛋，哪天說把你砸了就砸了。台灣即使只出於自保，也應該投入中國政治轉型的研究。

中共知道有危機，只是不知道該往哪兒走，該怎麼解決。儘管中共有龐大的研究力量和經費，卻不會去研究共產黨下台或滅亡以後怎麼辦。對這個最需要研究的題目，大陸民間因為沒有空間無力承擔，世界各國也只是進行為己所用的中國研究。只有台灣有最好的條件。台灣有資金、有自由、有資訊、有人才，兩岸語言相通、文化同根，利用互聯網，花不了多少錢就能把大陸和世界各國的人才納入整合，通過研究、論證、沙盤推演，提出最可操作的中國政治轉型路徑與步驟，作為台灣的利己利人之舉。中共願意採納最好，或者現在不採納，遇到嚴重危機時仍可能採納。

還要研究中共垮台了怎麼辦？那時人民還在，還得活下去，那又需要另一套研究，在中共垮台時力挽狂瀾，避免出現大混亂。還有，萬一中國社會真的崩潰了，最終也得收拾殘局。大陸崩潰而不影響台灣安全，在我看是不可能的。如何不讓暴政再在大陸輪迴，而能開始建設新的社會，也需要進行事先準備，深入研究。台灣如果投入這種研究，也許將來能起決定性作用，成為一種上天註定的兩岸緣分。當然我知道此時這想法在台灣沒有市場，台灣人不想多管閒事，杞人憂天也不是當代人的活法，所以兩岸不一定會有這種緣分。

陳：您正在寫《黃禍》的姊妹篇《轉世》，前十幾萬字已經上網，讓讀者先睹為快了。最後，您是否願意透露《轉世》的基本思路？

王：《黃禍》是寫中國的崩潰，《轉世》是想寫中國避免崩潰走出危機的過程。《黃禍》把最壞圖景擺了出來，本意是讓人們、尤其是當權者主動做避免那種前景的努力。但現在看，只能是我自己去做想像中的努力了。當然我萬變不離其宗，基礎還是「遞進民主」。《轉世》仍然關注民族問題，解決之道也是遞進民主。《轉世》描寫「遞進民主」如何促成中國的政治轉型，化解民族衝突，並希望能從小說反饋到當下的困局。

陳宜中，中央研究院人社中心副研究員，並擔任本刊編委。研究興趣在當代政治哲學以及社會主義思想史。

在台灣談中華文化問題

在台灣談中華文化

緣起

楊儒賓

羅大佑有首歌「鹿港小鎮」，鹿港小鎮並非像歌詞所說的沒有霓虹燈。但鹿港除了有霓虹燈外，還有很堅實的在地文化傳統。大概只有在鹿港這個地方，整個寺廟(龍山寺)被九二一地震震垮後，在地的企業家會集體籌資，原址原貌原材料，花了整整七年重建起來，龍山寺是鹿港人永遠的驕傲。也是在鹿港這個小鎮，民選鎮長與全體鎮民為了保護他們的生活方式，打起了反杜邦設廠的運動，揭開了綿綿不絕的台灣環保運動之序幕。羅大佑選鹿港作為批判現代化的象徵，眼光獨到。在強人統治的晚期，「鹿港小鎮」歌者以粗獷的喉音吶喊出焦熱變天的訊息。

但鹿港不是博物館，鹿港小鎮不以偽古董般的方式觀光造鎮；鹿港以頑強的生命力活出了很有風格的現代市鎮。這個與台南、艋舺並稱的古都除了擁有全台灣少見的密集的詩社、書社、南管、南音等社團，它也保存了香鋪、糕餅、絲繡這些傳統的產業。除此之外，它還擁有很可以代表台灣企業家正面形象的宏碁、和信、華碩、寶成等大企業。鹿港的傳統是活的傳統，活的傳統不但串連了新舊兩代的產業與生活方式，也串起了新舊兩代的公民運動。鹿港不但鳴槍啟動了台灣的環保運動，鹿港也以鎮長的補選吸引了藍綠天王，成為全國矚目的焦點。

只有在鹿港這個地區，我們看到傳統的文化底蘊幾乎無縫接軌地契合了當代的社會實踐，從洪棄生到粘錫麟，從陳懷澄、陳培煦父子到莊太岳、莊垂勝兄弟，從櫟社到構社，鹿港人的公民運動既俗又雅，更重要的，有力。

鹿港可以視為華人民主實踐的櫥窗，鹿港的文史工作者在幾十年來台灣的社會運動中從不缺席。正因為是活生生的實踐，從土地中成長起來，而且是踏在土地上，所以他們大不同於都會型的知識人，對傳統與現代的銜接特別敏感。2013年秋天，以鹿港一群地方文史工作者為主幹的鹿耕講堂成員，假借文開書院庭院，舉辦了一場名為「在台灣談中華文化」的露天文化論壇。單單文開書院與鹿耕講堂的名稱本身就極具象徵意義。文開書院是為紀念台灣文獻之祖的沈光文(字文開)而設的；鹿耕講堂則是為紀念一位鹿港的文化名人鄧傳安(字鹿耕)而立的。鄧傳安先生長期支持文開書院，扶腋鹿江風雅，是大有功於鹿港的地方仕紳。鹿耕講堂的宗旨雖定位在延續漢學文化，但視角卻很現代。

鹿港這些文史工作者長期從事社會運動，對漢文化的生命力有很親切的體認，他們的工作也是很自然地將傳統的因素納入當代的實踐當中。從這個有豐富歷史積澱的文化風土上成長起來的文化人，很難接受他們的傳統被任何的政黨所壟斷，台灣的文化資產就當由台灣所有的政治團體所共有。有鑑於台灣社會常將文化邏輯與政治邏輯混淆在一起，他們決定邀請國內人文學者與反對黨對話。由於這一群朋友與反對運動力量互動較頻繁，彼此信任，蔡英文主席的視野也較為弘闊。因此，論壇遂敲定由蔡主席、一位哲學領域的德裔學者何乏筆以及筆者三人鼎談，並作彼此的交叉對話。

「中華文化」一詞在當代台灣社會的負擔很重。

這個詞語拖著戰後層層疊疊的歷史記憶，踉踉蹌蹌地走到當代，藍綠陣營的人士對這個詞語的記憶與情感反應可以確定是南轅北轍的。如果鹿港的朋友不用這個詞語，而用「華人文化」或「漢文化」，問題應該會很單純。我估計：反對黨陣營的朋友不會反對漢文化是台灣文化的重要內涵。鹿港這群從事文史工作的朋友觸角敏捷，思想靈光，他們所以選擇這個老舊的題目，應該是有道理的。

我後來稍稍瞭解這個題目的意義，知道此詞語之無用或反作用可能正是無用之大用。鹿港這群文史工作者的政治立場相當本土，一般而言，很同情反對黨的主張，他們當然知道使用這個詞語的效應。他們當然也知道「中華文化」一詞是近代歷史的產物，「文化」本來即是19世紀以後的日製漢譯名詞，「文化」加上「中華」，不管「中華」一詞出現多早，這個複合名詞應該是伴隨「中華民國」、「中華民族」而興起的概念。在現代的國體與民族概念興起前，「中華文化」的內涵是曖昧而空洞的。等到這個概念明晰化以後，島嶼與大陸的歷史命運卻產生了急遽的斷層，「中華文化」不可能不蘊含一百多年來的歷史內涵。

然而，「中華文化」一詞是無從迴避的。首先，自從民進黨通過〈台灣前途決議文〉以後，即使依民進黨人的認知，中華民國已和台灣一體化，「中華文化」和「台灣文化」已是互紐互滲的關係。即使不論四百年來台灣漢文化與中華文化的實質關係，單單從光復後，尤其是1949的渡海大遷移以來，「中華民國」此政治實體所滲透的「中華文化」已是台灣文化的實質因素，「中華文化」並不是一黨一族的專利。反對黨人士現在既然可以很自在地使用「中華民國」一詞，很熱情地揮舞青天白日滿地紅的旗幟，他們沒有理由不能光明磊落地使用「中華文化」的敘述。

放在兩岸目前的格局看，我們也不能不正視中國崛起可能具有的世界史的意義。當中國崛起，鴉片戰爭以來東方的挫折與東方的反抗正走到歷史的轉捩點時，我們不能不注意：以中國為代表的東亞的現代性正在焦思苦慮它的出路。反右、文革的中國已是過去式，老套的共產黨語言(如「階級鬥爭」、「無產階級專政」)早已成為死亡的漢語。中國目前確實仍面臨極大的難題，政權的性質尤為棘手，但中國上上下下，正竭力想找出有意義的「中國性」之現代性出路，趨勢是很明朗的。兩岸因政經的交織，互動已不可能逆返。「中華文化」一詞的內涵是浮動的，它在當代的功能已不可能和文革時期一樣，台灣人民要與當代中國社會對話，不可能不用到這個詞語。

但也許還有更積極的理由。由於台灣的歷史斷層特別多，斷層既帶來了撕裂，但也帶來了豐饒而多元的歷史積澱。尤其台灣的漢文化傳統與1949以後渡海而來的中華文化之間有較好的整合，在幾個主要華人社會中，它的另類的現代性轉化特別明顯。如果東亞的現代性能重新啟動，也就是傳統的中國現代性與當代西方的現代性能重新整合，那麼，兩岸的關係可能可以從緊張的「內部的主權關係」之論述轉向「外部的文化方向發展」之論述，在即將到來的新的東亞現代性的大工程中，台灣也許有機會扮演更重要的角色。簡言之，「中華文化」帶給台灣的也許是百年難遇的機會，而不是被共產中國併吞的危機。

「中華文化」的語言與內涵既然無從迴避，語詞所帶來的情緒問題總可以慢慢消化的。由於台灣在近代歷史的混雜性，「在台灣的中華文化」和各種異文化對話的能力相對而言會比較高。「中華文化」多論述幾遍，很可能結果會和表面呈現的現象恰好相反。「中華文化」會擺落民族主義的色彩，它的面貌會越來越本土，同時也越來越國際。鹿港朋友選擇此語，看似不經意，卻有深意藏焉。

台灣的創造力與中華文化夢

楊儒賓

一

每個詞語都有自己的生命，在不同的階段，其內含不會一樣。目前這個階段，「在台灣談中華文化」不會是很好的時機，因為經過戰後幾十年來國民黨政權的反覆操控以及台灣在野勢力的反覆反撲，加上對岸社會主義政權掌握國家機器一甲子以來，前半段粗魯而殘酷地對待，後半段粗魯而如真似幻地扶持，「中華文化」這個詞語已很難平心靜氣地談。但回到事物的本質，華人擁有因語言、文字、歷史傳承、社會風尚而形成的文化樣式，這種文化樣式是華人，更是兩岸華人共同分享的因素，此一敘述應當符合常識。常識通常有結構性的因素，長期看來，不可能被憑空虛構。民進黨領導人物在不少非群眾運動的場合裡，也正面地回應過這個議題。

但這個常識性的議題之所以還值得提，應當是常識解不了目前的糾結，我們有必要正視「中華文化」何以會有此命運？明顯地，「中華文化」的困局是戰後台灣政局下的產物；在日治時代，在光復到1949年，至少到228時期，這個現象是不存在的。當一個威權的政權壟斷了「中華文化」的解釋權時，政治異議者就不會想分享這個詞語的內涵，就像當中共壟斷「中國」的解釋權時，「中國人」一詞在台灣就不可能受到歡迎一樣。意義是在語意的差異中產生的，如果用龍樹的語言講，更可說是在對照中產生的。當有一個非共識的「中華文化」、「中國」進入島嶼時，一個對照面的「台灣文化」、「台灣」就不可能不產生。中國／台灣的二元性對立是個不幸的發展，但從政治語言產生的機制看，卻有其必然性。為了避免糾葛，我也不介意以「漢文化」或我自己以前曾用過的「漢華文化」一詞代替之。但在目前的兩岸局勢下，我認為使用「中華文化」這個帶有國族主義色彩的詞彙未必沒有好處，它可以撞擊台灣社會的「軟腰」區。

「中華文化在台灣」不是一個認知的問題，而是集體情感的問題，這種集體情感牽涉到集體記憶的形成以及歷史演變的過程。既然是「集體情感」的問題，我們有必要挖掘這個歷史癥結是如何形成的，而目前這個時機雖然不會太好，但應該也不會太壞。因為自從解嚴以後，中國國民黨和台灣已結為一體，它的任何主張都不可能脫離台灣的現實，因此，中華文化與國民黨的天然結盟已不再存在。脫離口號的「中華文化」，對國民黨未嘗不是好事，因為它要面對台灣的現實，如果「中華文化」還有意義的話，「中華文化與台灣」的關係不可能不浮上議事台。解嚴對反對黨也是好事，因為沒有「受迫害」的光圈加持，它必須正視「台灣文化」的實質所指為何。

「文化」太大了，它像康德批判的「時間起源」、「世界的邊界」一樣，幾乎無法成為認識的對象。然而，當我們說及「台灣文化」時，通常採取的是種地理模式的「屬地」概念，亦即台灣提供了活動的基地，發生在這塊島嶼上的事物構成了文化的內涵。政治人物採取這種思考並沒有錯，放在台灣的政治現實來看，這樣的立場是非常政治正確的，因為選票是島上所有公民投出來的。曹永和院士並不是對政治太敏感的人，但他提出的「台灣島史觀」，亦即「以地範人」的概念，其作用和政治上的屬地、屬國理念是一致的。領土不會跑，容易切割，又可引發「大母神」的歸屬感，領土的隱喻焉能不用！

然而，談「文化」，焦點落實於空間，這種想像有其局限，即使只從政治觀點看，也是如此。政治人物談文化，通常預設了「主權」與「地理空間」的結合，所以文化就成了「一國文化」。這種想法預設了「政權來自人民」的正當性，但人民的內涵卻不能依領土的概念限定之。人民的本質是「文化」，「文化」是人的創造物，人是語言—文字—傳統的存在，它的內涵遠大於主權國家的政治公民。從維柯、赫德以下，「瞭解文化和瞭解自然不一樣」已成為文化詮釋的前提。我們如從構成台灣居民的角度看，不可能否認台灣文化的多元性，但同樣不可能否認漢字—漢語—漢文化有主導性的力量。漢字—漢語—漢文化沒有絕對的本質，它也是流動的，不一定和「漢族」的概念重合。閩南人的血液到底流動多少「古漢人」的成分，非常值得懷疑。放在台灣社會來講，漢文化更不宜直接和漢族掛鉤，我們不可能不尊重原住民的地位以及新住民的聲音。儘管如此，以漢字、漢語為載體的漢文化還是台灣的主導性力量，它也比較容易成為台灣非漢民族共享而且也可以溝通的成分。漢字—漢語—漢文化是有歷史縱深的，也是跨越族群的，它遠在兩岸分治之前即已存在，而且其存在即是跨越漢民族的區域的，台灣文化的內涵和這種跨族群區域與深具歷史縱深的性格脫離不了關係。

一旦從漢字—漢語—漢文化的角度著眼，我們就當正視它具有的創造力的潛能。漢字—漢語—漢文化承載豐富的文化傳統，這是事實；漢字—漢語—漢文化是日治時期台灣人民自保民族認同最重要的精神武器，這是事實；漢字—漢語—漢文化在近代東亞世界的形構中，帶有極豐富的文化交涉的歷史積澱，這也是事實；台灣居民大部分依漢字—漢語—漢文化思考，這更是事實；語言—文字是精神的展現、是創造力的泉源、是主體的構成要因，這也是事實；主權是自保而切割的，但漢文化是東亞共享而可溝通的因素，這仍然是事實。在這些事實的基礎上，「漢字—漢語—漢文化是台灣人民創造力最重要的來源」之說就很難反駁。不管其他華人或東亞人士和我們分享這些資源到何等程度，也不管我們喜不喜歡其他地區的華人社群，這種結構性的事實不會改變。

筆者相信思考台灣問題時，論者如能從政治的視野轉到文化創造力的角度，台灣以漢字為載體的漢文化具有很強的競爭力，這個論斷或許不會受到太大的挑戰。為什麼當「台灣的漢文化」改成「台灣的中華文化」時，反應就不同了呢？原因可能還是語感背後的政治聯想，如何使得「中華文化」一詞去意識型態化，或許才是解決問題的關鍵所在。

二

「在台灣的中華文化」一詞雖然容易引發複雜的集體情感之反應，不像「漢字文化」或「漢文化」那麼單純，但這個詞語最大的好處是它可以介入未來東亞世界的形構。「台灣的中華文化」不只具有歷史的意義，它也是台灣社會結構的要因，更可能是推動台灣未來進展極大的歷史動力。從文化的觀點考量，台灣與中國、台灣與東亞的關係無疑地較為曖昧，但創造力來自於曖昧——在語言、技術的創新上，這種現象非常明顯。台灣現代的中華文化顯然已非帝制中國的模樣，它承載了來自近代—西方所掀起的歷史波浪留下的豐富歷史積澱；也承接了作為東西文化轉譯站的「日本橋」挪移過來的文化資產。在目前台灣的中華文化傳統裡既包含了古典華夏世界的部分，也包含了近代東西夾雜的成分。這種含混性如果無法釐清，即是痛苦的來源。如果找出理路，柳暗花明，也許台灣創造性的基礎可以更寬、更深。

以中國為核心的東亞世界原來有自己的歷史行程，但自工業革命、資本主義帝國興起後，全球化的格局打破了東亞的歷史腳步，東亞的現代化是被迫的現代化，也是外加的現代化。但東亞本來有自己的步驟，晚近對中日兩國的現代性之研究日漸豐富，線索也越來越清楚，宋代及明末是最被注意到的兩說。不管怎麼講，東亞有較穩定而堅實的歷史傳統，所以當它被打亂了原有的步驟、甚至秩序以後，「東亞的反抗」或者是另一種意義的「東方論」即在醞釀。這種「東方論」不是薩依德式的那種被帝國主義之眼凝視的類型，它是反帝國主義的自我肯定。東方社會，幾乎每隔一陣子，即會有「東亞價值論」、「近代超克論」、「儒家資本主義」、「鄉土文學」之類的運動產生，而且不只中國，日韓星馬諸國都有此聲調。也不只在政治領域，教育、文化、藝術各領域也分別有迴響。這種異曲同調的現象規模夠大，時間夠久，「東亞的反抗」是有歷史依據的。「東亞的反抗」自然也有陷阱，日本在二戰犯的錯誤就是最明顯的誤入歧途,有意義的反抗一定要正視和民族主義結合的風險。

有被打亂的歷史行程，就不可能沒有反抗，而且反抗的成績也不是不存在的。筆者認為：從19世紀末到二戰前，日本扮演「另類東方論」的執行者；從20世紀末以後，中國取代日本，扮演「新東方論」火車頭的角色。中國除了政治中國、經濟中國以外，它現在很明顯地是扮演另類價值的提供者，至少現在的社會主義中國有這種強烈的企圖心。任何帝國不可能脫離軟實力的支持，近代的帝國法英美蘇皆是如此。脫離自由、平等、博愛、人權、革命、階級鬥爭、反帝這些語彙，我們即無法瞭解近代社會，這些帝國也無法自存。中國現在唯一能用以召喚人民，也召喚國際的因素，大概不在共產主義，而是一種「文化中國」的想像。

不只中國需要文化中國，世界也想瞭解文化中國，但歷史的詭異莫過於此，什麼是文化中國？如何讓中國「文化中國」化？「文化中國」其實是很模糊的，在中國，面貌尤其模糊。可是，中國在世界的角色無疑地越來越重要，文化中國的要求也越來越迫切，這個趨勢在可見的時間內不可能改變。既然如此，如果中國不能體現真正的中國夢，天下乃天下人之天下，兩岸既然共同分享了悠久的文化傳統，如果我們能消解19世紀以來強烈的主權思維，鬆綁「中國」、「中華」的多元內涵，為什麼台灣不能執行中國夢？為了台灣，為了中國，也為了普世的文化理念，台灣的漢文化既然積累了足夠的傳統力量，也混雜了特多東西夾雜的異質力道，都已推到第一線了，為什麼不採取禪宗的勸諭：撒手懸崖，奮力一躍！為什麼我們不善用自己的資源？

不管我們喜不喜歡現在的中國，兩岸華人共同承繼的華夏文化是人類史上極燦爛的文化之一，它蘊含的現代性資源初步受挫於滿清入主中原後的政治鎮壓，更全面性地受挫於19世紀中葉以來的西方現代性之席捲東亞地區。然而，這種外加的現代性在目前確實已面臨瓶頸，重新接續中國傳統所提供的文化資源已不是課堂討論的議題，而是活生生的現實問題。而在台灣的中華文化因有底層的傳統文化與49年的民國中華文化之銜接，又累積了諸多歷史斷層所引致的異文化，這種混雜而又具有協調風格的文化在新的兩岸關係之結構中，應該可以發揮很大的作用。

台灣的文化前景很可能是何乏筆所說的外加的現代化接上本土

的現代化，因而產生另類的現代化。中國夢如果有意義，它的內涵絕不會只是政治或經濟的，「中國夢」不妨以「中國文化夢」視之。台灣可以用台灣文化實體化中國文化，以中國文化實體化中國夢，這種抉擇應該會有豐沛的歷史動能的。如果真有台灣參與在內的中國文化夢，台灣的政治糾結也許反而可以迎刃而解。因為台灣政治癥結的「主權」概念原本即是西方現代性的產物，兩岸局勢的特殊既然那麼特別，也許我們可以繞道思求另解。不管如何說，自今而後，任何有意義的政治理念不可能脫離人民的決定，也不可能脫離民主、自由的框架，這是儒家知識人對台灣最基本的承諾，也是清末以來所有政治勢力對人民的承諾，現在該是它們兌現的時候了。

兩岸發展到這個階段，文化的互滲已不可免，「中華文化」的名與實應該會越來越被台灣人民所接受。台灣的中華文化會參與下一波的另類現代性之創造，結構決定了方向，此趨勢不會因人的主觀意志而改移。我相信：「中國文化引發的台灣夢」與「台灣文化引發的中國夢」是站在這種正確的歷史站牌邊的，而另類的現代性之歷史巴士有可能會迎面而來。

楊儒賓，清華大學中國文學系講座教授。主要研究領域為先秦哲學、宋明理學、東亞儒學、神話與宗教學等。主要著作有《儒家身體觀》、《異議的意義：近世東亞的反理學思潮》、《從《五經》到《新五經》》。目前同時進行三本書，一本討論莊子哲學，一本討論理學工夫論，另一本是重探「五行」的專著。

創傷與創造：
台灣的文化糾結與中華文化的重構

何乏筆

一、漢學研究與批判理論

德國著名漢學家衛禮賢(Richard Wilhelm)從1899到1924年在中國生活了將近二十五年，1925年成立法蘭克福大學漢學系的前身「中國研究所」，同年出版具有回憶錄性質的《中國的靈魂》。此書詳細和深刻地描繪他親自參與觀察中國歷史前所未有的文化變局，尤其思考辛亥革命後中國教育制度所面臨的艱難任務：如何調和中國與西方兩個龐大知識系統之間的緊張關係。他將此書獻給曾任中華民國教育部長、北京大學校長、中央研究院院長等職的蔡元培。但除了與蔡元培關係特別密切之外，他在民國初年也與中國知識分子和文化人經營了寬闊的交流網絡，建立了德語漢學研究與現當代漢語學術之間的歷史橋樑。

衛禮賢強烈地意識到，對中國的研究不得忽視中華文化在19、20世紀所面臨的危機，亦不得忽視現代化的巨大壓力所造成的文化斷裂。問題是，儘管衛禮賢對清末民初的文化歷史困境有深入的體會，但在進行大量中國經典文本的翻譯和解釋的過程中，他仍然預設著中華文化連續不斷的「靈魂」，是不受文化歷史衝擊的影響而永恆存在的。他親身經歷過、描寫過中國歷史前所未有的變動，然而他討論「中國哲學」的著作，卻對文化斷裂的哲學意義缺乏自覺。中華文化的歷史連續性與現代中國的斷裂經驗這兩條線索依然停留在切割分裂的狀態：超歷史的文化一統與文化的重創仍舊無法溝通。

難以否認的是，強加在中國身上的外部現代化引發了強大的「西化」趨勢，並造成了文化解構之後，一切有關「中華文化」的話語都必須面對重構工作的曲折。換言之，任何的文化復興或復古運動必定充滿所處時代的當代性，只能以當代的眼光來看古代，因此不得不對自身談論文化歷史資源的動機以及先決條件有所自覺。於是，筆者所謂「中華文化的重構」特別著重文化斷裂與文化連續性的複雜關係。為了加強對文化斷裂之哲學意義的自覺，筆者建議在文化斷裂與文化連續性之間加入「批判」的因素，以強調在辛亥革命推翻了兩千多年的帝王秩序之後，對中華文化的重構工作應該是一種「批判性的重構」。因為「批判」涉及對文化歷史資源的評斷和選擇性的重估，某些學者以「規範性的重構」取代之。如是，筆者想在衛禮賢所打開的漢學視野之外，另加入一種與法蘭克福緊密相關的思想資源，即是法蘭克福學派批判理論。

在台灣如何談中華文化的問題，脫離不了東亞不同區域（尤其是中國和日本）現代化過程之間的緊密交織和猛烈競爭。無論東亞不同現代化進路如何推展，都以「混雜現代化」為特質，都是交織了來自西方的外部現代化與內部現代化（即得以現代化的文化歷史條件）的線索。在歐洲地區，尤其是德國曲折殘酷的現代化歷程與東亞現代化歷程具有許多呼應之處，值得深思。因此，法蘭克福學派批判理論在第二次世界大戰之後對「德意志文化」甚至「歐洲文化」的批判性重構，是筆者思考應如何在台灣談中華文化的重要參照。

在20世紀的中國現代化中，傳統／中國與現代／西方的對比，導致對傳統文化前所未有的破壞。然而現代化等同於西化的現代化架構，可以被批評或許也可以被超越，但不可能消磨其深層的影響力。中國經歷西方帝國主義的創傷經驗，不僅造成君主專制的斷裂和民主化的開始，也啟動了以文化大革命為災難性標誌的現代化動力。中華民國的成立、五四運動對傳統的批判，以及文化大革命的災難性摧毀，這一連串的斷裂經驗，使得對中華文化的談論不能閃躲文化斷裂的事實。

從法蘭克福學派批判理論反省納粹主義所造成的文化斷裂情形，初步看到德國經驗對反省東亞現代化過程的參考價值（這方面，本文的焦點不在於德國面對歷史罪過是否做得比日本好）。儘管希特勒政府及「德國國家社會主義工人黨」（納粹黨）掌權時間只有十三年之短，但確實使得德意志民族的歷史分裂為三個部分：1933年之前的歷史、納粹德國的歷史和1945年之後的歷史。這十三年所造成的歷史災難不僅引起了必須重構德意志文化，也引起了重新探討歐洲文化、思想史的強烈動機。哲學家阿多諾曾尖銳地指出，在奧斯維辛集中營所代表的文化斷裂之後（阿多諾說：「奧斯維辛以不可否認的方式證明了文化的失敗」），必須重寫歐洲文化的歷史。霍克海默和阿多諾在《啟蒙的辯證》中解釋荷馬的史詩《奧德賽》，初步落實這樣的批判性重構，亦即回到古希臘文化的重要開端來擺脫歷史災難所造成的失語狀態。納粹德國要對抗甚至打敗英美自由民主和資本主義市場經濟的企圖徹底失敗後，出現斷裂和連續錯綜複雜的辯證關係（情況比任何其他歐洲國家顯然更為複雜）：納粹德國的戰敗和破壞在社會、政治、經濟和文化方面產生顯著的斷裂，但批判理論學者在戰後一再批評納粹主義的連續性，要求斷裂的徹底落實（此要求在1968年學運中獲得廣泛的迴響）。1949年德國分裂為自由民主的西德與社會主義的東德，而兩種發展方向都以接續威瑪共和國(1918年成立)的正面遺產為目標(一者要連續民主憲政,另一者要完成威瑪時期被打壓的共產主義使命),同時要從其失敗中獲取歷史教訓,一方面要與1918年之前的德意志帝國切割,另一方面又要和一黨專制的第三帝國產生斷裂。儘管東、西德統一(1990年)之後,許多聲音主張應要與德國歷史的關係「正常化」,但納粹德國所呈現的文化歷史斷裂,仍然是不可迴避的歷史環節。筆者將試圖以上述的歷史視野為參照,粗略反省現代化歷程在台灣所造成的文化糾結。

二、文化斷裂與混雜現代化

東亞現代化是因為「外部現代化」而開始啓動。西方帝國主義在19世紀以暴力的方式侵入東亞,促成深層的文化轉型(包含社會、政治、經濟等領域)。眾所周知,日本在甲午戰爭的勝利強化了中、日在回應外部現代化挑戰的競爭關係,而此猛烈競爭到21世紀的今天從未停止(台灣在20世紀的歷史顯然脫離不了中、日不同現代化歷程錯綜複雜的關係)。然而從歷史哲學的角度來看,中國與日本的現代化不僅涉及不同的西化過程,也涉及**內部現代化**的問題:何種文化歷史的可能性條件影響了而繼續影響著不同現代化的進行方式及其成敗?在過去,這類問題經常是針對歐洲現代化的可能性條件而被提出的(為什麼科學、民主、資本主義等因素能在歐洲開始發展?),因為某種強大的現代性話語一再主張,歐洲的現代化必定是非歐美現代化歷程的規範性模型。顯而易見的是,東亞、南亞、中東、非洲、南美洲等地區,因不同的文化歷史條件,導致對外部現代化的挑戰而產生不同的因應方式,因此「多樣現代化」的角度,使得現代化的討論從西方現代性的標準轉移到內部現代化的因素。

例如說：在面臨現代化的挑戰時，許多學者曾主張儒家即等同於中國現代化的障礙，但近二、三十年來，儒家思想的研究確實突破了傳統／現代的死板框架，因而逐漸以儒家思想作為內部現代化的重要資源。

自從鴉片戰爭以來，外部現代化的暴力侵入使得中國掉入前所未有的危機。兩次政治革命(辛亥革命、共產革命)對文化造成巨大衝擊和破壞。尤其對中國共產黨而言，推動中國的現代化與全盤否定傳統文化密不可分。難以否認，隨著兩次政治革命，中華文化經歷了兩次文化斷裂：第一次是「帝制文化」與「民國文化」之間的斷裂，第二次是「民國文化」與「共產文化」之間的斷裂(毛澤東以文化大革命為國共內戰的延續)。隨著中華民國遷台，民國的學術、文化人才和機構開始大規模地融入甲午戰爭以來深受日本統治影響的台灣地區。由此觀之，台灣在現代化過程中也發生了兩次文化斷裂：第一次是滿清帝制文化與日本文化之間的斷裂，第二次則是日治時期的混雜文化與民國文化之間的斷裂。換言之，台灣文化糾結的結構性問題之一在於：前日治時期在台灣所發展的中華文化(其在日治時期並沒有消失)與特別是在1949年後來自大陸的民國文化，在光復後的台灣無法順利銜接。相反的，國民政府對台灣菁英階層的破壞，以及中華文化復興運動對中華文化的意識型態化，反而引起了深層的「反中」情結(無論是針對中華民國的「中」或中共的「中」)。

因此，在台灣談中華文化問題時，不得不回到文化銜接為何失敗的問題(參閱林俊臣文章的相關討論)。更尖銳地來說，倘若要在台灣談中華文化而不反思清理上述多種文化斷裂的問題，中華文化在台灣很難成為創造性轉化的共通資源。假如不能面對文化斷裂所造成的慘痛經驗甚至創傷，文化創造便停滯在流行文化的快速操作之中，無法以深層的歷史積累為文化資源。假如在今天要展開中華文化的重構，實不得忽視，斷裂經驗的反思清理乃是重構工作不可或缺的條件。即便是中國大陸，要談論中華文化的復興，亦免不了要思考民國文化與共產文化之間的斷裂問題。綜上所述，讓人憂心的是，直至今日，在台灣化解反中情結的基礎工作(即相關的學術和文化工作)仍然難以深化和突破；在大陸，對民國文化與共產文化之關係的關注(所謂「民國熱」)則處處面臨政治阻礙。到底該如何走出困境？

三、民國文化與漢文化在台灣

在台灣談中華文化涉及如何走出糾結、開闢創造性轉化的問題。依筆者淺見，一個重要突破點在於重新探討民國文化與中華文化的關係，並重新評估民國文化對台灣的意義。就此楊儒賓曾指出：「因為經由血淚證成的創造性轉化，中國與東亞不必然再是台灣外部的打壓力量，它們反而是台灣內部創造力的泉源。」[1]換言之，在台灣談中華文化必須放寬視野，必須正視民國文化所帶來的文化資源(面對民國文化與共產文化的斷裂)，同時也要正視民國文化自辛亥革命到1949年所累積的文化遺產(面對民國文化與帝制文化的斷裂)。於是，在台灣談中華文化的問題首先是指在台灣應如何談民國文化的問題[2]。

簡言之，民國文化的重要啓示在於既能強調與帝制文化的斷裂，承認現代化的革命性轉折，又能主張中華文化可經由對帝制文

1 楊儒賓，〈一九四九的禮讚〉，《思想》，第12期，頁85。

2 參閱楊儒賓主編，《人文百年 化成天下：中華民國百年人文傳承大展》，新竹：國立清華大學，2011。

化的批判來加以重構。這必然是艱難的掙扎過程，但難以否認，這種斷裂與連續的複雜辯證，從一開始就比共產文化盲目打破傳統的做法更為高明，甚至是中華文化繼續現代化(亦即不倒退到帝制文化)唯一可行之道。捨棄民國文化之現代化模式的後果在當今的中國大陸已清楚浮現：經由共產文化對民國文化的全盤否定和殘暴摧毀，從共產文化直接倒推到帝制文化，陷入帝制文化的帝國夢已是日漸顯著的趨勢(此乃歷史辯證的莫大諷刺)。對民國文化而言，抵擋此一趨勢是極為重要，亦可說是關鍵的任務。為了因應共產文化與帝制文化聯手的危機，構想出既不是倒退到帝制文化又不被化約為共產文化的中華文化，反思兩階段的民國文化(1949以前及1949至今)及其得失頗為重要。在共產文化面臨嚴重正當性危機，而復興(帝制)文化的渴望興起之際，藉由民國文化正面遺產來重構中華文化，不僅是關係到大陸的文化前途，也與台灣的文化前景緊密相關。直言之，假如台灣的文化藝術界在文化創造方面因為「反中」的狹窄視野，而不能充分接納民國文化(及其對中華文化的重構)，台灣便很難在文化方面與中國大陸抗衡。倘若台灣本土意識以排除民國文化為建構文化認同的途徑，因而排除經由中華文化而走向世界，台灣在思想和藝術創作上將面臨文化資源的嚴重枯竭。

從民國文化的角度談中華文化意味著對混雜現代化的積極態度：承認現代的中華文化必定是一種多元的文化，是一種混融許多外來文化資源的混雜文化。民國文化之所以為現代，即是因為展現出高度的學習和轉化能力。不可否認，五四前後的民國文化在這方面的成就雖然可觀，但也相當有限，等待後世學者的延續推進。回顧民國文化在重構中華文化方面所下的功夫是值得的，因為帶動這些努力是將文化斷裂轉化為文化創造的使命，是串聯外部現代化的強大動力與內部現代化之豐富資源的想望。顯而易見，1949年以前民國時期之文化人的思想和藝術活動是在極其困苦的時代背景下生成，但為民國文化醞釀出了值得連續的面向：(一)中華文化與帝制文化的切割(只有在辛亥革命被承認為必要的文化斷裂之後，1911年以前的文化遺產方能發生創造性轉化，展開現代化脈絡下的孕育力，以能靈活地運用中國內部現代化的文化歷史資源)；(二)中華文化重新面對東亞，尤其是日本的發展(百日維新失敗後，許多支持改革的學者逃往日本，參考日本的現代化經驗)；(三)中華文化在世界文化發展史中如何定位(當時尤其是中國，印度和西方的關係受到關注，因而文化創造早已開闢跨文化視野)。

從上述角度可初步確定的是，民國文化可視為台灣學界和文化界開闊視野、走向世界不可或缺的環節。可是，在本土文化與中華文化的對峙下，台灣的文化創造力面臨難以擺脫的阻礙。即便籠統的中華文化、日本文化、西方文化和原住民文化的交織構成了台灣文化「主體性」的多元面貌，台灣學界和文化界能否走出文化糾結的決定性因素，仍舊是對中華文化的態度和評價。或者更精確地來說：對1949年後的民國文化所營造的中華文化形象的態度和評價。在此情況下，台灣文化創造性的重要發展條件有賴於「中華文化」話語的去意識型態化和去民族主義化。蔣介石曾經診斷，國共戰爭遭受慘敗的理由之一在於「沒有哲學基礎」，因此決定以三民主義哲學為對治毛澤東思想的「中心思想」。然而結果卻是造成三民主義意識型態化，使得無數的台灣學生對三民主義哲學產生怨懟，反致損害了孫中山的思想遺產[3]。換言之，作為政治和思想運動的「中華文化復興運動」與「三民主義哲學」，遮蔽了民國文化對中華文

3 參閱林從一，〈哲學101：開新局、展新頁〉，收入楊儒賓主編，《人文百年 化成天下：中華民國百年人文傳承大展》，頁212。

化的批判性重構之貢獻。近幾年來，台灣學界才逐漸擴大解蔽的工作，開始重估清末民初的思想革命。

擺脫中華文化復興運動所依賴的政治對立(即民國文化與共產文化的對立)之後，方能重估1949年以前在台灣所發展的中華文化。或說，為了避免混淆，可將台灣本土的中華文化線索稱之為台灣的「漢(字)文化」(筆者以此簡稱楊儒賓文章所謂的「漢字—漢語—漢文化」)。一旦從民國文化與台灣漢文化的區別來看台灣的文化糾結，就可理解漢文化是台灣本土文化的主要構成因素，即使在日治時期，其影響也從未切斷過。由此觀之，在台灣談中華文化之時，要走出台灣文化糾結的重要步驟，在於民國文化與台灣漢文化之關係的釐清與轉化。必須釐清和轉化的是兩種文化斷裂：(一)民國文化的內部斷裂：民國文化包含後帝制文化的多元性、開放性和跨文化潛能，因此民國文化對中華文化的重構從未停留在中華文化復興運動所給出的僵化和同一化形象(中華文化話語的去意識型態化和去民族主義化，便能將中華文化的批判性重構再向前推進)；(二)一旦能在中華文化批判性重構的基礎上，重新串聯1949年前後的民國文化(楊儒賓在這方面已下了極大功夫)，串聯民國文化與台灣漢文化的途徑便敞開(參見林俊臣的文章)。綜上所述，假使在台灣談中華文化以擺脫台灣的文化糾結、開闢文化創造性為目標，這兩種面對文化斷裂，並且進行重新串聯和銜接的工作，顯得特別重要。

衛禮賢曾經在《中國的靈魂》中描繪了民國初年的學者知識分子在面臨前所未有的文化危機時，如何在斷裂與連續之間尋找出路。在民國初期，除了全盤西化、徹底反傳統的要求外，出現了各種大體上承認混雜現代化的學說。這些學說以不同方式試圖藉由歷史文化資源的重構，實現內部現代化與外部現代化線索的交織。然而，東亞各地的現代化在意識型態和民族主義要求純正的支配下，繼續茫然徘徊在極端化的趨勢之中。因為如此，在台灣談中華文化，以走出文化糾結，不僅對台灣有意義，對東亞文化發展有意義，甚至具有世界普遍意義，因為涉及對現代化的另類思考，涉及混雜現代化的普遍性問題。

何乏筆 Fabian Heubel，中央研究院中國文哲研究所研究員。中文、德文及法文著作多種，研究領域包括跨文化研究、當代漢語哲學、批判理論、西方漢學、藝術哲學。

在台灣談中華文化問題*

賴錫三、楊儒賓、何乏筆、蔡英文 鹿耕論壇

賴錫三

賴錫三：

鹿港的鄉親們：大家好。今天中部的天氣相當舒服，蔡主席、楊教授、何教授從北部下來，一定感受到中部秋高氣爽的好氣氛。

今天是一個特別的盛會，而且討論的議題也特別敏感。首先，感謝鹿耕講堂舉辦一系列的公民講座，並促成今日的歷史盛會。鹿港鎮史館這個地方性講堂，承辦一系列多元性、高品質的文化講座，並在這一奇妙時刻，促成一場具有關鍵性、迫切性的對談——「在台灣談中華文化問題」這個爭議性的課題。我敬佩鹿耕講堂的眼光、見識。身為台灣公民，鹿港人似乎特別敏銳地注意到，對當前台灣政治與文化處境的十字路口，該何去何從的命運與責任。

「在台灣談中華文化問題」，這一個難題要如何談？又為何選擇在這個時間點來談？除了偶然的因素之外，或許這裡還有台灣歷

* 這是一次鹿耕文化論壇上討論的紀錄，由賴錫三教授整理後，經發言者修改、認可在此發表。該次鹿耕論壇於民國102年10月19日下午在鹿港文開書院舉行，由賴錫三教授主持，楊儒賓教授、何乏筆教授、以及民進黨前主席蔡英文女士三位與談。

左起：賴錫三教授、楊儒賓教授、蔡英文女士、何乏筆教授。

史的理性發展之必然性在其中。大家想想，如果倒回國民黨「中華文化復興運動」的年代，那麼這個問題沒有對談的必要，因為標準答案只有一個：台灣直接等於中華文化，其中沒有任何反思、批判的多元思考空隙。又如果時間點回到一二十年來民進黨為重建「台灣主體性」而高舉「愛台灣」的激情年代，那麼這個問題恐怕也沒有太多對話的空間，因為：台灣主體性和中華文化之間幾乎是必須加以分離拆散的孿生雙胞怪胎，而切割中華文化似乎是台灣重新生長的必要手術。如果說，國民黨的「中華文化復興運動」是徹頭徹尾的意識型態，那麼先前民進黨式的「台灣本土文化之愛」，恐怕也不能說沒有掉入另一種意識型態的危機。如果說，當年國民黨對中華文化別有用心的全盤繼承與置入行銷，完全缺乏批判性的反思；那麼之前民進黨對中華文化別有用心的徹底揚棄與全盤抵制，是否也在批判國民黨大中華意識型態的同時，掉入另一種二元對立的競爭邏輯，而還未來得及進行批判的再批判、反思的再反思？例如莊萬壽教授對中華文化的大一統與國族圖騰的批判，有他真誠的關懷和道理在，但是將中華文化完全等同於只有專制與威權，這就過於單一和簡化。中華文化在政治思想和政治統治方面，盡管充斥著大一統的集權元素，但是中華文化本身也還是多元而複雜的，它同時也還有其它批判威權、強調自由的異議資源。

經過了國民黨「中華文化復興運動」，走過了民進黨「與台灣文化主體性的熱戀」，這雙重火紅的焦慮年代，歷史的理性是否可能帶來新的契機，以冷靜的眼光、真誠的勇氣，重新面對台灣與中華文化的「連續與斷裂」之恩怨情仇？

幾年前，蔡英文女士在接受南方朔訪談時，一再強調台灣需要「新思想運動」。她不諱言民進黨似乎失去了引導台灣思想運動的活力，正在逐漸官僚化之中。顯然，她有一種前瞻性眼光，替台灣身陷十字路口的徘徊處境，感到焦慮並勇於期待。台灣雖在特殊的地理、歷史情境下，形成它多元性、跨文化的思想活力。但是難以否認的是，正如何乏筆教授一再指出的，台灣多元文化的豐富可貴之事實，絕不能迴避漢字文化在台灣人的生活文化中，乃是最為切身、最能觸動意識與潛意識情感的源頭，雖然它同時包含了創傷的記憶與創造的可能。何教授一再強調，台灣的文化創傷不能停在迴避面對、無辜受傷或者仇恨怨懟，自憐又自大的矛盾。文化人格如同一般人格那樣，需要將創傷轉化為創造性，而文化的再創造也不可能只擱淺在「外部的現代化」。每一個具有歷史性的文化都必須批判性地進行它的內部現代化。而台灣的特殊處境，從他看來，正好比中國大陸更具有：冷靜、間距、批判與重估漢字文化的世界性價值、跨文化潛力的好機會。台灣與中華文化的恩怨情仇，楊教授曾透過日治時代、台灣光復、國民黨治理、二二八事件、戒嚴年代到黨外運動、民進黨的台灣意識，等等一系列歷史進程的重新描述，恢宏而動人地分析出台灣與中華文化極為複雜而曲折的辯證關係：台灣主體性的國家意識從朦朧到清晰，台灣與中華文化的關係從生活默認、熱切擁抱，到隨後的失落，並反轉成仇。但如果能以宏觀的歷史長流和深刻的文化交織來看待，1949這一象徵年代，不能只從政治來解讀；它同時還帶來了龐大的文化資產，並促成今天台灣文化在東亞區域、全球華人中間成為文化標竿。換言之，多元性地重估1949年，就如同重估中華文化和台灣的多元性關係那樣，都具有未來的意義。對全世界正在興起的漢字文化之價值重估運動，也可以提供一種特別有質感的典範意義。

蔡主席所期待的台灣思想新運動我很認同，也一樣期待。但此時此刻，思想運動若想避免流於在「意見紛亂」這一端與「思想一統」那一端之間擺盪的二元危機，那麼恐怕需要先有一番思想釐清的工作。也就是，創傷必需面對，斷裂需要重縫。今天三位教授都不是一般的國族主義者、也不是文化本質主義者；相反地，他們都是東西南北人，經常世界走透透，遊走於東西跨文化之間，深具當代眼光，也關懷台灣與中國大陸、台灣與東亞，甚至台灣與世界文化的未來關係。我很期待三人的對話，能為這一關鍵時機，帶來關鍵性的思想澄清，並走向未來性的思想運動。我先請楊教授發表看法，再請蔡主席和何教授發表您們的高見。

楊儒賓：

主持人以及各位嘉賓：這是一個非常難得的機會，我做過很多次公開演講，但很少碰到這樣的場合。當然有例外，但那種場合應

楊儒賓教授認為，為了普世的文化理念，應善用台灣自己的資源。

該是在解嚴前後。我當時懷著一種知識分子對土地與人民的虧欠感，甚至罪惡感，會到一些黨外運動的場合去助講。但每一次助講，那位候選人就落選，效果真是不佳。那時候比較好助講，但前提是一定要講台語，不可能講國語或北京話，我的台語一塌糊塗，一講就糟糕。而且內容一定要極簡單，記得那時候的講詞，就是「台灣若要好，國民黨就要讓他倒，國民黨若倒，台灣才會好」（台語發音），這種語言，要朗朗上口，造成一個音律，達成衝擊的效果。不過，時代畢竟不一樣了，蔡主席的年代應該跟我們差不多，從戒嚴時代走過來也三十年了。不管是台灣的內部或台灣的外部，都產生很大的變化，在這種時候，如果還是使用三十年前的思考方式以及策略，對台灣不見得有好處，今天真的非常感謝林俊臣及鹿港的文史朋友，給我們安排這樣一個機會，來開拓新的視野與思路。

在今天這種場合，一看這個題目，我心裡就擔心。講「中華文化在台灣」，或是「在台灣談中華文化」，這樣的題目百分之百是票房毒藥，因為幾十年來只要談到「中華文化」這個詞語，具有草根意識的朋友馬上會浮起一種固定的聯想。現在沒有選舉，所以反感還不是那麼大，如果在選舉期間，在我們那個年代，你講中華文化這個詞語，尤其是用北京話講，一定完蛋！「中華文化」一詞淪落如斯，我覺得是一個很不幸的發展。我自己做過一點台灣文化史的研究，也編了幾本相關議題的書，雖然不專業，但我想應該可以很公平而且很客觀的來講，在1945到1949之間，也就是在台灣光復的時候，「中華文化」這個詞語就出現了，而且基本上都是正面的。包括像林茂生這位二二八事件最重要的象徵人物，或像廖文毅這位早期台獨運動極重要的旗手，他們當時都是強烈的大中華民族主義者，他們當時的文章中充滿了一種難以掩抑的尋根、返鄉之情緒。當時台籍人物狂熱的光復情節到底健不健康，這是另一回事，但一種深層而難以言說的「中國」因素藏在他們的靈魂深處，稍微閱讀過此時期資料的人應該都可以看得到。

我們如再往前追溯，追溯到日治時期，當時的台人雖然不用「中華文化」一詞，但無其名而有其實。從我所接觸到的那些文獻看來，我不能不認為「漢文化」是抵抗日本殖民最重要的精神武器，我可以找到相當多的文獻支持我的觀察。雖然在這個期間裡面也有少數人受到五四時期的影響，對所謂的傳統文化採取批判的態度（比如說張我軍），可是大體上說來，「漢文化」在五十一年的日本統治時間，基本上是扮演著一種抵抗的角色。

那麼，在今天「中華文化」之所以會演變成「台灣文化」的對立面，我想毫無問題，是這幾十年來政治所產生的結果。當國民黨壟斷了對「中華文化」解釋權的時候，相對抵抗的「台灣文化」就會成為它的對立面。就像當中國共產黨壟斷對「中國人」這個詞的解釋權的時候，「中國人」這個詞語在台灣也不會受到歡迎。永遠不會有這個機會的！也就是說，當政治無緣無故，或有緣有故地造成了二元對立的時候，所有的肯定都會招來否定，一定會出現對立面的結果。

不過，我想蔡英文女士說的是對的，文化的問題到最後還是要回歸到文化的問題裡面來討論。台灣已經經歷過這麼長的衝突鬥爭，很多激情早該過去了。在現在這個時候，我們應該去想一想，假如我們不是從政治的觀點來看，而是從台灣的創造性的觀點來看的話，以漢語—漢字—漢文化為中心的這樣一種思考，到底對台灣有沒有什麼樣的正面意義？對我來說，答案當然是非常清楚的。首先，我們不能不問：所有的政治說到底，為什麼要存在？或者說：為了什麼而存在？為什麼我們需要民主政治？從我們那個世代走過來的人，要我們再回復到戒嚴時期，回到一黨專政，不管那個時代多單純，多美好，已經是不可能的，而且也是不能接受的事情，那個時代已經過去了。堅持民主，深化民主內涵，我覺得這是現在任何一位台灣人都該許下的基本承諾。在這種前提下，我們接著應該好好反省一下：我們為什麼需要民主政治？政治本身不是獨立的目的，政治本身到最後還是要為了文化的創造，為了一個更大的創造的可能性而準備。我們為什麼要民主政治？就是以前的政治很爛嘛，它阻礙了我們精神的提升，限制了文化的發展。報紙不能辦，結社也不能結，我在台大辦了一個讀書會，教官說不能搞讀書會，你可以讀書，你可以找幾個人集合起來默默的讀，就是不能搞讀書會。以前就是這種年代，那種年代已經過去了，我們已經不可能再接受了。民主政治也許不怎麼偉大，但它至少將人民該有的空間還給人民，它不會給我們硬加框框，講到底來，民主政治還是為了文化的創造。但你想一想，在台灣講文化的創造，怎麼可能脫離我們的漢字系統，漢語的系統，漢文化的系統？漢文化這種文化本身仍在發展，有一種創造性，有一種動能，這是事實嘛！就像漢語這種語言在日治時期，就成了一種反抗的武器，但也可以成為一種可以溝通日台，或當時台海兩岸的創造性工具。

又譬如在我們鹿港，有多少的詩人是透過「漢文化」來保持民族的一種認同感。綠色的詩人很多都是鹿港人啊，洪棄生就是位典型人物。以前鹿港的陳懷澄鎮長他們家族也是，鹿港的詩社多發達啊！為什麼這在以前可以變成一種創造的來源，到了當代卻不行呢？我覺得沒有任何的道理。而且，再怎麼說，無論你怎麼看待這個「漢文化」，也不管你喜不喜歡它，它終究是人類少數幾個偉大的文化系統之一，而且是連續性的，我想漢文化的悠久與廣博是沒有問題的。台灣比起其他的華人地區，比如說香港、中國大陸或者是新加坡，我覺得台灣還有一個很大的好處，就是台灣的這種漢字、漢文、漢文化，雖然極古老，但又極現代；雖然很連續，但也很異質，它所保留的整個近代史的歷史積澱特別豐富。從鄭成功1661年到了台灣，明鄭的歷史就是跟荷蘭人對話的歷史，就是跟日本對話的歷史。後來到了日治時期，由於日本文化保留的跟東洋與西洋的對話之成分很複雜，這種邊緣位置的帝國因素溶入了邊緣位置的島嶼，異質而又相容的那些經驗就累積在我們的漢字、華文以及文化的表現底下。這一種同中有異，交織相入的經驗恰恰好是我認為所有華人社會目前最需要的。因為中國大陸雖然曾經是文化中心，但是它在這方面的積澱就沒有台灣的好，它面臨的社會問題也特別大，民族主義的幽靈也仍未馴服，台灣的異類漢文化傳承是我們最大的資產。

我的意思簡單的講，就是從漢字所保留的傳統來看，它一定是創造的根源。如果從漢字—漢語—漢文化對未來的展望，我覺得台灣也有特別多值得期待的可能性。拉到現在來看，我知道很多朋友看中國，總是不看好，總是在看衰中國。不過我相信：事情的發展有其規律，不見得可以受人的主觀意願左右。某本土色彩濃的時報我也時常看，我也看了一、二十年了，它看衰中國已經二十年了，但中國好像沒有被唱衰而倒。我以前有一陣子有一點左派的幻想，那時候喜歡看一些左派的雜誌如《夏潮》，當時他們批判台灣那一種依賴性的資本主義，說台灣附掛在帝國主義的經濟體制下，飽受剝削，到了某一個臨界點後一定會倒。講了幾十年了，最後台灣經濟也沒有倒、民主也沒有倒。《夏潮》主編蘇慶黎生前，我問她：依賴美帝的台灣經濟怎麼還沒倒？她哈哈大笑，不反駁，友誼還是比較重要。所以，在主觀的意義上，你可以希望看西方倒，看中國倒，但是如果從客觀的情勢下來看，中國馬上倒的可能性不大。

不但沒有倒，一百多年來，中國在政治、經濟上大概沒有像現在影響力這麼大過，它哪一天超越美國的經濟規模，不是不能想像的。但自另一方面看，中國從來也沒有像目前這麼惶恐過。因為很明顯地，中國發展到現在這個階段，一個具有世界影響力的政治的中國、經濟的中國已經出現了，接著文化的中國一定會起來，至少國內、國外都會盼望它起來。任何偉大的帝國都不可能只是靠軍事、經濟稱霸的，軟實力是帝國的硬道理。「文化中國」已不是假設的議題，你看史達林式的共產主義的語言在今日中國的下場如何？不要說在知識分子，在平民百姓，甚至在他們的總理、總書記等這些政治人物身上，你都聽不到那些舊的語言：「階級鬥爭」、「無產階級專政」、「全世界無產階級聯合起來」，那種語言已經死了，它們是恐龍，早已絕種了。共產中國上上下下現在所用的語言其實完全是傳統中華文化的語言，可是他們面對這種文化的語言，要怎樣去認定，卻是很模糊的，內心因此也是很惶恐的。海峽兩岸現在的處境很特別，中國自己內部對所謂的「文化中國」或是「中華文化」的感覺之親切反而還不如台灣。現在不只是中國內部需要文化的底蘊，全世界事實上也期待中國提供一些偉大的理念，它們也想要了解這個文化所代表的是什麼東西？因為一個影響這麼大的政治體、經濟體，它已經變成世界不可分割的一部分，憑常識想，它的文化一定有很獨特的因素，所以你看看多少人到中國內部或中國政府支持的機構(如孔子學院)去留學或學習，這種趨勢你看不出任何走衰的可能性。

我一向看好台灣，不唱衰台灣。在整個漢文化的繼承上，我們保留的傳統資源比中國本土好太多了！這方面我是主張根本不要用任何的語言，或任何的政策，或任何的什麼來限制對我們自己的想像，政治確實不宜介入文化事務太深。但政治不宜插手，民間不妨挺胸，我們在整個華人文化圈裡面就該當個先鋒，這個沒有什麼了不起，因為我們本來就有這種資源嘛。文化不是以國土大小，也不是以政治、經濟權力的大小來分辨的，文化在質不在量。既然我們累積的文化資源夠多、夠深，我們就不可能不扮演相對重要的角色。中國在世界版圖扮演的角色，在短期內不可能看到任何的改變，台灣在這方面要有更大的自覺，因為不管政治情勢怎麼發展，你不可能脫離中國，從內部來看、外部來看都是這樣。中國的發展不可能是台灣外部的問題，中國發展得好，台灣也好。三反、五反、文革的中國不但是中國內部的苦難，也是台灣不安的根源。如果我們在中國崛起、東亞興起的情況底下介入整個中國文化再詮釋、再解釋，整個中國大陸十三億人都要感謝台灣，因為我們在某種意義底下也是幫他們找到出路。其實也不是幫他們找出路，而是幫我們自己找出路。文化的邏輯一定要跟政治的邏輯分開，文化不是零和遊戲，它精緻多了。我覺得台灣有這麼強的一個機會，這是我的一個感覺，謝謝。

賴錫三：

各位鄉親，鎮長非常的體貼，提醒我們是不是多使用一些台語？尤其顧及到鹿港在地的朋友。但是，在場我們也有一些對閩南語不是那麼熟識的朋友，譬如來自德國的何乏筆教授，他在台灣已經居住二十多年了，他的太太也是台灣媳婦。所以，基本上，我們尊重每個發表人的習慣，用什麼樣的語言他最自在。現在，我們就請比台灣人還要像台灣人、還要關心台灣文化未來的何乏筆教授，來談談他在這個問題上的看法。

何乏筆：

主持人與各位來賓，各位朋友：我本來以為這是一個非政治的場合，顯然不完全是，但是我現在要把它看做一個非政治的場合，試圖回到文化層面，甚至更謙虛地回到思想層面。

我想從個人的背景出發，也就是從在法蘭克福與台北之間來回往復的跨文化經驗出發，因為這個經驗與今天的主題——中華文化——相關。我曾經在德國法蘭克福大學念漢學系。這個漢學系的前身是「中國研究所」，創建者是德國的著名漢學家衛禮賢。他1899年到1924年在中國生活了將近25年，在當時和許多重要的知識分子有非常密切的交流。他寫了一本回憶錄，敘述這段經歷，在1925年於德國出版，書名為《中國的靈魂》。他把這本書獻給蔡元培。蔡元培曾經擔任過中華民國第一任教育部長、北京大學校長，也當過

蔡英文女士與何乏筆教授對談。

我現在工作單位的中央研究院的第一位院長。為什麼衛禮賢把這本書獻給蔡元培呢？不只是因為他們兩個是朋友，而是因為衛禮賢對中國現代化的歷史變化，也就是從19九世紀末，到20世紀20、30年代的變化是非常關注的。在他的觀察和描寫裡，當時所發生的文化斷裂是極為重要的。但是在另一方面，他是一位漢學家，翻譯了許多重要的經典著作，其中最重要的是《易經》的翻譯。譯成英文之後，他的《易經》翻譯成為了《易經》最廣泛被閱讀的外文譯本，使得《易經》在世界上獲得經典的地位。

我感興趣的是衛禮賢如何看文化斷裂與文化連續性的關係。當時他所關心的、所看到的、所親身經歷的可能是中國歷史裡面前所未有的斷裂經驗。他所看到的是文化的各種破壞，各種嚴重的危機和創傷。但另一方面，他所做的工作要強調，中華文化具有一種超越這些歷史變遷、這些文化斷裂、這些文化破壞的普遍性。我想，今天要討論「在台灣談中華文化問題」的時候，雖然可以回到衛禮賢所經歷的清末民初歷史脈絡，也就是回到當時的困境，回到斷裂與連續性的文化困境，但是我們似乎不能像他那樣，過度強調中華文化的連續性。也就是說，我們必須承認，在現代化壓力造成了文化斷裂之後，中華文化的連續性是被創造出來的，不是理所當然存在的，而是一種「文化重構」的產物。而且，我們在今天的台灣談中華文化，是接續著這樣的重構工作，在中華民國的成立所代表的文化歷史斷裂之後繼續重構。

我一開始連接到德國的背景還有更深層的意涵，因為德國在20世紀也經歷了前所未有的文化斷裂，就是納粹時期的災難和摧毀。在這個文化斷裂發生之後，一切所謂德意志文化是必須重新被檢驗的，必須重新以一種反省性的、批判性的態度檢驗。在二戰後的德國，推動這個檢驗的主要力量是法蘭克福大學的另外一個研究所——「社會研究所」，也就是法蘭克福學派的批判理論。假如從德國的例子能獲得啓示的話，中華文化在20世紀發生的斷裂經驗，可以成為反省性地、批判性地檢驗所謂中華文化的出發點。如果從這樣的角度看衛禮賢對民國初期的討論，就能發現，當時的中國知識分子已經開始進行這樣的重構工作。在《中國的靈魂》中，衛禮賢指出蔡元培所面對的困境在於怎麼樣把兩種文化知識體系容納到一個教育體系裡面。原來中華文化的知識體系涵蓋了人一輩子都無法消化的龐大內容。現在要把另外一個同樣龐大的知識體系，納入到教育體制裡面。困難的程度大家很容易想像。所以，衛禮賢在描寫蔡元培的貢獻的時候提到，蔡元培清楚意識到必須建立選擇的標準，以促使一種新的知識機制得以形成。當時的重要標準就是科學、民主。學者藉由這樣的標準來重構中華文化，而且自覺地或不自覺地讓它連接到混雜現代化的動態發展。

問題是，早期民國文化在思想上的突破和創意，到了後來，尤其到了今天，很難繼承，很難再發展這類既是斷裂又是連續的態度來面對中華文化。無論是在中國大陸或是在台灣，相關的討論非常容易落入意識型態的操作和對立。這顯然有其歷史的原因，但是卻沒有文化或學術的必然性。當我們談到今天台灣的處境時，我們不難發現，台灣比起中國大陸更有條件進行中華文化的批判性重構。我想很多人都清楚，目前中國大陸正在宣揚的中國夢，是中華民族偉大復興的夢，但這個文化復興的夢所缺乏的，正好是批判性重構的能力，或者說，這部份的能力在公共場合、在雜誌書籍的表達上是相對薄弱的，因為大陸所缺乏的是自由思想的條件。我們和大陸學界的交流很密切，但我們所看到的是：這些聲音很難在知識界表達出來。為什麼會這樣呢？這也就涉及歷史創傷與文化創造性的關係問題。我剛才所提到的文化斷裂所造成的歷史創傷，在這樣的條件下是無法療癒的。而在我看來，文化民族主義的鼓吹和狂妄，還是脫離不了創傷症狀的引發。所以，如果文化斷裂所造成的創傷要療癒的話，需要一種深層的面對和清理，才能把創傷轉化為創造。

我想請問蔡主席，或者說，我希望我們能夠討論的問題是，蔡主席怎麼看待台灣的文化創傷問題，以及在面對創傷的過程中，怎麼開展出文化創造性的可能？我們經常看到的狀況是，在接近民進黨的知識分子或文化人的論述裡頭，「中華文化」對文化創造性的開展來說，難以扮演積極的角色。而之所以會這樣，我認為是和創傷經驗仍未獲得療癒有所關係。如果能夠面對這個問題，進入比較深層的反省和批判過程，走出意識型態的陰影，這對台灣文化創造性的開展而言，只有好處，沒有壞處。或者說，這不只是在文化或思想上具有積極的意義，而是對台灣在政治上凝聚新的共識、新的共同基礎也具有關鍵意義。更進一步來說，這個問題不只是台灣的問題。當然，首先是台灣的問題，因為台灣學界和文化界對處理這個問題的大方向並沒有共識。但問題顯然不只是台灣的問題。所以，我的第二個問題是：台灣影響大陸的可能性在哪裡？也就是，在文化和思想層面是否有積極產生影響的可能？我想大家都知道，台灣的選舉，大陸廣泛會注意。雖然對台灣民主憲政的評價出現分歧，但許多人的確認為台灣在這方面早就走在前面了。那麼除了我們目前所見到的台灣內部的文化多元性之外（這個多元性包含中華文化作為這個多元性的一環），我們應該思考如何在文化和思想方面發揮更深層的影響。問題是，如何想像台灣的言論自由和民主政治對大陸的民主化能夠發揮更積極的作用？這兩個問題想請蔡主席回應。

賴錫三：

蔡主席，不瞞妳說，前幾個禮拜我們跟陳忠信就在何教授家裡，就著這些問題深談了四個小時。而最後他特別提到，有些政治人物是會成長的，有些政治人物是不會成長的，而蔡主席這樣的政治人物是會成長的。我想，蔡主席除了是民進黨的重要人物之外，也是一個極好的學者，我們希望聽一聽蔡主席如何思考何教授的提問？

蔡英文：

謝謝賴教授和今天兩位來與談的教授，我原本以為今天是來與談，而不是來回答問題的。剛才何教授提了一些問題，但是我想先來講我想要說的，然後再來看看我的這些想法是不是直接或間接地可以回答何教授的問題。剛才，兩位教授都提到了，中華文化在台灣以及這件事情在台灣政治上的關聯性。的確，大家都有一種疑惑：「中華文化在台灣」這件事情，我們應該怎麼去定位它、怎麼去看它、怎麼去對待它？或許，在我們開始討論之前，我想請大家注意，近來有一部電影叫作《總鋪師》，裡頭有一位胖胖的女演員，大家都很喜歡她。她還拍過一個很有趣的廣告，我不知道大家有沒有看過那個川貝枇杷膏的廣告？這個枇杷膏的廣告取材孟姜女哭倒長城的故事，廣告商為了表示藥效是非常好的，讓孟姜女吃了枇杷膏之後，一大哭，萬里長城就垮下來了。那我想要問各位的是，像這樣的廣告是「中華文化」的廣告呢？還是「台灣」的廣告呢？還是「哪裡」的廣告呢？無論如何，這是在今天的台灣大家都喜歡的一則廣告。也就是說，在今天的台灣，沒有辦法有一個很清楚的定義，去說明中華文化究竟在台灣的哪裡？可是，你也會多多少少就見到它的身影出現在台灣的社會裡面。這個現象，或許又可以從我自己的背景說起。我的家族來到台灣大概已經有兩百年了，我的父母親的那一代是從日治時代走過來的，所以他們受的是日式的教育，但是在日式的教育裡面，他們也學了漢學，因為日本人也提供台灣住民漢學教育。而我自己的成長經驗是，我們的教科書告訴我們的都是中華文化，所以，在我的成長過程中，除了幼稚園的長老教會，告訴我耶穌基督的故事之外，我的小學、初中、高中，甚至到大學，一路學的都是中國的歷史和中華的文化。接著，在我唸完大學，出國留學接受西方的教育，在我前半生的生涯裡頭，都跟外國的事物、外國人有很密切和深刻的接觸，所以對我來說，西方的文化也是我自己很重要的文化經驗的來源。所以我做為一個台灣人，在我的背後有一個很複雜的文化背景。而我相信，今天生活在台灣的每一個人，想想你自己，都會發現同樣有一個很複雜的文化背景在你背後。

如果我們把台灣作為一個整體來看，台灣這個島從它的發展歷史來看：台灣是在不同時期有不同的殖民者跟移民者進入台灣的，這些殖民者跟移民者都會帶來他們的文化。如果殖民者，他是強勢者，其所帶來的文化就會成為台灣的強勢文化，在今天的台灣，從荷蘭開始到今天已經累積了很多不同的文化。我看過了楊儒賓寫的那篇1949的重要意義的文章，1949是個很關鍵的時代，它帶來了那個時期的「中華文化」，也帶來當時中國知識界的菁英。我們回顧一下自己，今天我們在台灣裡面，有沒有對「漢文化」這件事情有很大的反感？可能不多，可是，在台灣的社會裡面無可諱言對「中華文化」是有敏感的，我想請問各位「漢文化」跟「中華文化」有什麼不一樣？對我來講，「漢文化」就是在中國大陸這一塊土地上長時間幾千年來累積下來的文化，這個文化是活的，它是每一天每一刻都在累積的一件事情，而如果說在近代的中國大陸所累積出來的文化，被帶到台灣來，被國民黨標籤為「中華文化」，其實它還是不脫「漢文化」的一個背景。那今天為什麼很多台灣人對於「中華文化」這個概念產生一種抗拒呢？因為他們會覺得，這是一個在1949年移入台灣的爭論：因為國民黨掌握了這一時期「漢文化」的詮釋權，給予標籤叫作「中華文化」。接著，在每一天的日子中，我們慢慢累積出的印象，就是好像這個「中華文化」就是跟國民黨放在一起的，所以當大家對國民黨的政權、威權性格產生反感的時候，無可避免地對「中華文化」這四個字也有反感。而如果我們回歸到文化的本性，如果它是幾千年來「漢文化」的延續的話，其實台灣人對「漢文化」本身並沒有很大的排斥感，如果回歸文化的本質，我相信台灣人不會有什麼反感。只是，近代在「漢文化」之上被加上了一個「中華文化」的定義跟它的政治成分，大家才感覺到這個「中華文化」是不是成了統治者的工具？當你要反對一個威權統治的時候，你一定也去推翻它帶來的文化跟它所帶來的價值。無可避免地，在政治民主的進程中，當然會有一個反撲的心理，可是這些畢竟都是台灣的過去。今天台灣還是在走向民主的道路上，政治體制走向民主，或許很多人會覺得台灣的民主還不夠成熟，台灣確實還是在一個過渡性的民主狀態，還沒有走到現代社會我們所期待的成熟的民主。但在這個過程中，我們也可以開啟一種重新面對文化的理解：文化就是人跟土地交會成生活的體驗跟社會價值的取向，我相信在某種意義上，這就是文化的定義。這種「漢文化」到了日本以後，跟日本在地的生活體驗結合之後變成日本文化，「漢文化」其實也在跟中國接壤的這些國家裡，形成文化的來源之一。比如它就在幾千年來的韓國文化裡，扮演很重要的角色，今天韓國人看自己的文化叫韓國文化。我要講的是：今天的台灣人在我們的文化背景裡，每一個人去思考自己的文化背景，其實有很多成分。有來自中國大陸的文化成分，日治時期留下來的成分，更遠的還有荷蘭時期留下來的成分，再加上我們經濟發展後，因為國際貿易的關係跟很多國家的往來，也產生了其他文化移入台灣，尤其是美國的文化。台灣社會的整體充滿很多不同的元素在這裡交會作用，每一個人的文化成分有不同的組成，比例也不一樣。在一個民主社會裡我們就要學習相互尊重，例如一個人來自中國文化的成分比較重，我們尊重他，一個人在地家族的成分比較多，我們也尊重他。如果我們要體現一種現代的文化觀，我覺得最重要的就是一個包容、民主的態度，這才是我們今天要開始去回想不同的文化在台灣，尤其是思索「中華文化」在台灣可以扮演什麼角色，或者怎麼去定位它的時候，應該持有的態度。我們先把「態度」講清楚，就是一個包容、一個民主，要從這兩個基本的態度來看「漢文化」。從這兩個態度，我們可以給「漢文化」或「中華文化」在台灣更公平發展的地位，我們也希望政治與文化不要有過度的糾纏。或許我這是

鹿港民眾參與鹿耕講堂舉辦的論壇。

在講一個烏托邦，因為政治與文化幾千年來常常都是糾葛在一起的，但我們是不是可以期待，走向民主社會的過程中，對文化和政治的看待態度，某種程度上可以變成兩種分得開的東西？

我剛才在問：「中華文化」這個名詞是從哪裡來的，從什麼時候開始？某種程度很多人覺得「中華文化」是被國民黨賦予它特殊政治意義的一個名詞，但我也講過：它從哪裡來或許很重要，但是更重要的是它要往哪裡走？才是一個更重要的事情。所以，如果我們秉持的是一種包容、民主的態度，我們就應該容許每個人有他自己的文化觀，那麼，台灣社會整體它就呈現出一個社會整體的文化觀。我們試想一下，台灣社會的整體需要一個怎麼樣的文化觀？我會說：台灣的社會，如今天我們所看到的，從它的發展的歷史軌跡來看，我們可以發現台灣的文化，不論是從現在來看，或是從將來的期待來看，台灣文化本身有著一定程度的包容力，它可以讓很多的異文化在台灣發生一種融合。所以我要說的是，今天我們在台灣現下的一種文化體驗，姑且就叫它是一種「台灣文化」吧！它事實上是一種傳統跟現代的融合，也是東方跟西方的一種融合，也是一種大陸跟海洋的融合，也是一種繼承跟反叛的融合，我們不能否認是有反叛的成分在那裡，但也是有一種新跟舊的融合在那裡。而這也是目前所彰顯出來的、以後也將日漸鮮明的，台灣文化的主體性。

所以我們必須這樣講，「中華文化」，或者是這個「漢文化」，它是在台灣多元文化當中的一種必要、不可或缺的元素。從台灣來看「漢文化」的發展，不應該單純去看：它是否代表一種「正統說」，然後去追求它的純粹性，而是要從文化的基本特徵(混雜性)出發，從它(中華文化)對台灣可以產生的發展和啟發切入。因此，我對於90年代以後在台灣出生或者受教育的這一代，有著特別的期待，因為這個新的世代，有別於過去黨國教育下的那一代，他們在比較完整的自由民主環境下長大，他們比較沒有歷史、政治、意識型態的包袱，而能夠比較客觀而且全面地看待、獨立思考「漢文化」、「漢學」，以及它們對台灣的意義跟影響。對於一個政治人物來講，今天台灣對「漢學」、「漢文化」，或者我們叫它「中華文化」的研究，也正展開一個全新的可能，那我相信這會是一個全新，而且一個無窮的機會的開始。先講到這裡，謝謝！

賴錫三：

蔡主席那個說法，其實我們是蠻熟悉的，當然共識的基礎是有的，但是可能也是蠻標準的答案。這裡面呈現了包容、民主，然後多元性，這個看法我們都有的，但是這只是一個起點。我想接下來的時間全部交給你們，由你們自身之間來交鋒，談一談你們對彼此一些同意與不同意的看法。

何乏筆：

如同主持人所講的，基本上，民主與多元文化的內在關聯是我們的基本共識。但是，這個關聯要如何理解？如何實踐出來？那就是另外一個問題了。我剛才提到：民國時期，也就是20、30年代，以蔡元培為代表的學者所思考的困境在於，如何讓進來的西方文化與傳統的漢文化並存，甚至產生一種共生共存、互相豐富的關係。這當然是非常不容易的。所以，為了釐清相關的困難，把「漢文化」與「中華文化」區分開來，或許是一個進一步思考這個問題的開始。我基本上認為，今天所謂「中華文化」就是跟中華民國有關係的，「中華文化」是一個現代的名詞；那麼，「漢文化」我們可以把它看成是在東亞各地有著長遠的歷史，而台灣如同韓國和日本就是其中的一部份。所以，假如我們不只是從「漢族」而是從更寬闊的「漢字」來了解「漢文化」，把「漢(字)文化」容納到台灣多元文化的情境應該沒有問題。問題到了最後就牽涉到「中華文化」與「中華民國」的關係如何理解？是不是一定要把「中華文化」與國民黨連接在一起呢？我剛才提到，德國漢學家衛禮賢描寫蔡元培當北大校長的時候所帶動的開放的、自由的學風，而這對整個20世紀思想的影響力是極大的。在這樣的情況下，蔡元培的決策和這個決策對文化所產生的影響，當然不會被簡單描述為「中華文化」在那個時代與國民黨的關係；相反，蔡元培對中、西兩種文化資源所進行的思考為「民國文化」建立了一種自由思想、文化自由發展的基礎。換句話說，一方面可以同意，在民主多元文化的包容態度之下，我們期待不同文化資源的組合和交流，但是，實際上我們在台灣的政治處境所看到的，經常是不同文化背景和族群背景的對立操作。這讓我想起，在歐洲的種族主義裡頭，也存在著相似的對立問題，而問題往往離不開深層的文化糾結和心理情結，與我前面所提到的文化斷裂和創傷的發生具有內在關聯。所以，如何把這兩個面向，一個是多元文化的肯定，另一個是對於文化困境的反省連接起來，便是一個重要的問題。但我覺得在妳的發言裡面，我還沒有聽到太多這方面的觀點。

賴錫三：

我想楊老師也對蔡主席提問之後，就給蔡主席做總結，怎麼樣？

楊儒賓：

我想蔡主席說的確實是沒有錯，政治跟文化綁得太緊，真的不是好事情，這是事實！台灣的文化因素比較複雜，也是事實。台灣的族群就是台灣文化的一大特色，各民族的文化不可能不受到同等的尊重。比如說，很明顯的，你不可能把原住民放到「漢文化」或「中華文化」底下定位，這個我也同意。所以，剛才蔡主席的回答，我是可以接受的，而且認為也是有道理的，有一定的道理，但也許可以再增加一點。

可能是蔡主席社會科學背景出身，這跟人文科學背景出身的學者，有時候感覺會不太一樣。人文科學背景出身的學者通常對語言、文字，還有經典背後的那種創造力的感受性會更強，因為語言文字的創造力，跟文化中比較深層的文學、藝術、哲學的那種創造性關係比較密切。相對之下，社會科學(當然法蘭克福學派是例外)一般而言，所牽涉到的就不會那麼深，但可能更廣，也更實際。我們現在會談到「中華文化」與「漢文化」的那種創造性，其實主要是圍繞著漢字、漢語，以及背後的傳統的那些力量而展開的。扎根於土地、社群的那一種力量通常不是政治在短期間裡面可以解決的，或者可以觸及到的。但是，它對一個地區的人民，怎麼發展出他們的生活的意義，有著比較長遠的影響，它在這方面的作用是很大的。我一直覺得，不只是台灣的政治人物，包括台灣的百姓，對於我們自己的語言、文字，還有我們所繼承的這些論述的傳統的那種能量，可能還不夠正視。我覺得這是台灣一個很大的資源，我們沒有必要被「中華」、「中國」兩字綁住，既然台灣和「中華民國」已經一體化，我們不妨正視「中華」、「中國」為台灣內部的因素，它的意義由我們賦予，而不是由任何政黨來決定。

上述所說可能是我的一廂情願，我在發言稿裡提過，我們不妨有一種中華文化夢跟台灣夢的結合。談到文化，有兩種思考文化的類型：有一種是屬地、屬國主義的，比較是地理空間性的思考，也是血緣式的思考；另一種是歷史性的思考。比如猶太民族，就比較像是歷史性的思考，無論走到哪個地區，猶太人都有一種根源性的堅持。他們的關懷固然還是會跟在地的政治、社會有關，可是在面對他們自己的文化傳統時，猶太人有一種很強的歷史縱深的理解。我覺得他們這種思考類型有相當深刻的道理，因為這種與文化發生關係的思考模式跟猶太民族豐沛的創造性有著密切關係。我猜想：猶太民族之所以有那麼大的創造性，可能跟他們的命運不管如何坎坷，但總有悠遠的猶太文化來整合他們民族的深層結構相關，他們離不開自己的語言、文字與文化傳統。文化創造力的議題不是政治的當務之急，政治人物比較不會發現，也不會從這方面來進行考慮，政治人物或許不該插手文化太深，我也可以理解。但如何面對中華文化的議題，很可能和打開兩岸之結有關，台灣不見得會喪失任何尊嚴或利益，或許還是台灣的曠世奇緣，此事說來話長了。

蔡英文：

我剛一開始，就提到文化不是我的專業。但是，我的工作也離開不了文化。其實很多的科學，或者社會科學，或者人文科學也好，它都是總結了一個社會裡的生活經驗。那我們既然住在同一個地方，生活在一起，我們的生活經驗和文化經驗其實會越來越接近。我以為剛才已經回答了你(何乏筆)的問題了。我的意思是說，我們過去的創傷，是來自文化被一種因素壓抑，就是政治。在過去五、六十年的台灣政治裡面，尤其是上一個世紀二次大戰以後，國民黨到台灣所實施的這種統治，或者說是治理，國民黨作為當時強勢的政治來源，跟著它強勢的政治地位，它所帶來的這種文化——這種文化當然有你剛才所提到的蔡元培先生的這些文化成分，也包含有中國在民國成立以後所發展出來的新的文化成分——可是就在這些成分之間，在那麼一大塊的文化裡，它萃取出來的部分元素，變成它的政治思想的焦慮。這是在我們台灣社會裡面，很多人感到有意見的。也因為是這樣，當台灣開始民主化的進程的時候，也就是開始對當時候的威權統治者進行反對的時候，它也一併會去反對作為當時統治者工具的文化。我必須講，存在於那時期的文化，在某種程度是拿來作為統治者的工具的，但是在那段時間經過之後，在台灣的民主化的進程到了一定程度之後，台灣的社會又恢復到一定的、開始的平衡狀態，雖然說現在我們可能還沒有完全到達那個平衡點，但至少已經開始進入到一個平衡的狀態。現在台灣社會的群眾，就可以用比較平衡的心情來看文化這件事。所以我剛才說，現在是一個好的時機點來重新檢視，無論是所謂的幾千年的漢文化，或者是現代的漢文化，比如：在民國成立以後的現代漢文化，叫做「中華文化」，它可以在台灣怎樣被詮釋，怎樣被觀察，甚至被吸入到台灣文化的整個組成裡面，之後它也會去創造出另一種不同的、新的文化型態，你可以稱它為「新的中華文化」，你也可以叫它「台灣的文化」，又或者叫它「現代的文化」，都可以。所以，我們真的不用太執著於它的標籤，我們要注意的是，它正在台灣形成的實質成分是甚麼？我為甚麼對未來有希望呢？台灣的政治開始走入到比較平衡的狀態的同時，我們新的一代，他們的教育背景和成長背景，其實是一個比較開放、比較自由的環境，所以他們的包容性會更大，他們的思考會更平衡。我們在座應該很多都是研究中國文化或者中華文化，甚至漢文化的人。如果各位心裡覺得，在過去的反對運動者，對中華文化沒有給它一個合理的評價，或者沒有給它一個公平的對待，從現在開始，台灣可能走向一個更成熟的民主時代，而且比較年輕的世代、在自由開放的環境成長的新生代，他們會以更平衡、更公平的觀點來觀察這個問題。正如我剛剛所說的，他們會以一種更平衡、開放的態度來看待這個問題，同時，他們也可能創造出下一個世代，使台灣新文化出現。

何乏筆：

我剛才所說的「創傷」，不必要把它限制在國民黨對台灣所造成的創傷，我是從甲午戰爭甚至鴉片戰爭以來的這樣一個歷史脈絡來看現代創傷的問題。從這樣的角度來看的話，問題複雜很多。也就是說，國民政府來台灣的確造成創傷，但國共內戰、抗日戰爭、文化大革命、六四等等這些都是造成創傷的災難，是一連串的創傷經驗。所以，創傷與創造的問題，我們不能只是從台灣內部來了解(或者說，不能只是從政治的層面來思考)。台灣內部的多元化，我當然希望它可以更平穩，更健康的發展。不過，無論在過去或在未來，台灣的發展與大陸的發展是分不開的。也就是說，在文化的發展方面，如果台灣方面不能以更積極的、更大膽的、更有自信的方式對中華文化提出一種另類的、反省性的看法(而且以影響大陸民主化為使命的看法)的話，台灣的民主也會面臨危機。台灣的民主是否有未來，與中華文化的創造性轉化是相互交錯的問題。

蔡英文：

這就是我剛剛所講的，我沒有排除這個可能性。今天我們所看到的台灣，在走過過去到了現在，要走向未來的時候，其實我們也把漢學研究，放在這個進程裡頭看待。我剛剛講過的觀點，必須重講一遍，今天台灣的漢學和漢文化，正展現一個全新的可能，而且我也相信，以漢學研究來講，更是一個全新的無窮機會。在這個機會裡面，很可能因為台灣是一個民主更成熟的社會，它不背離漢文化的層面，而可能對自身的文化有一個更新，或更創新的一個詮釋，那它在一定程度上，也會去影響中國大陸的文化發展。這個可能性是存在的。

賴錫三，中正大學中文系教授。主要著作包括《莊子靈光的當代詮釋》、《當代新道家：多音複調與視域融合》、《道家型的知識分子論：莊子的權力批判與文化更新》。目前從事當代新道家的重建，及開發《莊子》的創造性思維。

餘燼，或餘燼的餘燼

蔡岳璋

據說，「在共產主義社會裡，任何人都沒有固定的活動範圍，每個人都可以在任何部門內發展，社會調節著整個生產，因而使我有可能隨我自己的心願今天幹這事，明天幹那事，上午打獵，下午捕魚，傍晚從事畜牧，晚飯後從事批判，但並不因此就使我成為一個獵人、漁夫、牧人或批判者。」[1]這是馬克思用來批判專業分工的話語，在近代的「長征」與「游擊戰」中，這樣的指導原則曾像魔法一樣，被廣泛地施加在一般人身上——將存在於一人身上的農、工、商、學、兵等潛在靈魂調動起來。自己對於中華文化認識不深，更遑論構想未來。雖然這不是一個共產主義社會，但在知識生活與理論辯論民主化的當代，漫談個人庸俗心得與浮泛感受，也未嘗不可。「學術在野則盛，在朝則衰。」(章太炎)將忐忑之心化作鹿港文開書院思想對談的餘燼，或餘燼之餘燼吧。姑妄言之。

「世上，沒有無緣無故的愛，也沒有無緣無故的恨」，人手一冊的「小紅書」(《毛語錄》)這麼說。在台灣，若對中華文化保持觀望(如果不說反感)態度，諱莫如深者，多來自於一個普遍感受的

1 中共中央馬克思恩格斯列寧斯大林著作編譯局編譯，《馬克思恩格斯全集》第3卷(北京：人民出版社，1956)，頁37。

長時段的歷史—身體經驗，即「中華文化復興運動」的無限迫近。自己是俗稱的「80後」。出生後五、六年，台灣解嚴。但就像一切人生經驗告訴我們的那樣：沒有一種事件，能帶來徹底的解決。解嚴亦然。

國小的洗手台上，當時仍用斗大標楷體(正紅色)寫著「說國語」(如今大概改貼「勤洗手」)，年幼懵懂：咦？！說話就說話，什麼是「說國語」？當然，真正能將國家機器意識型態訴諸民眾皮膚感覺的，還不(僅僅)是這三個字。更來自於課堂教師，時不時的口頭暗示(如果不說恐嚇的話)：為什麼不說國語？原以為在學校說國語，就像上學穿制服一樣，一處有一處的規矩，沒有什麼好懷疑的。後來發現，「說國語」不是因為溝通，而是為了「表態」。如果是前者，兩個小朋友下課在走廊使用彼此可理解的語言相互取鬧，沒有理由應該被喝止。

總之，作為啟蒙教育現場，洗手台教人印象深刻，那樣的宣傳裝備頗有辯證意味：在洗掉髒污之處，重新賦予。後來，就像多數人已經指出的那樣，戒嚴的成功，絕不(僅)在特務機構的設立、學習教材上打造(國族)神話、洗手台樹立標語、無預警的把槍決現場帶到你我的鄰里空間……等，而在成功打造「人人心中都有一座小警總」之時——自我管理最經濟。

經過近代殖民國與政黨輪替，台灣無疑是多重文化基因血緣的雜燴聚合。本島文化，就像它的地理形勢一樣，與生俱來就不是均質、單一。誠如何乏筆先生所言，「中華文化、日本文化、西方文化和原住民文化的交織構成當代台灣『主體性』的多元面貌，最重要的問題乃是對中華文化的態度和評價。」[2]換言之，「中華文化」

2 引文詳何乏筆，〈台灣的文化創造性與中華文化的批判性重構〉(「在

（在台灣），並不是要不要的問題，而是有了之後怎麼辦？

古代人曾說：情由憶生，不憶故無情。現代心理分析則強調，遺忘有時是願望的實現——或為洩憤，或自我懲罰。在何乏筆，在記憶深處湧生的，不僅是情，文化創造性也源自於此——「記憶與經驗的深層面」。對何氏而言，現代性的暴力所造成的斷裂經驗，不僅是「重構文化歷史連續性的可能性條件」，並將為「中華文化的批判性重構和創造性轉化」提供生產動力，用以作為「治療現代文化斷裂所引起的創傷與後遺症」的起點。由此，中華文化在台灣的問題，可以轉化為文化創造的動力來源。

用德國詩人荷爾德林（1770-1843）的話說：「哪裡有危險，哪裡就有拯救。」創傷（無論來自政治壓迫、經濟剝削、文化支配）本是債務，但也能成為遺產[3]，因為「沒有不包含債務的遺產，也沒有不具遺產意義的債務。」德希達說。至於中華文化的批判性[4]重構奠基於何處呢？何乏筆認為關鍵在於：「中華文化論述的去意識型態化和去民族主義化」。何氏立意良善（事實上真正的革命宣傳品，出發

（續）

台灣談中華文化問題」發言稿）。下同。

3 更多時候還成為不可多得的「資本」，自我消費也供別人消費。

4 德國漢學家顧彬（Wolfgang Kubin）曾在《讀書》雜誌（2011.02）提到，「不少人在中國現代性中感覺到無家可歸」。這種感覺的起源，可以推到1919年的五四運動。而「當代中國精神缺少的是一種有活力的傳統」，也就是，「一種既不要盲目地接受，也不要盲目地否定，從批評的角度來繼承的傳統」。「歷史的不公平在於：那些1919年在中國和1968年在西方批判傳統的人，他們本身還掌握傳統，因此他們能留下偉大的作品。但是他們的後代不再掌握傳統，只能在現代，在現存的事物中生活、思考、存在，同時摹仿意識工廠，也就是，摹仿媒體、百貨大樓推薦給他們的生活目的和生活任務。」

點往往是仁愛而非仇恨[5])，透過法蘭克福的歷史經驗，不僅向台灣喊話，也向對岸發聲[6]。

曾經黑格爾認為，真正推動人類文明進程的歷史舞台，是地理，是溫帶(而且是北溫帶)。無疑地，這樣的說法建立在歐洲中心的偏見上。楊儒賓先生敘述中華文化在台灣的問題時，則調整了將「文化」正當性局限於地理空間(領土、主權的居所)的政治性視角，轉而強調「漢文化」的時間維度——歷史縱深。

楊氏認為，「漢字—漢語—漢文化」除了是台灣的主導性力量，也成為台灣非漢民族可以共享、溝通的資源(某種意義下這當然也是歷史暴力的結果)。台灣文化的內涵，已經與漢字—漢語—漢文化「這種跨族群區域與深具歷史縱深的性格脫離不了關係」。講者在陳述關於漢字—漢語—漢文化在日治台灣、近代東亞發生的種種事實之後，「漢字—漢語—漢文化是台灣人民創造力最重要的來源」此一主張的正當性，也不知不覺被加強了。甚至，(像何乏筆那樣)楊儒賓也同意，「它也可能是推動台灣未來進展極大的歷史動力」[7]。

但與何氏不同，楊氏對於現代性造成的斷裂、創傷並不特別強

---

5 當然也有人會疑神疑鬼：誠實，又能有多徹底？！

6 不過同樣都是在國家文化政策走向極端後的折返，現今在中國與在台灣提倡文化重構，不得不注意各自不同的歷史前提與意義。簡略地說，在充滿救贖宣傳的時代，宣稱要「解放」台灣同胞的那一邊，在文化上，原本使用減法的(如文革)，現在開始大力改用**加法**(甚至**乘法**)；而念茲在茲，一心「解救」大陸同胞的這一頭，原本使用加法的(如中華文化復興運動)，現在轉而改倡**減法**(甚至**除法**)。作為減法的「**粗魯而殘酷地對待**」(借用楊儒賓發言稿上的措辭，後同)與作為加法的「**如眞似幻地扶持**」，兩者不僅在先後的歷史進程中對位交換，同時也自我背離。

7 本段段落內引文詳楊儒賓，〈台灣的創造力與中華文化夢〉(「在台灣談中華文化問題」發言稿)。

調，而是輕描淡寫的論及：若無法妥當處理(經由古典傳統與近代西方共同鑄造的)漢字—漢語—漢文化本身的曖昧與含混性，將成為「痛苦的來源」。另外，相對於何氏[8]，楊氏在承認東亞既有被迫的、外加的現代化之餘，也同意它有來自內部的、自發的文化更新節奏(自宋或明末起跳)。雖然不失負面陷阱的吸引(二戰日本)，但東亞的反抗自有積極面。此間中國角色特殊，在政治、經濟之外，更可以在文化上擔負提供另類價值的積極角色。

至於「文化中國」的實質內涵是怎樣呢？中國又如何「文化中國」化？楊氏自己也說不準。話鋒一轉，講者繼而主張(或說「期待」)讓近代以來，諸多異質性力量匯集共生的台灣，成為中國夢的執行者[9]。進而宣稱，台灣能夠作為實體化中國文化的載具，從而承擔起實體化中國夢(文化中國)的來源。文化並非作為簡單的政治與經濟上的點綴裝飾，在楊儒賓，「文化的」幾乎被賦予某種強烈的本體論意義，它位於社會一切組織的上游；至於台灣，則是〈太極陰陽

8 何乏筆曾提及，試圖「在文化斷裂與文化連續性之間加入批判性的因素」。看似要在兩個範圍(連續與斷裂)內進行分析推移運動，不過全文的前提底色，仍僅著重現代性所引發文化—象徵結構的「斷裂」面(在重構中華文化批判性過程)的積極意義。詳何乏筆，〈台灣的文化創造性與中華文化的批判性重構〉(「在台灣談中華文化問題」發言稿)。

9 不禁讓人聯想，早年蔣年豐先生立足台灣對海洋儒家—文化中國的未來歷史想像。蔣氏認為，在西洋文化中，上古史輝煌是(海洋文化性格極強的)希臘人開創的，近代史的輝煌也是海洋性格強烈的盎格魯薩克遜人開拓的。相對於此，太平天國、辛亥革命的起點在廣東；兩廣是最早接觸海洋文化的中國人。海洋文化既然在過去具有承擔歷史任務的關鍵性位置，有為者亦若是。楊儒賓將台灣賦予中國夢執行者的角色，切入的角度是否與當年的蔣年豐系出同源？！詳蔣年豐，《台灣人與新中國：給民進黨的一個行動哲學》(台中：作者自印本，1988)。

圖〉裡頭，微乎其微卻占據關鍵性(另類)位置的那一點——具有旋乾轉坤的妙用。

從楊儒賓的「漢字—漢語—漢文化」到何乏筆提倡的「當代漢語哲學」，如何從糾結中啟動思考，引發創造，成為台灣當前的首要任務。前進無疑需要「背對未來，面向過去」[10]。藉由土地、歷史以肉身化、再現自身的隱蔽複雜。這麼做的目的，無非在於產生某種洞見，好讓歷史中的正當性紛紜呈現，使矛盾不斷被重新思考，得到更好的衡量。

在東亞，前近代的台灣原本維持多語言情況，後經日本殖民，開始在全島推行語言統一教育。經由語言清潔運動所帶來的國語意識、國民意識，也為後來國民黨政權推行國語運動，提供了精神上的準備。而越南原本使用中國漢字(文言文)作為正式書面語，獨立之後創造自己的字母，後經法國殖民又普及了羅馬字拼音法(隨著國族建立，廢止漢字，羅馬拼音也成為正式語言)。朝鮮的狀況也不遑多讓，前近代以中國漢字為文字，15世紀發明了自己的文字，後來

10 借用本雅明著名的形象化描述。在〈歷史哲學論綱〉中，本雅明曾以充滿猶太神學色彩的筆調隱喻歷史哲學任務。「保羅·克利的《新天使》(Angelus Novus)畫的是一個天使看上去正要從他入神地注視的事物旁離去。他凝視著前方，他的嘴微張，他的翅膀展開了。人們就是這樣描繪歷史天使的。他的臉朝著過去。在我們認為是一連串事件的地方，他看到的是一場單一的災難。這場災難堆積著屍骸，將它們拋棄在他的面前。天使想停下來喚醒死者，把破碎的世界修補完整。可是從天堂吹來了一陣風暴，它猛烈地吹擊著天使的翅膀，以至他再也無法把它們收攏。這風暴無可抗拒地把天使颳向他背對著的未來，而他面前的殘垣斷壁卻越堆越高直逼天際。這場風暴就是我們所稱的進步。」[德]本雅明著，漢娜·阿倫特編，張旭東、王斑譯，《啟迪：本雅明文選》(北京：三聯書店，2008)，頁270。

更出現韓文字母。二戰後，隨著朝鮮半島分裂，沒有思想上的交流，也各自發展韓文字母。歷經一、二十年，從小教育韓文偉大可取代漢字的結果，終將廢止漢字的聲浪推上最高峰[11]。

如果像洪堡(1767-1835)說的，人類語言結構的差異對其精神發展存在不可忽視的深遠影響，那麼國族意識越是高漲的時代，語言(尤指漢字)特別容易成為東亞各國起義聲討的首要任務，就不是無法想像。打造(本國或殖民地民眾的)國族國語，從而要求時間與空間上的單一、均質、透明，此過程本身就是暴力——經由排除進行吸納(成為各國內部的他者)的展現[12]。國族身分的識別證，過去穿

---

11 關於漢字(漢語)在近代東亞各國(族)歷史中的張力性表現，詳[日]村田雄二郎、Christine Lamarre編，《漢字圏の近代：ことばと国家》(東京都：東京大學出版會，2005)，特別是若林正丈，〈台灣的近現代與兩個「國語」〉、安田敏郎，〈國語・日本語・帝國〉、岩月純一，〈近代越南的「漢字」問題〉、生越直樹，〈朝鮮語與漢字〉。此外，「同文」的文化認知框架，在現代之光的照耀下，若不說開始鬆動，至少內部既存的差異化事實，明朗程度也較以前有過之而無不及。根據現代的語言分類，作為孤立語系統的中國語言和膠著語系統的日、韓語言，其間的親和性差距，比一般的想像可能更遠。雖然，後兩者曾經發明「訓讀」的方法，藉以克服文化輸入過程中所產生的語言障礙。又，訓讀法實非日本人專利，在古代韓國普遍使用過；甚至不少跡象表明，訓讀法由古代韓國(新羅)傳向日本的可能性極高。且與日韓同屬一個語言系統的中國周圍邊遠民族(如西域高昌、契丹)，也可以發現類似的訓讀現象，只是不如日、韓兩國發展嚴密而系統化，甚至像在日本那樣典型化。當然韓國現在完全不用訓讀，一般韓國人也不會知道自己的祖先曾以此一方法來閱讀漢文的事實。詳〔日〕金文京，〈試論日韓兩國翻譯中國典籍的方法〉，收於鄭吉雄，張寶三編，《東亞傳世漢籍文獻譯解方法初探》(台北：國立台灣大學出版中心，2005)，頁265-283。

12 壓抑不見得全來自「外部」，語言間的內部矛盾也難逃排斥作用與心理疙瘩。以個人使用的台語為例，相較於其他地方，西部平原海

在身上(皮膚)，後來被要求掛在嘴巴上(語言)。教人瘋狂的，永遠不是疑惑，而是肯定。

島嶼的牆柱刻滿斑駁的殖／移民色彩，並在反帝、反殖民的世界隊伍中，起過強大的扭力，這可能是中國首次在近代讓西方帝國主義受挫。該如何理解台灣在反殖民—帝國主義的歷史進程中所起的反駁作用？或者讓它在現代早期中國革命思想中獲得一個經驗性的歷史位置？甚至面對中國大陸，台灣又扮演(過)什麼角色？這些都有待釐清[13]。不過隨著敵我關係及抵抗對象一次又一次的更迭流

(續)

線(清水、沙鹿、大甲……等)地區「喉音」特別顯著(或許是環境氣候所致，喉音成為此地方言發展與實際傳播上的重要識別標記)，以至於不時受到(同以台語作為溝通媒介且感受性敏銳的)友人，投以異樣眼光。總之，「台灣國語」不只一種，也並無所謂「怪」或你(們)「有某種腔」。某些特定的語音表現，除了歷史沉積的影響，還隱藏著地理／生理學的價值判斷，作為思考、描述語言／語用情況的「純正」一詞，本身就是反文明的措辭。儘管在台灣有再多的語言一路輪替成為這塊土地上主導／強制性的力量，但所謂的「普遍」(如：國語)，一開始無非也都是特殊的、地方的、局部的。順帶一提，台語「有音無字」的謠言，一代傳過一代。據信，「無論文言白話，書上寫的，嘴裡說的，到《說文》裡去尋，總有一正體字在裡邊。」錢玄同，〈中國文字畧說〉，收於章炳麟，《章太言的白話文》(台北縣：藝文印書館，1972)，頁86。又，台語「多沿漳、泉。顧其中，既多古義，又有古音、有正音、有變音、有轉音。昧者不察，以為台灣語有音無字，此則淺薄之見。夫所謂有音無字者，或為轉接語，或為外來語，不過百分之一、二耳。以百分之一、二而謂台灣語有音無字，何其傎耶！」連雅堂，《台灣語典》(台北：金楓出版有限公司，1987)，附錄〈雅言〉，頁153。

13 根據王曉明先生的說法，1895乙未割台，曾影響現代早期中國的思路：台灣都可以割了，還有哪裡不能割？而台灣的經濟經驗也曾影響中國大陸80年代轉向資本主義的道路，成為歷史參照的重要經驗值。

轉，精神與意識型態上的疆域化——解疆域化——(作為解疆域化的「域外」的)再疆域化……，地景漠然無聲的反諷，經久未聞的政治口號淪為被背叛的遺囑。這一路跌跌撞撞的行進過程，不僅累積了亟待善用、清理的有形與無形的豐富文化資本，更隱含帝國周邊海洋社群對線性認同的反動，潛藏如何在歷史之間斡旋的思想動能，從而拼裝出混雜(非單一性)的文化認同，乃至模稜兩可／兼容並蓄的相處彈性。

災難帶來毀滅，但人們也不會忘記在餘燼上補進晚餐。

或許正體字沒那麼壞，文化基本教材也沒那麼糟糕，文化無高低之分，語言無貴賤之別。問題之一還在於，是否(以當代的方式)處理威權統治與文化教育的共謀關係。在台灣，說中華文化是好的，就像指責它全是壞的一樣——過於簡單，也讓人解除武裝。輕信之人，往往輕疑。支持王建民與支持洋基隊，並不見得是同一回事；接受中華文化與認同政府政權，是否亦然[14]？！文化本質主義不僅造成社群內部傾軋力量的集結，也增強外部矛盾，但多元文化主義也同樣教人緊張。取消歷史能動性，強化族群內部的文化語言、宗教習慣的結果，一切的變革、管理，不再可能。在文化多元論與文化本質論之外，還有沒有其他可能？「文化」一詞本身就具有複雜性的動力匯集、運作、避免自我異化之意——人文「化」成。

文化的自由，正是當文化不再被人視為一根支柱的時候。「漢

14 當然，王建民自有其所從出的基礎(在「歷史」中相遇)，若沒有這個先在的基礎，王建民不會被認識。但同時，若不能夠與背景脫離，王建民也許永遠也無法出現……。

字—漢語—漢文化」從來也不是統一的實體，同一與和諧唯恐是迷思，它本身也需要文本化。

蔡岳璋，新竹交大社會與文化研究所博士生。曾發表〈學問家的革命與傳統的發明：以章太炎《齊物論釋》為例〉、〈試論莊子文學空間：來自「嘗試言之」的考慮〉。近來關注漢語思維、章太炎精神系譜。

在鹿港談中華文化

林俊臣

試問當我們檢討中華文化、批判中華文化時總是將矛頭指向1949年來台的中華民國政府所帶來的中華文化時，我們又該如何面對既存於台灣土地甚至已逐步自成一格的華人文化呢？即便1949帶來的中華文化全然沒有正面意義，卻也與台灣既有的漢文化共處超過一甲子，共同在民主的社會裡構成台灣型態的華人文化……。

2012年小鎮大選

2012年1月鹿港鎮長王惠美轉戰立院成功，所遺鎮長一缺因任期未過半而需於4月補選。彼時剛經過總統立委藍綠大戰的激情猶存，民進黨為了顏面，為了討回中國技術性干涉台灣選舉的公道，國民黨為了不失去鹿港版圖，鹿港一役兩黨皆有不能輸的壓力，所以也創了短時間內藍綠天王要角高頻率造訪鹿港的紀錄，讓此區區八萬人口濱海小鎮幾乎沸騰。幾位社造世代的青年人在網路臉書發起名為「鹿港鎮長補選」的公民討論平台[1]，試圖為沸騰的選情覓出一理

1 此社群由陳永軒、紀文章、陳文彬、許書基、林俊臣等鹿港公民團體構社(Go Society)人士組成，而昔日為鹿港鎮長補選所設的「鹿

性討論的空間。或許主張理性言論的態度讓各陣營派出匿名寫手時而空洞時而煽動的言論不攻自破，也讓自討沒趣的叫囂謾罵逐步的自我邊緣化。我們也觀察到兩邊陣營隨著網路討論議題的深化，遂而有進一步調整其政見內容的現象，理性的行動似乎在鹿港這次的補選露出曙光[2]。然而此初具體的公民力量終究抵不了當時油電雙漲

(續)

港鎮長補選」社團現已更名為「鹿港公民會館」並持續運作中。

2 紀文章曾撰文於鹿港時報之構社專欄，茲摘錄如下：今年初(2012)，幾位長年關切鹿港公共事務的朋友成立的構社，便在社群網站「臉書」經營著三個社團，分別是「鹿港文化資產保存與發展願景平台」、「構社」，與「2012鹿港鎮長補選」。其中人數早已破千的「2012鹿港鎮長補選」社團因選舉日逼近，至今已累積近千則討論議題，每日湧進上百則留言熱烈溝通與辯論。除了極少部分一看便知是由兩陣營黨工或支持者化名的臨時帳號來此攻擊對手之外，大部分的臉友皆是本尊，甚至使用本名發言，原汁原味表達在地觀點，並言責自負。這份積極參與社會及政治機制的精神，繼1986年解嚴前鹿港出現台灣第一個社會運動——反杜邦，和1978年第一個隱具社造精神的全國民俗才藝活動之後，又再一次展現鹿港這個特殊城鎮對公民社會傳統的積極要求，而在傳統選舉中候選人跑攤、握手、拜票文化之外，施以候選人必需具體回應的理性壓力。以討論候選人政見為例，看著兩陣營原先令人失望的政見，臉友們批評國民黨候選人——彰化縣醫師公會理事長蔡明忠先生像是在選「衛生局長」，民進黨候選人——彰化縣議員黃振彥先生像是在選「觀光局長」。於是構社成員們自動自發地將長年對鹿港環境的觀察和參與社會實踐的經驗，轉介之後，建立起一份民間版的「鹿港公共政策優先序位表」，讓網友們票選及討論哪些公共政策對鹿港而言最迫切需要？哪些又應該可以開始長遠規劃？並且歡迎大家提出需求主動新增項目。我們看到後續兩黨的政見很快地從善如流，使用起網友對鹿港社會的企盼與創意所型塑的具體可行政見，當中尤以蔡明忠陣營後來採用網友許多更能全面觀照鹿港發展的

的民怨，以及民進黨將選舉策略無限上綱至教訓馬英九的藉題發揮之上，顯然也壓縮了理性討論鹿港發展的空間。最後民進黨候選人打馬的選舉策略奏效，拿下超過70%的選票，被轉移焦點的選戰策略，也打破了構社同仁寄望此次全國關注鹿港的同時，建立出城鎮型選舉典範的理想。鹿港也少了一次繼反杜邦事件後，再現公民理性、自覺的機會[3]。地方知識分子的覺醒與努力，終究難敵大型政黨

（續）

政見，甚至幾乎與其原先最強調的醫療領域相關政見有著極為明顯的差異，我們相信這便是公民社會力量的壓力對政治環境改造的一步具體貢獻。

3 筆者於2012年4月30日撰有〈鹿港補選藍綠不願面對的事〉一文刊於聯合報，其文如下：鹿港小鎮「大選」落幕了，藍營的解讀為基層努力不夠，綠營的解讀為嗆馬大成功。筆者作為觀察這場選戰的公民團體成員，認為其皆有不願意面對的真相。藍營方面，為了淡化對馬英九的衝擊，而曲意解讀原本藍營脫離派系經營，清新參選的決心。老實說，當初藍營推出蔡明忠醫師參選，大多地方綠營皆認為是張好牌，要不是大環境的關係，看著蔡一路選來所提出之政見，確實有貼近民意符合地方需求的趨勢，論其敗，誠非戰之罪也！而綠營這邊以具基層實力的縣議員黃振彥參選，似乎跳不開地方選舉的潛規則，若不是拜民怨之賜，回歸候選人學識、政見等基本能力的檢視，恐是硬仗。即將面臨的2014年選舉，藍綠勢必重視彰化這100多萬人口的選區。就過去紀錄而言，只要彰化縣能贏，總統就能贏。鹿港一役之勝讓民進黨抵定了兩年後「彰化市、鹿港、花壇、溪州」的選戰四角布局。勝選重點，仍在是否能徵召令人信服的人選。民進黨在彰化的人才荒，眾所皆知！而國民黨究竟是該走回頭路，持續陷入地方派系的泥沼，還是堅持清新改革路線，端看此役之敗，高層信心動搖否。從此次補選選票懸殊之大，可以看出這場選戰成了大多數鹿港居民表達對馬政府不信任投票之借題發揮。既然勝負已定，居民更該在意的是，接下來呢？候選人的政見能否落實，其中選前競逐加碼的生育津貼補助、幼教福利等政策錢

選舉機器的運籌帷幄。

或許網路言辭的交鋒讓兩邊陣營都觀察到鹿港公民社群的存在力量，自然都會試圖用各個形式與我們接觸。當時構社同仁之共識為與兩邊陣營皆可針對公共議題溝通對話，在這個原則之下，同仁們與甫於總統大選落選而人氣依舊的蔡英文女士就有了數次對談的機會。其中蔡英文提出她對鹿港的觀察為：在鹿港這個充滿傳統漢文化氛圍的傳統城鎮，到處可以感受到書法、詩詞、戲曲文化在民間豐沛的生命力，而這些傳統文化在鹿港並無礙鹿港人從事反杜邦環保抗爭運動及支持黨外運動。職是之故，筆者則不斷地指出中華文化在台灣與民主自由之間的辯證關係，試圖在與蔡英文的討論裡逐漸將其問題化，希望民進黨這邊除了思考政治中國外，也開始深入文化中國的理性討論。此為2013年10月19日鹿耕講堂在鹿港文開書院得以辦理「在台灣談中華文化」座談的緣起。

(續)

在那裡？已透過民進黨立委在立院提案「國家歷史風景區」政見，進展如何？而「鹿港新文化運動」的響亮口號，更是藝文人士引領企盼的理想，又該如何築夢踏實？這些政見或許被認為候選人一時爭勝的文宣，但這也是與選民的契約，別忘了現在的民進黨是如何批判馬政府的「六三三」政策！公民監督的力量，應該一視同仁，不分藍綠。從國慶煙火、燈會、十大觀光小城到這次補選，鹿港可說是近半年來最亮的一座小鎮，因此其發展也備受各界關注；鹿港的歷史與文物，早該被視為國人的公共財，但是鹿港的發展向來就缺乏長遠的規劃，確實需要從中央到地方妥善經營。曾有學者告訴筆者，台灣的政府如果沒把鹿港這麼有味道的城鎮做好，別說你們有多重視文化！因此，就讓齊心建設鹿港的共識，成為跳脫藍綠對立，戮力建設台灣的第一步吧!

鹿港文化

在鹿港自反杜邦運動以來，就建立了一種鹿港模式的環運風格，其於街頭、文宣、口號結合了詩詞、書法、民間宗教儀式的類型，我們可在紀文章導演《遮蔽的天空》明顯看出此風格在近幾年反對彰工火力發電廠一役中的延續。當然我們可以說抗爭的本質在於能否進行正義價值的判斷，而這些漢人的傳統文化充其量只能做為抗爭活動的附加效果而已，短時間內我們並無法闡述這些傳統文化是否本身就蘊涵著一種面對正義時產生決斷行動的識見與動能。但是鹿港這些具有漢文化修養的環境運動參與者，至少證明漢文化的修為並不會成為一種反動的根源，或者說漢文化的修為與民主的行動之間至少可視為一種無害的共存。

鹿港這個自18世紀即有大量福建沿海居民移民而來的城鎮，它的飲食、建築、宗教及文化活動的型態，當然與泉州的關係最為密切。然而，經過兩百多年來的發展，鹿港這個以泉州移民為主的城鎮，也發展出逐漸與與泉州不同的文化面貌。就筆者參與鹿港與蚶江對渡文化交流活動的觀察所得，光就被聯合國教科文組織列為世界非物質文化遺產的南管文化而言，在泉州、鹿港兩地就已感受到兩者間已經產生近乎本質性的差別。鹿港南管依舊以延續傳統象徵紳商子弟上層風雅的模式在傳承，從形式看來雖遠不如泉州政府有計畫的扶植，展現出光鮮亮麗的排場，但是光從泉州南管開始思考專業演出之聲音穿透力而有改變本嗓發音的吟唱方式，轉而接近聲樂的發音方式，及專業選才培訓的種種作法看來，此文化有逐漸脫離生活的可能。相對之下，南管在鹿港的文化意義則是全然融入民眾的日常生活而活潑的存在著，只要日落黃昏之後漫步於鹿港老街即能聽到南管音樂的吟唱奏練，更不用說雅正齋、聚英社等清代起陸續成立之館閣定期或不定期的排練演出。南管的特色在於以簫弦引腔，讓唱者將每一個字的音，頭、尾、腹完整的表達，樂器堅不採齊奏，而是讓樂器與唱者間產生異聲相從的效果，構成一種互補的調和之美。鹿港所擁有的南管文化不只保存泉州古音，更重要的是我們能否於這種講求異聲相，調和與互補，既保留個體性又能相互協力的文化內涵裏，領悟出傳統文化如何與現代民主接軌的道理。是否能扶植出站上國際舞台的表演藝術團隊固然重要，不過也不能忽略成長環境裡就得以耳濡目染的日常性，才能提供其顯揚於世界的文化土壤。

雖然鹿港的南管與許多傳統文化一樣，都有從事者年齡老化及人口減少的趨勢，但相對的，鹿港的書法文化則確有日漸興盛的態勢。鹿港的書法文化並不在於強調鹿港到底出過多少位明星式的書法家，而是鹿港人願意不為升學比賽的功利目的將子弟送往書法教室學習書法，善於書法者更是不分年齡與身分貴賤。從小小鹿港一地竟有數十位書法教師從事書法教學、兩家專業筆墨莊得以經營維持及擁有多個書法社團的實際情況看來，鹿港的書法人口堪稱全台密度之冠。在生活層面而言，無論是廳堂裝飾、店家市招、公告啟示、過年春聯及名片印製採用名家手澤等事宜，到處都可看到書法在鹿港一地的日常性。

某種歷史的機緣讓「陋巷殘垣，內多豪傑；販夫走卒，亦解詩書之句」的文化，在鹿港得以以一種前現代的方式保留下來，不過文化的保存並非僅止於傳統技藝的傳習，而是要透過技藝的學習來接觸過去曾經承載該技藝的生活世界，並藉此照見自身既存的生活世界。現在的鹿港人還是頗有文化自信的，其自信並非某種莫來由的抽象空想與自我膨脹得以鑄成，當是能深切感受到與深厚傳統共在的實存感使然。

就本文所舉鹿港的南管跟書法之例，至少可以窺見傳統華人文化在現代社會仍有如此這般的存在樣態。鹿港真的很小，現在的鹿港也只是彰化縣的二十六鄉鎮之一，其政經地位遠遠不如「一府二鹿三艋舺」的光榮年代。鹿港現今的意義是它相對保存了較多來自泉州的漢人文化與環境，而這種顯性的漢人文化又混雜交融了多種文化而成。我們可從鹿港現有地名頂番婆(平埔族)、廟宇三山國王廟(客家)、南靖宮(福建漳州)、公會堂(日本殖民)知道，在漢人文化的表徵之下，其實充滿了諸多不同的文化基因，鹿港具體而微的展現了漢文化在台灣的一種類型。

兩種中華文化與民主

鹿港的知識分子大多能夠區分1949年之前與之後的兩種「中華文化」，這可從鹿港一地傳習中華文化最重要的精神場所文開書院談起。文開書院於1898年被日本以已設立鹿港公學校的理由強制停止運作，此後鹿港人對於漢文化的學習便轉向自費的漢學私塾研習中華文化，此為殖民統治時期捍衛自身文化主體的常見手段之一。對日本統治採取不合作主義的鹿港文人洪棄生(1866-1928)不著西服，反對薙髮、拒講日語、拒其子洪炎秋到公學校求學而在家自學，並以傳統漢學的詩文功夫用來批判諷刺日本統治的工具，而贏得「台灣詩史」稱譽。如果漢學修養者投入於對抗威權在日治時期的鹿港知識分子典型是洪棄生的話，那麼在1949年後的鹿港，當以粘錫麟(1939-2013)為代表。自1986年反杜邦事件以來，粘錫麟於全台環境運動無役不與而有環保弘法師之稱，是環運界的精神領袖；除此粘錫麟還是個兼通詩文書畫並在鹿港文開詩社主講詩文、民間歌謠多年的教書先生。傳統文人跟行動者的兩種身分在他身上相輔相成，毫無扞格之處。他讓鹿港的詩文書畫傳統雅化與深化了街頭運動的形式與內涵，透過粘錫麟，我們看到在鹿港接觸詩文書畫者，不意味著必然走向不食人間煙火的不合時宜或窮酸文人的刻板想像[4]。更重要的是粘錫麟並不是鹿港的個案。鹿港近來屢被媒體報導的鹿港茶藝協會門口諷刺時政的春聯內容，更是此傳統與時俱進的另類表露。

或許我們可以大膽作個假設，依循受過私塾教育者的習慣，將

4 2007年農曆七月，反彰工火力發電廠聯盟北上「普渡環保署」，聯盟以一個插滿20根煙囪的大蛋糕，諷刺性的為滿20周年的環保署「祝壽」。粘錫麟老師親撰〈祭天疏文〉並以河洛古音唸禱，影像可見於『遮蔽的天空』紀錄片，全文如下：婆娑之島，蓬萊仙境，千百年降，雖有兵燹之擾，亦是敬天畏地，與生界和諧共存。唯百年來，統治政權為貪婪私利，對島嶼極盡搜刮能事，蒼天厚賜、千年檜柏，幾盡無存，山嶺之巔，體無完膚。近半世紀，變本加厲，政權籠絡財團，放任荼毒環境，致使寶島生態步入浩劫。土石流災，只怪豪雨，不思土地之不堪過度開發，颱風襲境，只嘆運衰，不願面對溫室氣體的直線加增。輕裂石化，一添至六，八輕猶虎視眈眈，煉鋼焚化，煙囪林立，而遭污染罹癌鄉親，冤死者不計其數，公共水源，淪為企業的禁臠，農業灌溉成為祭品。以人定勝天的愚蠢，道路開闢是對母體的開腸破肚，河川整治是水泥的無饜堆砌。哀哉！台灣生靈。各級政府官員，不守人在公門修行的官品，反倒推波助瀾的逆行，病入膏肓的島嶼，誰來護生？冤曲枉死的鄉親，誰來悲憫？有誰聽聞生靈的苦難悲鳴？有誰在意土地的輾轉呻吟？蒼天有眼乎？吾等在此中元之際，僅以沈痛之聲，哀怨之情，上告諸天神祇，針對不法之官員民代，肆虐環境之企業工廠，讓其必遭天譴，禍延子孫。必遭天譴、禍延子孫，方能告慰千千萬萬的生靈。嗚呼，哀哉！

類似鹿港這種歷經日本殖民統治的華人文化稱為漢(學)文化，並將1949年來台的中華民國政府所帶來的文化視為中華(民國)文化。前者數百年來在台灣土地適應滋長，後者除了由上而下的政教動機外也帶來龐大的文化資產與人才[5]，兩者一舊一新，一隱一顯。漢文化的認同是對照於日本殖民統治而激化，那麼1949年後由官方所推動的「中華文化復興運動」，則是受彼時中國大陸的文化大革命所刺激，推動以孔孟所代表的儒家思想為主，並以中華文化基本教材的形式企圖形塑在台灣的中華民國國民之文化主體，另一方面也要平衡台灣在日治後期歷經皇民化運動逐漸日本文化化的台灣百姓。理論上，兩種新舊中華文化應該可以順利的銜接，但是國民黨在治台初期的種種失序作為，悲劇性的後果讓兩種中華文化以省籍的表象清楚劃分，更成為爾後政黨動員的圖騰。無法融合的結果，來自祖國的中華(民國)文化對台灣的漢文化而言，無異於另一種殖民文化。當時國民黨政府在威權時期所推動的儒家思想，也造成國內自由主義學者及黨外人士直將儒家視為箝制人性思想的歷史誤會，從而儒家也就被化約等同於中華(民國)文化。中華文化在鹿港的歷史刻記,最為代表性的,就是通稱為鹿港老街的瑤林街和埔頭街於1980年代的保存作為。當時的修復態度為再現一清代閩南老街，故而泯去了整個日治時期在老街的任何軌跡，同時也反映出當時對中華文化的單一想像。對處於被統治者台灣的漢文化人士而言，新來的中華文化如無法正視並接納台灣漢文化的混雜多元，紛爭、隔閡必為難免。

5 參見楊儒賓，〈1949的禮讚——1949新台灣的誕生展前言〉，《思想》，第12期(2009年6月)。

重估中華文化

如前所述，我們可歸納三種理解台灣文化主體的視角：即新舊中華文化與現代民主思維，此三者也是理解台灣的政治文化的主要依據。在台灣談中華文化，不可忽略彼此間的緊張關係，因為台灣向來不缺批判中華文化的聲音，所以無法透過理性話語訴說以切合當代社會的中華文化宣揚者，不會獲得支持。

相對的，像鹿港這種於漢文化另有發展的文化類型，同時也是持本土認同者的精神原鄉之一，在面對本土性色彩較強的政黨時，何以可以任隨不具公共性的政黨利益起舞而無法展現出應有的公民理性，也是筆者在2012鹿港鎮長補選觀察到的現象。那麼究竟是政黨以其虛虛實實的民主信仰欺騙了選民，還是既存於台灣的中華文化跟西方民主制度的關係未曾被釐清？

「在台灣談中華文化」，跟過去常見「中華文化在台灣」的論題對比，顯然更有新意。畢竟，在我們立身所處的台灣建立一種不必然要背負國族使命的文化態度，來融合台灣既存不同型態的中華文化資源，並以此反省、推擴華人文化內部既有的民主資源，結合、修正這個已顯疲態的西式民主，代表的乃是一種重新省察、評估的努力。

林俊臣，專事書法篆刻研究及創作，擔任鹿耕講堂山長。曾任鹿港鎮史館館長、鹿港文教基金會董事兼執行長，公民社團構社發起人。主要研究為以當代哲學話語進行書法的現代詮釋。

在台灣談中華文化的問題：
從台灣以外的角度看

馮耀明

要了解一個社群、地區或國家的文化，可以從其物質文化、制度文化或思想文化各方面作分析，從而得一大概內容的掌握。隨著資本主義經濟全球化發展之趨勢，不同社群、地區或國家的物質文化或多或少都有趨同的現象出現，從而使各地（特別是城市）的飲食文化、影音文化、電子文化及建築文化等漸漸走向準一體化。一個專業人士今天從上海飛往紐約，明天從紐約飛往孟買，後天從孟買飛往首爾，再而隔天又飛往台北，他在各地遇到的物質文化雖不盡相同，但他似乎在不同地方皆出入無間，並無適應不來的問題。這是因為他在不同地方皆可以找到 Starbucks，皆可以使用 iPhone，皆可以在現代化的商場中找到他喜愛的 DVD。因此，從物質文化的角度來看，我們並不容易找到某一社群、地區或國家的文化特色，我們只能找到大同小異，或如家族相似性的現象。

要了解一個社群、地區或國家的文化，較可取的辦法是從其制度文化或思想文化層面著手探討。（當然，物質、制度與思想之間有分不清的密切關係。但為討論方便起見，暫時擱置三者關係的問題。）從制度層面看，台灣的政治是民主的，社會是開放的，言論是自由的。民主政治的發展雖夾雜有民粹成分，社會開放中雖也帶來若干非理性的紛爭，言論自由中亦有因追求商業利益及其他利益的煽情媒體，帶來猜想或製造虛假的文化和狗仔隊的揭私文化，但這都是開放社會發展過程中不得不付出的代價，也顯示出自由民主制度的缺點。但是，即使今天的西方國家，它們的民主制度已有幾百年的歷史，可謂是相當成熟的民主政治了；可是它們也不乏政黨惡鬬，也有政治與利益集團糾結不清的關係，尤有甚者，更有因選票而亂開將來付不出錢的支票（如現今所見的歐債危機）。個人認為，無論相對成熟或仍在成長中的民主政治，都或多或少有這些或那些的缺點或毛病。這雖顯示自由民主制度並非完美，但卻不足以證明應該走回威權或獨裁的道路。至今的事實是，民主制度是不完美的，而且我們也找不到完美的制度；更重要的是，我們找不到其他制度的缺點或毛病在質和量上是少於民主制度的。更寶貴的是，民主制度的精神方向是朝向尊重他人的權益，容納異己的存在，以及維護權利與義務之間的公義性的平衡。今天，台灣自由民主的政治文化的發展雖只有短短幾十年歷史，雖免不了出現上述這樣或那樣的缺失或毛病，但這種精神方向與核心價值已根深柢固地植於人心，已成為社會的共同意識。

台灣發展中的政治文化，除了經歷過艱苦而積極的政治實質運作而有今天的成就之外，無疑也經歷過一段政治實質運作前的思潮性的洗煉，經歷過由《自由中國》、《民主評論》、《文星雜誌》及《大學雜誌》等鼓吹西方自由民主思想，倡導吸收西方文化，或從傳統中華文化中汲取資源以融通西方文化等思想浸潤。當中曾有過中西文化的論戰，討論過到底中華文化是否與西方文化有所衝突而不相融通的問題。但正如前南斯拉夫由共產黨員變成反共思想家的吉拉斯所說：「我們切不要以為共產主義哲學或意識型態有與中世紀的基督教、中國的儒家理論或印度的婆羅門教相似的地方。它們之間有一種主要的區別。各種社會或政治集團，為了其不同的目的，儘管可以對一種宗教的原理作不同的解釋，但這種原理卻可以為不同的集團所共有。社會制度可以一變再變，宗教卻可照樣生存下去，有時甚至可以不必有所修改。」[1]我同意這一說法，特別是隱含的政與教既可互相利用也可互相分離的觀點。就傳統中華文化包括儒家文化言，它可以被利用或轉化為前現代的專制政治的意識型態或操作資源，但二者並無因果的或結合的必然關係。同樣，1980、90年代以重估「韋伯論旨」而提出的儒家倫理對中國及華人社會的現代化之積極作用之說，包括功能轉化說或返本（內聖）開新（外王）說，都不足以說明傳統中華文化特別是儒家文化與西方現代性的文化有任何具有因果效應的必然關係。

一個社群文化內部的各個成分固有各種互涉與互動的關係，它與外來文化亦會有各種互涉與互動的關係，但在理論上，都不可能對這些關係建立任何具有則律性的說明[2]。個人的信念是：從地域角度看，一個社群的文化在國土內的各個地域是以家族相似性的方式分享著許多同中有異、異中有同的東西；從歷史的角度看，一個社群的文化在各個歷史階段之間也是以家族相似性的方式分享著許多同中有異、異中有同的東西；但我們在不同的時空段之間找不到一個共同的本質。在歷史文化現象方面，本質主義者企圖在歷史中尋找具有因果效應的規律，在文化中追索集體性的精神，畢竟也是徒勞無功的。羅蒂指出：波柏爾對黑格爾和馬克思的歷史（命定）主義或歷史決定論的批評，泰勒對社會科學中的化約主義的批判，以及麥金太爾對思想文化傳統的解剖，都有助於我們了解本質主義的

1 吉拉斯，《不完美的社會》（香港：今日世界社，1970），頁58.

2 理由可參考拙作Yiu-ming Fung：“Problematizing Contemporary Confucianism in East Asia,” *Teaching Confucianism*, ed. by Jeffrey L. Richey, Oxford University Press, 2008, pp. 193-243.

貧乏。

基於以上的觀點，個人認為文化是一個多元的功能協作體，其間有協調的亦有不協調的成分。當不協調的現象不斷發生，合作的能力會逐步減弱，從而會使社會的理性發展受到挫折。社會群體基於存活及追求適意的生存之需要，必須作出適當的調整，以使協調性增加。但是，這種協調性或協作性並非來自一種文化的本質或本體，從中可以開發出所欲求的文化現象或成果；也不是根據一種特定的思想、精神，從而可以決定制度、物質的發展。這裡沒有本末的關係，沒有因果的機制，只有基於群體大多數人的共同生存的需要而展現為一 看不見的手，從而推動出這種同中有異、異中有同的文化現象，走向可繼續協調合作的一個動態平衡的活動狀態。以為把握到一種所謂文化的本質或精神就可以決定文化的走向，以為有一種思想或觀念作為藍圖就可以解決這一多元的功能協作體在發展過程中出現的種種困難，這不只是想法天真，而且也是思想懶惰。

個人認為，台灣在文化上的定位也該放在此一架構上來理解，亦即將台灣的文化視為一多元的功能協作體。這協作體原來是根植於大陸的中華歷史文化，後來因戰爭與政治因素而使海峽兩岸長期隔離，在此狀態下的台灣因而有更為多元的發展。一方面，如上所述，台灣經歷過一段較五四運動以來更為理性的學術思潮的發展，從而使社群中的個人更能在中西文化之間及本土與外來文化之間的交涉或碰撞中找到自己需要的文化生活成分。隨着自由民主政治與社會多元開放的發展，西方文化的若干核心價值，如自由、民主、人權、公義、寬容等，亦以某種方式融入個人的生活之中，就好像身上的衣服，在公眾面前是不可能脫掉的。另一方面，中華文化的主要成分，仍然鮮活地保留或發展於包括語言、文學、藝術、宗教、飲食、娛樂等活動之中。但是，台灣的中華文化已經「融合」(fusion)

化了。用維基百科上的說法：「融合食物乃是一通詞，以概括各種烹調方式之組合而形成多種的方式。地域性的融合菜將一地域與其附屬地域的不同烹飪組合起來，融匯為一單獨的飲食經驗。」[3]可類比台灣中華文化的現況。正如今天的台語與大陸的閩南話雖可互通，卻隨著台灣生活演變而融合化了，前者與後者的關係已變得同中有異了。（閩南話與廣東話的關係則較多是異中有同。）又如吳興國在台灣展示的京劇已與西方戲劇如莎劇融合化，所表現出來的既有中華戲劇的元素，也有西方戲劇融入的風味。再如在台灣夜市嚐到的烘焙糕餅，品種風味之多，簡直是「聯合國餐點」，應有盡有。這種既多元又融合的文化現象，在台灣人的生活中可謂到處可見。台灣人生活於此亦中亦西、亦土亦洋之間，可謂出入自如，了無疾礙。

從台灣以外的視角看台灣本土文化以及其中的中華文化，個人的整體而大概的印象是：「融合而不至於混淆」（fusion but without confusion）。這正是台灣文化的獨特和可貴之處。「繼續融合下去吧！」

馮耀明，香港科技大學榮休教授，現為東吳大學哲學系客座教授。主要研究領域包括儒學、佛教哲學、中國古代的語言哲學與邏輯及比較哲學。著有若干專書及中、英論文近百篇。

3 "Fusion food is a general term for the combination of various forms of cookery and comes in several forms. Regional fusion combines different cuisines of a region or sub-region into a single eating experience." (Wikipedia)

台灣的解放：

寶島文化的多元與國際

艾皓德

「台灣解放了沒有？」

我當時是個二十幾歲的留學生，在台灣念中文，利用暑假到中國大陸去旅遊。這會兒在鄭州的郊區看著正被挖土機蹂躪得很慘的商朝城牆，並與附近的居民聊起來了。那時的中國距離文革的惡夢已有八、九年，雖充滿了傷痕，但也充滿了新希望。隨地可聽到從平房的窗戶傳出來的鄧麗君的歌聲，台灣人已不再是「蔣幫」或敵人，而是朋友，是將來可能回到祖國懷抱的同胞。站在我面前的老太太卻沒看新聞，沒跟上時代，不知鄧麗君是誰，所以當她聽到我是在台灣念書時，她低聲地問旁邊的鄰居，台灣是否已經解放了，是否已經回到祖國的懷抱中，是否已經屬於中華人民共和國。

鄰居們有點尷尬，不知如何回答老太太的問題。他們很清楚台灣的政治、經濟、文化各方面的條件比大陸好，比大陸自由，他們也真的很愛聽鄧麗君和其他台灣的歌星。台灣似乎並無「解放」的必要。他們口中的「解放」就是台灣教科書上的「大陸淪陷」的同義詞。台灣始終沒有「解放」，沒有進入1949年後的「新中國」。

1949年後，中國大陸的解放充斥了枷鎖，流滿了血淚，反而是1949年後的台灣充滿了新文化、新社會的氣息，算是另一種更正面的解放。雖然包括白色恐怖的政治代價很高，但從大陸傳過來的教育、研究、藝術、宗教各方面的人才以及如故宮博物院、中央研究院、清華大學、國家圖書館等機構，的確為台灣奠立了有史以來最好的基礎。從此以後，台灣文化不再限於台灣，而流傳到所有海外的華人地區，甚至及於國際。

我們不要低估1949這一年在國際上的重要性，它的影響並不限於海峽兩岸。其實，當年中共的勝利與前兩年的印度獨立一樣，都似乎象徵著西方勢力的逐漸薄弱，十分受到各界重視與恐慌，尤其因為中國和印度當初都與蘇聯保持友好關係。那時的人倒不可能預知，1949年的變遷將對台灣有何種影響，何種正面和負面的意義。

楊儒賓曾經說過，1949年前的台灣文化限於「島內」，1949年後才波及「全國」。他的台灣意識平時十分強烈，但這句話倒有點「大中國主義」的味道。暫且不論台灣與大陸是一國還是兩國，最重要的是，當台灣文化跨出島外時，它並不限於任何一國，而是泛佈整個東亞與東南亞，乃至於歐美，所有的華人社會，有時甚至華人圈以外。大陸是比較晚接受新台灣文化的，其中尚有一部分，如一貫道等，到現在還被禁止。1949年後的新台灣文化不僅波及「全國」，而且也波及海外。

歷來，由外而入的新政權和新移民潮有可能是好的，也有可能是壞的，一般來說好的壞的同時都有。在歐洲，羅馬帝國曾經給許多原始地區帶來文明，但同時也消滅了無數的地方文化與地方語言。當羅馬帝國自己滅亡時，這象徵著文明的消失，所謂黑暗的中古時期的開始，但同時也讓歐洲修道院裡的宗教文化有了發展的空間。哪個好，哪個壞，要看衡量的角度與尺度。中國之對於西藏更是這樣的情形；中國認為它帶給西藏富裕、平等和文明，而西藏認為中國代表的是侵略，是壓制，是歷史悠久的宗教文化的毀滅。1949年後的台灣也存在著許多類似的矛盾。

我們不能受限於一般狹隘的華人沙文主義，不要因為1895年進入台灣的新政權是日本而否認它對台灣的貢獻，當然也不避諱談鄭成功的日本血統。可以說，需要我們關心的不只是台灣文化與中國文化，而是整個東亞的文化。

作為歐洲人，我也要強調，從1590年開始，葡萄牙人、西班牙人和荷蘭人陸續進入台灣的事實也是一個重要的轉捩點。實際上，歐洲人對福爾摩莎的發現和入侵，算是美麗寶島告別原始、進入文明的第一步。第一次在台灣建立統一政權的，不是鄭成功，而是荷蘭人。這種由外而入的新政權當然也有它的犧牲品，即原住民。以太魯閣族為例，當時被荷蘭人從西部的平原趕到東部的山區，經三、四百年艱苦的「山地人」生活後，才又有機會搬回平原。現在山上基本上已經沒有太魯閣族居住了，可見山上的經驗是多麼不舒服。

強調歐洲人對台灣的貢獻當然也可以說是筆者的歐洲沙文主義的表現。從人類史上來看，台灣最早的歷史事蹟既不屬於漢人，也不屬於歐洲人，而是屬於好幾千年前來自不知哪個大陸或島嶼的原住民。台灣首度走向國際其實是這些人的功勞。其中一族或幾族開始一種一代接著一代的十分神奇的海上之旅，划船到菲律賓、印尼和馬來西亞，往西一直划到非洲外島馬達加斯加，往南穿越南太平洋一直划到紐西蘭，往東一直划到夏威夷。南島語系和南島文化是這些人所創立的，對於全世界是個極大的貢獻，只因為沒有文字記載，所以容易被人忽略。

最後，台灣的未來如何看待？我當然希望台灣文化要保持它的開放與多元，不要縮起來，孤立起來。台灣文化是由許多不同成分組合而成的，包括大中華的、河洛的、客家的以及中國各地的地方文化，也包括日本和韓國的，以及大量的美國和少量的歐洲成分，當然也有原住民的。台灣文化的強處在於「俗而有力」的地方文化與各種國內、外的「雅」文化的並存，也在於人們在這些不同的文化成分中一直能夠保持的天真、熱情和可愛之心，與曾被政治鬥爭硬化的人民共和國不同。如果因為某種政治或民族的理念而過分強調某些成分(如河洛的)，或排除某些成分(如大陸的)，著實可惜，最後可能讓天真、熱情和可愛都難以保留。

某些方面，近幾年的局面足以令人晚上做不吉祥的夢魘。1661年鄭成功以武力趕走荷蘭人，1895年日本人以武力從清政府奪取台灣的主權，1949年國民政府雖然在大陸打了敗仗，但當它帶著兩、三百萬人遷台時，豈不也是依靠著它的武力！那麼，下一回由外而入的新政權、新移民潮將會來自何處？屆時，諸如「解放」之類的字眼是否也會再次派上用場？幸好，大躍進和文化大革命的狂熱時期已經過了，台灣應不會加入北韓之列，應不會進入黑暗的中古時期，連白色恐怖可能也會比國民政府剛來台時更溫和一些。至於屆時台灣的開放、自由與多元，台灣的俗雅並存以及天真、熱情和可愛之心能否存活，能否繼續滋潤台灣獨一無二的文化，目前還無從預知。不知下次有老太太問「台灣解放了沒有？」時該如何答覆？

艾皓德(Halvor Eifring)是挪威奧斯陸大學文化研究與東方語文系教授，近幾年主持「靜坐文化史」的國際研究計劃，主編《東亞靜坐傳統》(與楊儒賓、馬淵昌也合編)、*Meditation in Judaism, Christianity and Islam*和*Hindu, Buddhist and Daoist Meditation*等論文集。他也是國際雅肯靜坐學會的秘書長、台灣雅肯靜坐學會的發起人。

中國自由主義的國家過敏症

在中國構想自由主義的愛國論述

劉擎

1990年代以來，自由主義思想在中國大陸逐漸興起，而與此同時，愛國主義(以及民族主義)的情感也在不斷高漲，兩者之間出現了緊張甚至對立的態勢。許多自由主義者敏感於愛國主義訴求中的某些非理性、排外性與壓制性的特徵，以及容易導向沙文主義和軍國主義的傾向，因此主張應當警惕、克制或摒棄極端的愛國主義或民族主義的情緒。自由主義者的這種立場與當下大國意識勃興的氛圍格格不入，也常常受到攻擊，甚至被貼上「西奴」、「漢奸」、「賣國者」和「帶路黨」等汙名化的標籤，在公共論辯中陷入了某種困境。那麼，自由主義對於愛國主義和民族主義應當抱有何種態度？一個自由主義者是否可能同時成為一個愛國主義者？這些問題不僅在政治理論中備受關切與討論，而且在當今中國的社會情境中更具有緊迫的實踐意義。

本文試圖對這一難題做出有限的努力，探討在中國發展自由主義愛國論述的可能前景。我們首先考察愛國主義通常遭受的質疑，區別不同型態的愛國主義，質疑了將愛國視為本能的主張；其次借鑒兩種晚近出現的愛國主義理論，闡明批判性忠誠與愛國主義之間的關係；進而考察現代中國的相關思想傳統，從中發掘有利於發展自由主義愛國論述的資源。本文在最後的結語中闡明，自由主義有可能既堅持自身的道德與政治原則，同時吸納和改造民族主義與愛國主義的精神，發展出自由主義的愛國論述，並勾勒了其大致的特點和輪廓。

一、愛國主義與本能論的神話

對愛國主義(patriotism)做出嚴格的界定並不容易，其中「祖國」的概念就相當複雜，可能同時涉及地理、種族、族裔、民族、語言、文化、歷史和政治的多重維度。而民族主義的概念也同樣如此，可以強調文化的面向，也可以是政治取向的。這兩個概念各自都衍生出多種不同的版本，相互之間既有區別又交疊重合。在現代世界，當民族國家成為主要的政體型態，兩者之間的關係更加密切[1]。在一般意義上，愛國主義和民族主義的主要內涵可以作如下概括：對自己國家或民族特殊的感情和認同，對其同胞之福祉的特殊關切，也常常引申出為自己的民族或國家的利益與興盛而奉獻的精神。

愛國主義有什麼令人疑慮和警覺的危險傾向？俄國大文豪托爾斯泰的觀點或許具有典型意義。托爾斯泰認為，愛國主義既是愚昧的，也是不道德的。每個愛國者都相信自己的國家是世界上最偉大和最美好的，但這顯然不是事實，因此愛國的激情源自一種非理性的錯誤認知。同時愛國主義者往往將本國的利益奉為最高目標，不惜以別國的損失為代價來促進本國的利益，甚至可以不擇手段(包括戰爭)，這在道德上與「己所不欲，勿施於人」的基本準則相衝突[2]。

1 除非特別指明，本文將民族主義與愛國主義作為兩個「家族相似」的概念來處理，不作特別的區別。

2 Leo Tolstoy, *Writings on Civil Disobedience and Nonviolence*, trans. by Aylmer Maude and Ronald Sampson (Philadelphia: New Society

由此，我們可以辨析反對愛國主義的幾種理由：它是以自我為中心而形成的認同和忠誠，具有高度排他性，這導致了對世界現實的非理性認知偏見，往往誘發具有攻擊性的政治實踐。而愛國主義在道德上至少也是可疑的。因為在我們通常的道德感中，「利他主義」比「利己主義」更為高尚，而愛國主義不過是「自愛」或「利己」的衍生物，在本質上是自私的，雖然難以抑制和消除，但並不是一種值得標舉的美德。

然而，將愛國等同於自私或利己主義的論斷未免過於草率，也很難令愛國主義者信服，因為這種論斷忽視了兩者之間的重要差別。首先，利己主義指向個體的自我，而愛國的對象是一個共同體，後者可能蘊含著(前者不具有的)關懷和奉獻等利他主義的品格。其次，利己主義的道德疑點在於「損人利己」，在於不公正地對待他人(比如將別人完全當作實現自己目標的手段)，而愛國主義並不一定要取「損別國而利本國」的方式。自愛本身在道德上是中性的。如果僅僅因為愛的對象中包含了「我自己」就要受到道德責難，那麼我們對自己所屬的家庭、社區、城市和族群的愛都無法豁免，甚至對人類和對地球的愛也是如此：愛人類，是因為我是人類的一員，愛地球(包括自然和動物)是因為我是地球上的物種之一。如此寬泛的指控不具有差異化的針對性，也就失去了道德評價的有效性。

由此看來，道德評價的要點不在於是否自愛，而在於如何自愛。所有的愛國主義可能都是自愛的衍生物，但是自愛的方式相當不同，也就形成了不同類型的愛國主義。仇外的、極端排斥性的愛國主義，以損人利己的方式來愛國，很難在道德上得到辯解。而溫和理性的愛國主義主張所有國家之間的平等尊重、互利互惠，完全可

(續)

Publishers, 1987), pp. 93-97.

能與普遍的道德原則相容。因此，針對愛國主義可能的危險，最明顯而方便的回應是，我們應當提倡一種理性、包容與溫和的愛國主義。這種主張在原則上固然不錯，但卻沒有面對真正的困難：如果愛國主義接受了這些更合意的限定，可能就失去了其本質特徵。

首先，愛國主義不可能是真正理性的。雖然愛國者常常列舉祖國的種種卓越之處，表明愛國的情感有其「客觀的」理性依據——源自祖國的優異品質。但實際上愛國情感並不依賴於祖國的客觀品質(比如繁榮和富強)，因為即便承認有別的國家更為卓越(比如更加繁榮富強)，愛國者也不會因此而移情別戀。在根本上，對祖國的愛不是「對象品質依賴」的，而是「自我身分依賴」的。愛國是因為這個國家(也只有這個國家)包含著「我」，這是「我的國家」(無論她好壞)。其次，愛國主義也不可能接受足夠的包容性，因為愛國畢竟是一種「偏愛」。一個愛國主義者若是能夠一視同仁地對待祖國和別國，如果能夠對本國同胞與「非我族類」懷有同樣的關切與忠誠，那麼她(他)就變成了一個世界主義者，不再具備愛國主義的界定性特徵。最後，在本國與別國的嚴重衝突中，愛國主義者不可能溫和而公允地一視同仁，必定要捍衛自己國家或民族的利益，即便為此選擇先發制人的戰爭也在所不辭。

的確，非理性、排斥性和攻擊性是愛國主義難以消除的內在傾向，也是自由主義在構想自己的愛國論述時所面對的挑戰。應對這種挑戰是困難的，但並不是完全不可想像的。政治哲學家沃爾澤曾以父母對子女之愛來做對照分析，相當具有啟發性。父母對自己的子女幾乎都懷有情不自禁的愛，是一種本能的、非理性的偏愛。但這本身並不構成我們反對父母之愛的道德理由。我們完全可以想像這樣一種情景：父母渴望給予自己的孩子「特殊的」(超出對其他孩子的)關心和照顧，但同時能「以己度人」，理解其他孩子的父母也具有這種偏愛傾向。因此，他們承認自己的孩子應該和其他所有孩子一樣服從公平的規則(比如，學校評分、大學錄取或公務員考試方面的規則)[3]。通情達理的父母甚至會督促自己的孩子尊重他人，服從公平的規則。在這種情景中，非理性的偏愛與公平的道德原則完全可以相容。

同樣，愛國主義即便是一種自愛的衍生物，也未必要走向極端的排他性和攻擊性。我們甚至有更強的理由來抵制和矯正愛國主義或民族主義情緒中的危險傾向。與父母之愛不同，愛國主義(和民族主義)的情感遠不如前者那樣是一種自然的本能。因為國家或民族並不具有像家庭(以及宗族、部落、村落、地方社區甚至城市)那樣的經驗具體性和直接可感性。人們對國家觀念的理解，以及對國家的認同感與歸屬感，都不是「現成的」而是「養成的」。因此，愛國並不是自然的本能，而是需要通過教育(以及其他社會化過程)來培養的情感，其中深刻地介入了觀念的塑造，是一種話語(論述)依賴的過程，那麼也就無法排斥論述的內在要求：理由與判斷。正是這個意義上，「愛國不需要理由」是一種非常可疑的說辭。我們完全有可能對愛國主義之「本能論」的神話提出批判性的解構。

讓我們以法國思想家邁斯特的一段名言為例做出分析。邁斯特宣稱，「在這世界上不存在『人』這種東西。在我的一生中，我見過法國人、義大利人、俄國人，等等，我甚至意識到(多虧了孟德斯鳩)一個人可以是波斯人。但至於『人』，我承認在我生命中從未遇見過。」[4]這是非常有趣而生動的修辭，似乎有力地反駁了虛假的關

3 Michael Walzer, "Liberalism, Nationalism, Reform," in Mark Lilla, Ronald Dworkin, and Robert B. Silvers, eds., *The Legacy of Isaiah Berlin* (New York: New York Review of Books, 2001), p. 176.

4 Joseph de Maistre, *Considerations on France*, ed. and trans. by Richard

於人的普遍抽象概念，坐實了人的民族性的真實具體性。但這種修辭恰恰掩藏了一個事實：法國人、義大利人和德國人也是某種普遍抽象的產物。借用邁斯特的修辭，我們也可以說：我見過四川人、上海人、北京人和湖南人，我甚至了解海南人，但我從未見過一個「中國人」。而一個有敏感階級意識的人會說：我見過國王、王室成員、貴族和第三等級，但卻從來不認識一個法國人。一個具有性別意識的人會說，我見過男人和女人，但從未見過一個人。若將普遍抽象的尺度擴大，我們甚至可以說，我見過飛鳥、魚、昆蟲和哺乳類動物，但從未見過一個生物。

這種種說法表明，人的認同與歸屬可以有從具體到抽象、特殊到一般的遠近屬種的層級，形成了納斯鮑姆所謂的「同心圓結構」：「第一個圓圈圍繞著自我，接下來是直接的家庭，然後是延伸的家庭成員，再後面依次是鄰居或地方群體，同城居民，以及國家同胞，而我們也很容易在這個清單增加依據族裔、語言、歷史、專業、性別、性取向的各種群體類別。在這些圓圈之外，是最大的一個圓：整個人類。」[5]孤立的單獨個體無法獲得認同，認同依賴人與整個同心圓的從具體到抽象的關係，但民族或國家並不是我們能夠直接親身認知和感受到的存在。民族是「想像的共同體」，這並不意味著它是虛假的，但民族被當作「社會實在」為人接受，則依賴於話語生成的抽象化建構。

個人對民族或國家的認同與歸屬，需要經過跨越同心圓中幾個

(續)

A. Lebrun (Montreal: McGill-Queen's University Press, 1974), p. 97.

5 Martha C. Nussbaum, "Patriotism and Cosmopolitanism," in Martha Nussbaum with Respondents (edited by Joshua Cohen), *For Love of Country: Debating the Limits of Patriotism* (Boston: Beacon Press, 1996/2002), p. 9.

層級的抽象化或普遍化過程才能達成。如果極端的民族主義或愛國主義，將民族或國家視為最高的甚至排他性的認同，那必將面臨內在的邏輯矛盾：若是否定認同建構的普遍抽象化的正當性，那麼我們就無法達到民族國家這個層級；若是接受這一過程的正當性，那麼就沒有理由將這種過程禁錮在民族或國家這個層面。我們的認同、歸屬與忠誠為什麼不能保留在同心圓結構中更具體而切近的層級上？或者相反，為什麼不能擴展到更遠的週邊，直到整個人類(甚至整個動物界和生物界——「我們」都是大自然的造物！）？何況，同心圓這個空間概念還沒有耗盡認同的複雜性，若加上(性別、職業、政治信念和宗教等等)各種屬性概念，我們的認同會呈現出異常多樣的縱橫交錯的網狀結構。在當今全球化和資訊化的時代，物理意義上的空間越來越難以確定人以及群體的遠近親疏。從工業革命開始，一種血緣本位的有機社會已經逐漸衰落，「陌生人社會」已經出現。雖然如史密斯(Antony Smith)所表明的那樣，民族具有「族裔的根源」，但它遠不是自然的，而是現代化過程中的建構產物。因此，民族主義或愛國主義的論述只有承認認同與歸屬具有多樣性，才可能是自洽一致的。

「愛國主義太危險，而世界主義太遙遠。」這據說是自由主義者在認同問題上的困境。但我們不必屈從於這種特殊主義與普遍主義的二元對立。深刻的自由主義者並不接受所謂「原子化個人」的迷信。個人總是置身於各種特定的社會關係之中，並由此獲得自我理解和自主性。但自由主義者會拒絕將民族或國家作為唯一的或最高的認同來源或忠誠目標。於是，自由主義仍然可能提出一種溫和的愛國主義論述，它擯棄和抑制了其極端的傾向，但仍然不失為愛國主義。

自由主義的愛國論述首先承認，對民族或國家的認同是一項重要的歸屬需要，但反對這種認同的獨占性，進而主張認同具有複合多重性。它仍然可能將國家或民族在隱喻的意義上視為一個「有機整體」，但同時強調這個整體內部包含著多元的組成部分（次級共同體），承認它們彼此競爭的價值、情感與利益的訴求，並重視整體與多元局部之間的平衡關係。其次，自由主義的愛國論述也因此主張，國家利益的特殊重要性或優先性不再是理所當然的，而是有條件的和需要以理由證成的。它拒絕「國家利益高於一切」的絕對正當性，反對將次級群體（如家庭和地方社群等等）以及個人的價值，無條件地服從和讓位於國家或民族整體的價值。第三，溫和的愛國主義會堅持每個公民對其國家擁有特殊的義務，但同時認為這種義務並不是「道德上無限制的」，承認存在著高於國家或民族價值的普遍道德原則，並贊成這些原則可以正當地對國家或民族所主張的種種價值施加一定的限制。第四，這種愛國主義也許仍然在某種程度上信奉祖國或本民族的優越性，但同時承認其他國家和民族也擁有同等正當的自我優越性的要求和主張，因此拒絕那種唯我獨尊的「民族優越論」立場，反對將其他民族視為低下劣等的，並由此肯認國際正義的基本原則[6]。

二、愛國與批判性的忠誠

愛是一種情感，包含著關懷、忠誠與奉獻這些值得稱道的品質。但什麼是愛呢？仍然以父母對子女的愛來類比。父母若是無保留地

6 這些特點借鑒了米勒在對民族主義的分析中所提供的見解。David Miller, "Crooked Timber or Bent Twig? Isaiah Berlin's Nationalism," *Political Studies* 53 (2005), pp. 103-106.

滿足孩子的所有欲求、無條件地支持孩子的一切言行，通常會被看作「溺愛」，人們甚至會說這不是「真正的愛」。的確，有人傾向於將愛描述為純粹非理性的、無需任何理由的狂熱激情，但這是一種過度「文藝化」的表述，或許有助於探究人性深淵的複雜幽暗之處，卻是一種錯誤的認知，源自情感與理性極端對立的二元論，也無從揭示人類關係的真相。在寬泛的意義上說，所有可持續的忠誠都無法排除理性、判斷和反思的維度。

許多思想家主張，愛國主義的忠誠應當包含批判性的維度。著名哲學家麥金泰爾曾為愛國主義做出道德辯護。基於社群主義的立場，他主張國家的某些實踐和規劃（其廣泛的利益）是不可質疑的，甚至承認在有些情況下愛國主義支援和效力的某種事業「可能並不符合人類的最佳利益」。但他仍然指出，愛國者無條件忠誠的對象並不是國家權力的現狀，而是「被想像為一種規劃的國家」。愛國者可以是批判性的，以這個規劃的名義來反對其現存政府[7]。

晚近出現的憲政愛國主義以及共和主義的愛國主義，都更為著眼於批判性忠誠的重要性。這兩種理論都試圖在概念上區別愛國主義與民族主義，由此突出愛國精神的政治性本質：愛國的忠誠是指向一個自由與正義的政治共同體。在此，「祖國」並不是「自然的」國度或現成的（如其所是的）國家，而是一個「未竟之理想」，愛國不是宣導政治遵從性（conformity），而是引導一種反思性的政治文化。

憲政愛國主義的理念興起於三十多年前的德國思想界，後來在哈貝馬斯和繆勒等學者的宣導下成為西方學術界與公共領域的焦點

7 Alasdair MacIntyre, *Is Patriotism a Virtue?*（Lawrence: University of Kansas, 1984）, p. 13.

論題。憲政愛國主義主張，公民的認同與忠誠首先應當依據對共用政治原則和價值的認知與承諾，而不是民族的「自然屬性」(種族、語言、宗教、文化和歷史)。這是由於現代民主政體面對文化多樣性的挑戰，民族文化已經越來越難以超越各種差異與分歧來確立公民對政治共同體的認同與忠誠。憲政愛國主義試圖以基於憲政原則與民主的公共審議，來塑造一種政治文化，在政治領域中替代民族主義的文化政治。

哈貝馬斯梳理了民族國家的雙重性：文化屬性和政治屬性。一種「譜系概念」(前政治)的民族概念本身並沒有清晰可靠的「自然」邊界。民族國家雖然有其自然或先天的文化基礎，但前政治的民族並沒有真正的民族意識和自覺的認同。在這個意義上，「集體認同與其說是先天就有的，不如說是後來人為製造出來的」[8]。民族意識所生成的民族歸屬感是一種「政治意識的動力機制」。民族主義意識通過對文化傳統的過濾和襲取形成歷史敘事，通過大眾媒介公開傳播，「賦予民族主義一些人為的特徵；這種在一定程度上構造出來的東西，從一開始就容易受政治精英的操縱性濫用」[9]。這個製造出來的「民族國家」認同是(習得的)政治認同與(給定的)文化認同的混合物，其政治性與文化性之間始終存在著緊張，前者依據的普遍主義原則，指向自由而平等的政治(法律)共同體，而後者訴諸特殊主義原則，指向特定的語言和歷史的命運共同體[10]。民族國家完成了一種歷史成就，通過政治性的方式形成公民團結，取代了「已

8　哈貝馬斯，《後民族結構》，曹衛東譯(上海人民出版，2002)，頁22。

9　哈貝馬斯，《在事實與規範之間》，童世峻譯(三聯書店，2003)，頁655。

10　哈貝馬斯，《包容他者》，曹衛東譯(上海人民出版，2002)，頁135。

經瓦解的早期現代社會的合作紐帶」。在晚期現代性的條件下，文化多樣性與反思意識越來越強勁，如果將公民的民族還原為自然生成的、前政治的民族，還原為「公民政治意見和政治意志之外的東西，那麼共和主義的成就就會陷入危險」。哈貝馬斯說，「憲政愛國主義可以取代原始的民族主義。」[11]這意味著，在民族國家的發展中，認同與忠誠的對象已經發生了一種轉變，從自然共同體轉向政治共同體。民族國家只有依據一種「非自然主義的民族概念」，一種政治性的民族概念，以政治性為優先來吸納和超越文化性才是出路[12]。

依照繆勒的闡釋，憲政愛國主義旨在提出這樣一種理念：「政治忠誠應當圍繞著一種自由主義民主憲政的規範、價值與程式。」[13]公民忠誠的對象不是實證意義上具體的、具有歷史特殊性的憲法，而是「普遍主義規範和憲政文化」。當然，對普遍主義的忠誠並不意味著與特殊性毫無關係，因為憲政文化的特徵是由對話以及對話中的分歧決定的，而這些對話和分歧的型態必定與特定的歷史背景有關。但同時，憲政原則的普遍性也反過來要求公民重新審視他們的特殊性，轉變對待自身特殊的傳統和民族文化的方式。因此，憲政文化可以說是「在普遍規範與特殊語境之間的調節」[14]。同時，憲政文化要求的忠誠方式不是遵從性的，而是批判、反思性的。從消極的意義上說，它依據憲政價值規範的批判性可以充當一個「篩檢程式」，排除一些反民主或非自由的危險情感和訴求，或至少將

11 哈貝馬斯，《包容他者》，頁138。

12 哈貝馬斯，《包容他者》，頁135。

13 Jan-Werner Müller, *Constitutional Patriotism* (Princeton University Press, 2007), p. 1.

14 Müller, *Constitutional Patriotism*, p. 59.

它們限制在憲政民主秩序可以容納的範圍內。但在積極的意義上，經由反思獲得的忠誠是更久遠和更深厚的。憲政愛國主義提醒我們：「自我批判的歸屬模式是可以想像的，因此並不會削弱一個政體……它懷疑那種反對懷疑的理念——『現代民主生活的無情反思性』必然會瓦解政治能動性。與此相反，一種同時包含批判反思與複雜的情感忠誠的過程能夠強化政治能動性。」[15]

維羅里發展了共和主義的愛國主義的理論，也將反思性的要求注入了認同與忠誠的形成。他從西方政治思想與實踐的歷史中辨識了一種比民族主義更為悠久的愛國主義傳統，「愛國主義的語言在許多世紀中是被用來強化或激發對政治制度的愛，對那種支撐一個人民之共同自由的生活方式的愛，這是對共和國的愛；而民族主義的語言在18世紀晚期的歐洲成型，用作維護或加強一種人民在文化、語言和族裔上的單一性和同質性。共和主義的愛國主義的敵人是暴政、專制、壓迫和腐敗；而民族主義的敵人是文化污染、異質性、種族的不純潔以及社會、政治和思想的不統一。」[16]尤其重要的是，維羅里的愛國主義所忠誠的「祖國」不是一個「出生地」，也不是現存的政治制度，而是一個符合公民自由理想和共同自由(正義)的共和國。當現存的政體背叛了自由與正義的理想，它就不再是屬於我的祖國。因此，他贊同這樣一種觀點：「法西斯主義的最大罪惡是摧毀了祖國意識……我們已經被外來者占領了……那些法西斯主義義大利人是外來者，或者，如果他們是義大利人，我們就不是。」在維羅里看來，「法西斯主義帶走了我們的祖國」這一說法

15 Müller, *Constitutional Patriotism*, p. 147.

16 Maurizio Viroli, *For Love of Country: an Essay on Patriotism and Nationalism* (Oxford: Clarendon Press, 1995), pp. 1-2.

表明，「祖國並不意指我們出生的地方(那是誰也帶不走的)，而只是意指這樣一個城邦，城邦中的每一個人都能夠自由生活，而且因此不會感到自己是外來者。」[17]他甚至主張，「如果故國夠不上一個經典意義上的共和國，公民不可能是具有美德的：他們不可能愛一個不公正地對待他們的國家(state)。」這意味著「墮入對於同一性的狂熱的愛並不是公民的政治的愛……要讓正確的愛國主義成長，我們不必強化同質性和同一性，而是要強化公民性的實踐與文化」[18]。

如果憲政愛國主義強調普遍主義的原則，那麼共和主義的愛國主義保留了更多的特殊性，其忠誠的對象是指向一個特定民族的政治共同體及其同胞，是對這個共同體「共同自由」(即政治正義)之理想的熱愛。這兩種版本的愛國主義之間存在著區別，但主要是傾向和程度問題。憲政愛國主義並不排除情感，也並不排除特殊性。正如繆勒指出的那樣，「如果以為『普遍的』價值可以直接抵達，或者以不經受挑戰的方式來主張，而不是通過對話、談判和抗爭來獲得，這類想法在任何情況下都是幻覺。」憲政愛國主義的確與具體和特殊的人群(公民)有關，但是，只有當人和文化對政治產生影響的時候，才與憲政愛國主義有關。在這個意義上，憲政愛國主義完全是政治性的[19]。

民族國家仍然是這個世界的政治現實，憲政文化可能依然存留著民族的深刻烙印。以憲政愛國主義取代原始的(自然主義的、前政治的)民族主義，並不意味著要完全拋棄民族意識，而是基於人民主

17 諾伯特·博比奧、莫里奇奧·維羅里，《共和的理念》，楊立峰譯(吉林人民出版社，2009)，頁15-16。

18 Viroli, *For Love of Country*, p. 184.

19 Müller, *Constitutional Patriotism*, p. 60.

權和人權的主張原則(優先原則)吸納和收編特殊主義的文化傳統。在筆者看來，自由主義的愛國論述應當採納這樣一種構想：以普遍主義的憲政邏輯(或「語法」)來汲取民族文化的資源，審查各種(包括民族主義的)要求與實踐，確定哪些可以支持，哪些可以接受，哪些需要限制，哪些必須擯棄和反對，由此造就新的憲政文化。但這種塑造不是一個機械的「造句」過程，而是具有特定歷史的公民不斷參與和協商的政治過程。由此，我們的歷史和文化傳統及其特殊性，得以進入普遍主義「骨骼」，填充了特殊主義的「血肉」。

自由主義的愛國主義也必定包含著自身的緊張，因為培育憲政文化是一種集體學習的動態進程，是在各種(傳統與未來，普遍與特殊，認知與情感，包容與排斥，忠誠團結與批判反思，共識與分歧等)張力之中展開的一種批判性的建構實踐，在此過程中澄清我們的「集體性自我」。在這裡尤為重要的是一種面對未來敞開的取向：這種集體性的認同不僅關涉「我們是誰？」，更重要的是追問「我們想要成為誰？」。當「我們是誰」遇到危機時，需要通過在規範性的意義上構想「我們想要成為誰」，在向未來投射的視野中重新塑造集體性的自我。在這個意義上，自由主義的愛國主義本身不是一個現成的確定答案，而是一種政治的「求解方式」或者一套普遍「語法」，是在一種規範性原則的制約下，展開「我們想要成為誰」、「我們將如何彼此對待」的政治文化實踐，在「我們既成之所是」與「我們將成之能是」之間的通達橋樑。

三、中國的歷史記憶與思想遺產

在中國構想自由主義的愛國主義，有必要簡略地考察與此相關的歷史傳統與思想遺產，辨識出其中不利的因素，發掘潛在的有利資源。我們將分析指出，對發展自由主義的愛國論述而言，由外部入侵導致的民族創傷記憶，以及由國家一體化造成的認同單一化傾向，可能是兩種不利的消極因素；而官方意識型態話語中的「愛國民主精神」，以及現代知識分子親近自由主義的愛國思想，都蘊涵著可資援用的思想遺產。

首先，中國民間的愛國主義情緒中，包含著敵視強權所派生的「仇外」傾向以及意欲主宰世界的「大國沙文主義」傾向。這兩種傾向表面上是對立的，但卻是一體兩面的集體心理，都源自中國在尋求民族獨立的歷史進程中所遭遇的挫折，我稱之為「創傷記憶與雪恥情節」[20]。以賽亞•伯林曾指出，一種受到傷害的「民族精神」，就像一根被強力扳彎的樹枝，「經受多年壓迫和屈辱之後，解放了的民族和它們的領袖容易產生一種劇烈的反作用，產生一種突然爆發的民族自豪感和往往具有進攻性的堅持自己主張的行為」[21]。「彎枝」的隱喻意在解釋民族遭到的羞辱。但被迫彎曲的枝條終究要反彈回去，以鞭撻民族的欺辱者。這是伯林在德國民族主義的形成中看到的最為突出的情感。「彎枝」會以盲目的、非理性的過度反彈來回應曾經遭受的羞辱，成為攻擊性的民族主義。

中國的近現代歷史無疑記載著民族的創傷體驗。伯林曾特別提到，「如果俄國人沒有被西方視為野蠻的大眾，中國人沒有在鴉片戰爭或更普遍的剝削中受屈辱」，他們不會輕易接受極端的觀念[22]。

---

20 以下三個段落援用了筆者此前的論文〈伯林與自由民族主義〉，載劉擎《懸而未決的時刻》(新星出版社，2006)，第七章。

21 嘉德爾斯，《兩種民族主義概念——以賽亞．伯林訪談錄》，陸建德譯，載《萬象譯事》(遼寧教育出版社，1999)，頁259-260。

22 伯林，〈關於偏見的筆記〉，載《自由論》，胡傳勝譯(譯林出版社，2003)，頁396。

但是，歷史記憶具有特定的選擇性，只有在當下的語境中被重新建構之後才能形成一種有力的敘事。歷史的「創傷記憶」只有在「新鮮傷口」的刺激下才會重新復活[23]。今天中國的民族主義義憤主要指向西方(尤其是美國)與日本。從中國駐南聯盟大使館被美軍轟炸，到南海的飛機相撞，再到與日本的釣魚島主權之爭，中國人感受到直接的、當下的恥辱體驗。這種新的屈辱感「選擇性地」啟動了創傷記憶——從鴉片戰爭、甲午戰爭，直到日本侵華戰爭所遺留的歷史傷口，而作為這一歷史記憶的中心象徵——火燒圓明園以及南京大屠殺等事件——散發著格外血腥的氣息。於是，「新仇」接續「舊恨」構成了悲憤性的民族歷史敘事。創傷記憶只是今天中國民族主義勃興的一個源頭，與此相對照的是另一種以「強漢盛唐」的輝煌傳說為代表的歷史敘事，一種中華帝國的「華夏中心主義」敘事，它喚起了許多中國人對往昔的強盛、驕傲與尊嚴的深切緬懷，並激發出對「中華民族偉大復興」的熱烈想像。創傷記憶與復興想像，這兩種敘事共同建構了當代中國民族主義的氣質型態。「雪恥型民族主義」——以重返遠古時代曾經的輝煌來徹底洗刷近代以來的屈辱。

雪恥型民族主義具有某種反自由的傾向，也是伯林所說的「彎枝」隱喻的典型型態：「假如我的群體——讓我們稱它為民族——

23 「漢人」曾在長達250年的時間裡淪為滿人的「亡國奴」。從「反清復明」的先驅義士到孫中山的革命同盟，一直都堅持著激昂的「排滿」訴求。但如今電視劇中大清皇帝們「豐功偉績」的故事，卻絲毫不會激發中國人的民族主義激情。因為歷史變遷了，「滿人」早已融入中華民族的大家庭，排滿主義的義憤已經被化解、被超越而最終被遺忘了。

想自由地實現其真正的本性，就必須清除道路上的障礙。」[24]在當今中國的雪恥話語中，我們的確可以感受到復仇主義的暗流湧動。以「來一次東京大屠殺」來雪「南京大屠殺」之恥，以「日本是劣等民族」來回應「支那劣等民族論」，以我對你的仇殺來血洗你對我的蹂躪、以野蠻應戰野蠻、以殘暴回敬殘暴。而質疑這些論調的人，一概被極端的民族主義者剝奪了作為「中國人的資格」，被稱為美國的或者日本的「走狗」。雪恥型民族主義中或許包含著抵抗強權的合理訴求，但這種訴求往往不是尋求一個新的全球正義秩序，而是致力於在舊有的霸權結構中以自我民族的強權來取代舊的強權。這與自由主義愛國理念所主張的各國之間的平等與尊重的國際正義秩序是相抵觸的。

另一個消極因素來自1949年之後三十年的「國家一體化」的現代化經驗。在改革開放之前的社會主義實踐中，國家穿透與占領社會成為一個突出的趨勢。傳統中國以血緣和氏族為基礎的有機共同體，鄉紳公共領域，以及晚清與民國時期發展的民間社會(商會、民辦學校、社團、專業行會等)，在1950年代被大規模地清理、改制、收編。就此，中國大陸基本上終結了一個多元的有機共同體與自願結社的時代。在某種意義上，這種型態的社會主義反諷地成為「無社會的社會主義」。社會的「國家化」一方面使得個人從舊有的社群中「脫嵌」而無所歸屬，成為無機性的「社會主義原子化個人」，另一方面造就了「黨國」這個獨占性的「無機共同體」，成為「社會主義原子化個人」得以重新「嵌入」並獲得歸屬的唯一共同體。意識型態與官僚體制成為這個共同體的價值核心與組織原則。持續

24 伯林，〈民族主義：往昔的被忽視與今日的威力〉，載《反潮流：觀念史論文集》，馮克利譯(譯林出版社，2003)，頁409。

不斷的各種「思想改造」並不是流於表面的政治運動，而是個體重新塑造自我理解、獲得身分認同的實踐。通過意識型態理念的內在化，個人被有效地組織到小集體(單位)、大集體與國家的結構中。這個無機共同體完全不是基於傳統的血緣家族關係(在這個意義上是極為現代的)，其「單位體制」也根本缺乏流動性，因此也不是依據自願原則(在這個意義上是強制的)。這段特殊的歷史實踐造就了當代中國人特殊的認同結構——所有社會性的認同與歸屬都屈服於單一的黨國認同。

意識型態的愛國論述是無機共同體的基本黏合劑。我們這一代人最初使用「愛」這個字眼，不是對父母、家人和朋友，甚至不是對戀人，而是對黨國及其領袖。當時全國人民從小都熟悉〈唱支山歌給黨聽〉這首紅歌：「我把黨來比母親，母親只生了我的身，黨的光輝照我心。」在這種忠誠的敘述中，「我把黨來比母親」似乎調用了對母親的情感來賦予黨國，但在此「比」具有曖昧性——從「比作」的涵義轉變為「對比」的涵義：母親只是肉身的創造者，而黨賦予我們心靈的光輝。這是一種對特殊主義的超越，但同時是一種特定指向的超越：超越親情和家庭，越過所有(已被一體化結構所吸收的)次級共同體，直接抵達黨和國家的層級，但僅止步於此，並禁錮於黨國這個層面。這種超越的有效性取決於整個意識型態的論述。在這支歌曲中，存在著一種身體(現實)與心靈(精神)的二元論，唯物主義的身體讓位於階級意識，走向崇高的精神，因為黨所代表的事業——階級解放才是愛的真正意義。類似的意識型態敘事不勝枚舉。但只要意識型態的內在化是充分有效的，「強制性」未必帶有明顯的暴力特徵，甚至可以表現為高度的「自願性」。這個無機共同體在特定的歷史時期具有相當的凝聚力，實現了共同體的基本功能——認同、忠誠與歸屬感。

在1978年之後的改革開放年代，隨著以階級觀念為核心的意識型態衰落，以及(市民)社會的重生與興起，黨國作為單一的認同對象已經式微，但這個結構仍然滯留延續下來，轉換為以民族意識為核心的論述——從「振興中華」到「中華民族的偉大復興」(中國夢)。如果「強國家弱社會」的局面還沒有根本扭轉，如果公民社會以及各種自願的社會團體與聯合的發展還不夠充分，並且在公共領域中只有貧瘠的語言與微弱的聲音，那麼一種國家主義的民族主義(statist nationalism)將取代並占據過去黨國認同與忠誠的位置，成為當代中國人建構認同的最主要(雖非唯一的)資源，並在同心圓的認同結構中維持其霸權地位。這種國家主義的民族認同缺乏足夠的多樣性與開放性，也將成為發展自由主義愛國理念的障礙。

然而，歷史的遺產是複雜多樣的，即便中共的思想傳統也不是單一的，其中也包含著一些觀念和理論，有可能轉變為發展自由主義愛國理念的積極資源。官方意識型態話語中的「解放」敘事，不只是針對外部強權尋求民族獨立自決的理論，也有反對暴政與專制的面向。在中共的許多宣傳讀物中，作為「解放」的愛國鬥爭，不只是擺脫外族的入侵與奴役，也完全可以針對本民族的暴政。袁世凱或蔣介石被稱為「竊國大盜」、「獨夫民賊」或「人民公敵」，無論這種判斷是否忠實於歷史事實，但卻承認了這樣一種政治想像(類似於維羅里提及的「法西斯主義帶走了祖國」)：祖國是可能被獨裁者奪走或劫持的，繼而主張在這種局面下愛國意味著反對暴政、獨裁和專制的革命，爭取人民大眾的自由與國家的民主。這就是為什麼國共內戰可以被稱為「解放戰爭」，甚至是「民族解放戰爭」。這是中共宣導的所謂「愛國民主精神」的核心理念。

在這種論述中，愛國主義以及對民族的忠誠，可以表達為與傳統和現狀的決裂——在文化上拋棄延續千年的「封建禮教」傳統，在政治上反抗專制和腐敗的舊國家秩序。這種激進的革命話語具有危險的一面，但與此同時包含著一種意識結構：依據普遍主義的價值理想(革命與解放)，對傳統和現實所「給定」的文化與政治狀況持否定性的態度，做出批判並予以變革，去推翻現存的暴政，為一個想像中的未來共和國(新中國)奮鬥。當這種理想被界定為「愛國精神」，那麼對祖國的愛並不意味著遵奉的義務，而是要求變革的行動；不是忠誠於現有的如其所是的國家，而是致力於可能成為的理想中的國家。這種愛國精神可以接受非民族性(普遍主義)的、非本土(來自外國)的、非保守(解放)的且向未來開放的理想和價值觀念。這一愛國民主精神的論述，如果抽去其實質性內容而保留其意識結構，經過批判性的吸納，也可能轉變為發展自由主義愛國理念的潛在資源，因為它有利於培養一種氣質傾向(接近於共和主義的愛國主義以及憲政愛國主義)：抵制遵從性，反對既存局面(status quo)，激發具有批判和變革取向的愛國主義論述。

另一個積極的思想遺產來自受到五四傳統影響的現代知識分子，他們表現出某種自由主義或親和自由主義的愛國思想。許紀霖曾在多篇研究中對此有詳實充分的考察。他揭示了五四「愛國主義運動」中的多重面向，不僅有民族主義的訴求，還有強勁的個人主義、民主主義和世界主義的主張，突出地表現在梁啟超、陳獨秀、李大釗、蔡元培和傅斯年等知識分子的思想論述中[25]。許紀霖辨析了兩種思想傳統：張佛泉的「去民族性」的民族主義，實際上是一種(接近維羅里的)具有共和主義傾向的愛國主義，以及張君勱的「民族文化本位的民族主義」，接近於(伯林讚賞的)赫爾德式文化民族

25 許紀霖，〈「五四」的歷史記憶：什麼樣的愛國主義？〉，載《讀書》2009年第5期。

主義，是一種開放的和溫和的民族意識[26]。雖然這兩者之間存在著差別和緊張，但都不是極端的排外的民族主義。對民族國家的忠誠區別於盲從和狂熱，這是中國現代知識分子的一個傳統，甚至在「文革」之後的新時期文藝作品中都有所反映。比如，白樺電影作品《苦戀》，質疑了個人對祖國的愛是否應當是無條件的，而劉賓雁提出「第二種忠誠」的觀念，將對國家的批判反思視為另類的(第二種)忠誠的方式。總之，在中國現代思想史上的愛國主義論述中，蘊含著自由和民主的政治理想，具有理性反思和批判的精神，同時也吸納了超越單一認同的世界主義意識。這些歷史遺產都可能成為今天構想自由主義愛國論述的思想資源。

結語：走向民族精神的政治自覺

中國的自由主義需要面對愛國主義的議題，不僅從消極防禦的立場告誡極端民族主義或褊狹愛國主義的危險，而且有必要提出自己正面的愛國主義論述。我們構想的自由主義愛國主義，在根本上是邁向中華民族精神的「第二次覺醒」。中國現代意識的第一次覺醒具有文化政治的取向，帶有自然的、前政治的民族意識所給定的命運感。而第二次覺醒應當從這種宿命性的話語中掙脫出來，以新的「政治文化」來改造「文化政治」，以此造就愛國主義的篇章。這種從文化自覺到政治自覺的轉變，是以政治性來吸納和超越自然文化屬性，這不是主張拋棄自身的特殊傳統，而是重建當下與自身歷史和文化傳統的關係，這是一種批判性的建構與面向未來開放的

---

26 許紀霖，〈共和愛國主義與文化民族主義——現代中國兩種民族國家認同觀〉，載《華東師範大學學報》2006年第4期。

政治文化實踐。本文仍然無法提出一個系統的自由主義愛國主義理論，但這種構想大約包含如下主張：

首先，自由主義的愛國論述確定多重與開放的認同觀：認同不是給定的和固定的，而是一個動態建構的產物，是在同心圓的認同結構中，由內而外與由外而內的雙向運動過程。自我的構成不是個體單獨完成的，需要家庭和社會。同樣，對於民族國家的認知與情感，也受到民族內部與外部的影響。家庭、社區、鄉村與城市參與了民族意識的建構，國際活動與世界結構也塑造著新的民族精神。國家認同在多重認同中並不是獨占性的，但具有相對的重要性，這是由於它是基本的政治共同體，承擔公民共用的政治原則和法律秩序。

第二，自由主義的愛國主義強調政治實踐對文化的塑造作用。民族國家同時具有文化維度和政治維度。文化是傳承的是給定的，雖非凝固，但卻變化緩慢，但文化實踐是政治性，這種維度反過來會改變文化。依據憲政愛國主義的主張來看，文化的繼承面向要求政治表達，而政治的實踐可以反過來改變文化如何被繼承以及如何被創造。

第三，自由主義的愛國論述訴諸面向未來的價值理想。每個人都別無選擇地出生和生長在一個特定的國度，這構成了認同與歸屬的前提條件。我們將祖國默認為自己與民族同胞的「共同的家園」，分享民族的語言文化和風俗傳統，在現存的政治法律框架下生活。而愛國的最高責任是承諾對祖國自由、公正與繁榮的理想，致力於一個更美好(更加自由、公正與繁榮)的共同家園。這要求國家在一個憲政民主的法治框架內保障所有公民享有平等的自由權利，保障各種族裔彼此平等尊重，享有合法正當的自主性。這是祖國自由與繁榮的規範性價值內涵。這既是理性的價值，同時也是激發人心的高尚情感。投身於促進祖國的自由與繁榮理想的愛國事業，意味著公民同胞不是不加選擇地接受和擁戴既有的(傳統和現存的)一切政治文化現實，而是基於自由平等的價值理想，批判性地做出積極的選擇和行動。這些選擇是否符合最終的價值理想和目標，是否具有可行有效的實踐結果，服從於一個民主化公共領域的討論商議和民主法治軌道中的決策。

第四，在國際事務中，自由主義的愛國主義者可能仍然優先考慮本國的自由、自主與利益，但同時承認其他民族國家具有同樣的平等權利。對本國的首要義務並不建立在任何歧視性的文明優越論、沙文主義的立場，而是接受平等尊重的原則制約。與此同時，對本國的優先性考慮並不排斥對其他國家基於人類普遍權利與人道主義關切的訴求與行動。愛國主義者並不是文化封閉論，接受文化的跨民族傳播(輸出與輸入)，相信各個民族國家之間可以相互借鑒與學習，以此促進每個國家自身的自由繁榮以及人類的根本福祉。

自由主義的愛國主義論述對於文化傳統和民族精神是溫和開放的，同時在堅持憲政民主的普遍規範和價值方面也是堅定的。它主張恢復愛與忠誠的多重維度，維護人與人之間的多重紐帶——家庭的，社區的，城市的，國家的，世界的——重建生命的豐沛的意義，並由此抑制和馴服侵略性的民族主義。它主張民族「雪恥」與「復興」的真正意義，是不再讓中華民族——以及其他任何民族——成為「弱肉強食」野蠻原則的犧牲品，並在這個意義上以公正而文明的原則戰勝了帝國主義時代的列強原則，並為堅持普遍平等與自由的民主原則而感到驕傲。

在中國發展自由主義的愛國論述，培育批判性的政治忠誠，這是憲政愛國主義帶來的重要啟示。但它不是一個現成的答案，更不是政治文化實踐的靈丹妙藥。我們已經進入了這樣一個時代，民主意味著永遠不懈的政治過程。自由主義愛國論述的感召力與凝聚力在於宣導活躍的公共領域，在每個涉及民族情感與國家利益的重要時刻，展開公民之間的對話和辯論。在這個意義上，愛國精神意味著一種具有風險的努力，卻是值得付諸勇敢努力的公民行動。

劉擎，華東師範大學政治學系教授，中國現代思想文化研究所研究員。近著包括《中國有多特殊》、《紛爭的年代》和《懸而未決的時刻》等，譯有《歐克肖特導論》、《現代性的教訓》和《以賽亞・伯林的遺產》等。

國家問題在自由主義思想脈絡中的「隱」和「顯」

在清華大學「62學人的國家觀」學術討論會中的發言

高全喜

前年我們一批62年生的大陸學人在北京大學召開了「紀念胡適逝世五十周年學術討論會」，去年晚秋又在清華大學召開「62學人的國家觀」學術討論會。這樣一個年度性的62學人聚會，大家自由地坐在一起，深入探討一些跨學科的與我們這個國家與民族命運攸關的理論問題，我覺得恰逢其時，是到了一個需要我們這一代學人出場放言的時候了。挑選「國家觀」作為這個年度會議的主題，在當今的中國思想界具有特別的意義，因為主流意識型態的所謂「中國夢」與「偉大復興」之類的話語，刺激了學界，很多人追隨著這股風潮，把國家主義和民族主義搞得沸沸揚揚，彷彿在這面旗幟下，就可以解決中國當今深層的的政治與文化問題，步入一個中國特色的通三統的社會主義。當然，各路自由主義不以為然，理論界和輿論界對於這股國家主義與民族主義的躁動多有詬病，但仔細檢點一下，他們在理論上並不是非常深入的。自由主義與國家主義、民族主義與個人主義的關係，以及互聯網中的「帶路黨」與「愛國賊」之間的混戰，等等，都沒有在政治思想的層面上深入的系統分析研究，很多問題還是相當混亂的。今天我們在此探討「國家觀」，有助於澄清上述諸多的問題。

一

我的發言題目是：國家問題在自由主義思想脈絡中的「隱」與「顯」。為什麼從這個思想史的話題切入「國家觀」，或我一直申言的「自由主義的國家學說」，是基於最近幾年中國思想界的一些重大議題的快速而詭異的轉變，說起來大致有兩個背景。

一個背景是當今中國思想界的國家主義，尤其是新左派的國家主義勁頭正強，他們從過去的去政治化，現今搖身一變為國家主義，實質上是黨國主義。左派理論本來是批評社會的，現在搖身變成了對國家權力的擁抱，對黨國主義的擁抱。這一點在汪暉、王紹光、崔之元等人的大量論述中清晰可見，無須多說。與這個背景密切相關的是，原先一些偏右或極右的保守主義，像潘維、劉小楓和強世功等人，也加入到這股大合唱之中，黨國一體的國家主義構成了他們左右合流的根本共識。我在近期的〈試論當代中國民族主義之無解〉一文中，將它們的合流稱為基於黨國主義的「左派保守主義」。他們的言辭在中國大學的學院體制中大行其道，以所謂的微言大義毒化著一大批純潔而幼稚的莘莘學子。

另外一個背景是自由派對於國家問題的避諱。我們看到，19世紀以降的西方的自由主義，尤其是英美思想譜系的自由主義理論，談論的要點基本上都是對於國家權力的限制，或者說，他們是在國家法權結構的問題得到制度性解決之後，並以此為預設條件，再來談國家治理問題，或政府限權問題、司法審查問題、公共政策問題，等等。縱觀20世紀以來西方自由主義的諸家理論，國家構建問題不再是他們的主題，因為在西方諸國，一個現代的國家秩序或憲政國家已經建構完成了，革命建國的非常時刻已經過去，剩下的只是日常政治狀態下的國家治理問題、法制問題、社會問題、福利問題、政策問題。

然而，在現代中國的思想語境下，近二三十年來的大陸自由派，絕大部分是一下子把西方20世紀以來的自由主義照單拿過來，所談的大多是權利保障、限權憲政、司法審查、人權高於主權，等等。應該指出，自由派倡言消極自由、個人權利、有限政府、司法獨立等，這些議題是沒有問題的，它們當然是自由主義理論的中心議題。問題在於：這些理論訴求有一個前提或預設，即它們是針對國家構建完成之後的憲制國家提出的，是在這些國家建立起來，有了國家主權，有了一個憲法體制的政府之後，才逐漸伴隨著社會政治、經濟、文化的諸多問題，一步步提出不同的階段性議題的。中國的自由派在這個國家如何構建的發生學問題上，並沒有多少深入思考，就直接照搬了西方的現代自由主義政治與法律理論。相比之下，西方的自由主義就很正常，國家構建的制度性問題在西方諸國，大致在19世紀、20世紀，無論是在理論上還是在制度上，都已經基本完成了，所以，國家問題成為他們的隱秘主題，沒有必要再談了，馬基雅維利、霍布斯、洛克、盧梭、貢斯當、聯邦黨人、康德、黑格爾等人，他們都談完了。

中國的情況就並非如此，我覺得在中國談自由主義的政治與法律理論，有一個重大的雙重短板，就是我們既沒有國家構建的理論資源，也缺乏制度性的條件預設。在很多自由派看來，彷彿我們一談國家問題，思考國家構建，就變成非自由主義或反自由主義的了，就是對國家主義乃至專制主義的讓步，甚至是與他們沆瀣一氣，其實這是一種幼稚病，或教條主義。這樣一種拒絕思考「國家觀」的自由主義，在近三十年的中國大陸的自由派那裡，表現得非常凸顯，致使這批自由主義在思想理論上難以進入深層的理論跋涉，對於西方現代國家的興起以及中西交匯中的中國百年憲政歷程，流於表面的意識型態評論，難以真切地把握我們這個民族走向現代文明的歷史與政治的邏輯。總的來說，中國的自由主義如果僅僅關涉個人主義，就會使得這種自由主義變得不著調，不接地氣，不能建設性地面對政治國家的挑戰。

因此，我要把這個問題說出來，我要追問：國家問題是不是自由主義理論所要處理的問題，中國的自由主義如何面對國家問題的挑戰？說起來，這個問題不是我最先說的，最早在理論上提出這個國家構建問題的，是北京大學的李強教授，他在十多年前的一篇文章中就談到了國家問題是自由主義的隱秘主題，並且解釋了何以在英美自由主義理論中，國家問題是一種隱秘的主題，而在早期現代的政治理論中，國家問題是一種顯學。李強教授的這個思考後來並沒有深入下去，而且當時中國的語境，很多自由派還沉迷在經濟改革的推進中，法治主義、市場經濟和社會發展那一套日常政治下的自由主義版本，伴隨著思想啟蒙和改革開放之類的話語，還在輿論管控(新聞出版的管控是中國思想界的常態背景)的縫隙中一路暢行，所以，國家問題並沒有引起自由派們在理論上的高度重視。但是，到了晚近三五年，情況大變，國家問題越來越凸顯了，法治主義受到挫敗，連經濟自由主義都搞不下去了，而新左派令人瞠目結舌地轉向國家主義，於是政治理論的中心問題就又回到政治學的根子上來，即如何對待國家問題。自由主義必須面對國家構建問題，西方自由主義的隱秘主題，在中國不可能一直隱秘下去，而是要浮出水面。

我在若干年前創辦《大國》叢刊的時候，就關注自由主義與國家構建的關係問題，從政治學理論上說，它們就是自由與秩序的關係問題。我認為，自由主義要談國家問題，談國家構建不一定是國家主義。個人自由與國家構建是現代社會的二元歸一問題，早期現代的政治思想家們所集中處理的就是這兩個問題以及它們之間的關係。自由與秩序，或個人與國家，是互為前提的，據此才造就出一個不同於古典城邦以及封建制的現代政制。現代政治學是有理論預設的，那就是現代國家業已構建完成，憲制國家已經底定。這個階段在西方已經走完了，而我們中國，百年來卻是仍然身在其中，並沒有底定完成。從政治學的制度建構的視野來看，現代中國還一直處於早期現代階段，故而，我們的政治思想，要與之匹配，回應時代的問題。

我一直提倡自由主義的理論研究要關注早期現代，其實質就是關注自由主義的建國創制問題，自由與秩序的關係只有在自由主義的國家構建中，才能獲得制度性的落實。自由主義的訴求不僅僅是個人權利保障、有限政府、司法審查，更為關鍵的是自由政體，是自由建國。我一再把這個國家問題提出來，就是為了給某些自由派指出他們的理論短板，一種忽視政治憲法的權利個人主義是行不通的，個人自由需要憲法予以維護。但憲法創制首先是一種政治，是一個現代國家的國家構建。我覺得任劍濤教授近年來有一個理論貢獻，他明確界定了國家構建的雙層蘊含，即區分了政治學中的構建(construction)與建設(building)兩個概念在理論問題意識的重大不同。國家構建首先是一個政治制度的創設問題，其次才有維護或改革意義上的建設或治理問題，這兩個概念依據的前提和運行的政治邏輯是完全不同的。我認為，它們不僅在政治邏輯上是根本不同的，而且其憲法邏輯也是迥然各異的。由此，我進一步在憲法學中區分了政治憲法學與規範憲法學兩種類型，認為政治憲法學實質上就是解決現代國家的憲法制度的構建問題，屬於政治憲政主義，而國家治理或國家建設，則是屬於與日常政治下的司法憲政主義相關聯的政治問題。

二

我們看到，這幾年在中國的思想界，國家問題日益凸顯，尤其是在當今，新左派變成了國家主義和黨國主義，像劉小楓這樣的極右派也加入了這個大合唱，所謂的國父論引來一片罵聲。但是，我們不能輕率地譏諷這些人的學術變臉，以為批判、調侃一下就可以打發掉他們的問題。我覺得需要認真對待他們思想話語背後的國家主義幽靈，而且這個幽靈又與民族主義結合在一起，使得作為後發國家的中國，而且還是一個超大規模的現代中國，其自由主義的生成與發展，必然要經歷一系列重大問題的挑戰。尤其是中國當今的自由主義究竟如何面對國家問題，就不能還像過去那樣採取簡單的教條主義的方式，照搬20世紀以降的西方自由主義的日常話語和公共邏輯，而是要深入自由主義與(中西)現代國家的演進史，從理論和實踐兩個層面，尋找思想資源和社會動力。為此，我下面從三個方面予以政治思想史的梳理。

第一，我要先梳理一下英美政治思想中的國家理論，這個英美思想對中國自由主義的塑造和影響是很深的。國家問題作為自由主義的隱秘主題，這是英國政治思想史繼洛克理論之後的默會的論調，儘管這個論調在英國乃至西方現代政治思想中是主流的，但我們要看到它的英國光榮革命的特殊性。我們知道，雖然霍布斯大談國家，但其利維坦理論在英國政治史上的實際政治影響力是沒有多少的，在英國現代國家的構建中佔據主導性思想地位的是洛克的政府論以及輝格黨人的歷史觀。經過光榮革命，現代英國的國家建制問題大致解決，國家主權問題被英國思想家們延伸到英國的政治傳統之中，英國無須制憲建國，國家問題作為隱秘的主題在英國的自由政體和自由主義那裡，無須特別彰顯，而是順理成章的。但是，早期美國就不同了，美國的自由主義有一個政治立國的問題，國家構建對於美國來說是一個全新的議題，因而也是中心問題。美國革命(獨立戰爭)以及費城制憲成為美國政治自由主義的開端，國家問題不再屬於隱秘的主題。所以，就西方英美政治思想傳統的主流理論來說，其實它們有兩個版本，一個是英國自由主義的關於國家問題的隱秘主題版本，另外一個則是美國立憲建國的自由主義關於國家問題的顯白主題版本。兩種版本是與兩個國家的兩種政治狀況相關的，是基於不同的歷史傳統與建國實踐，因此它們在思想理論的大端方面都是說得通的，並且都具有強大的生命力。

此外，英美兩個國家，前後相繼，又都表現出一個共同的基本特徵，那就是它們都順利完成了從非常政治到日常政治的轉型。它們兩個國家體制中的政黨政治從來沒有可能徹底地捕獲各自的國家主權，無論是英國的議會主權、國王在議會以及普通法憲政主義，還是美國的複合共和制、兩院制以及總統制，都受制於成文或未成文的憲法，都屬於現代的民主憲政國家。自由主義的各派理論，其理想版本大多都是以政治實踐中的這種英美式憲政國家為制度預設的。當然，它們還有一個共同的問題，即現代的以民族國家為主體的帝國問題，英帝國與美帝國，雄霸世界三百年，不同於羅馬帝國、奧斯曼帝國以及神聖羅馬帝國，它們是基於現代國家的帝國。這個問題與本文的議題沒有直接關係，在此暫且不議。

第二，我要論證一下中國憲政論的自由主義以及它們的短板。在當今中國的法政學界，儘管發表與出版的表達形勢日益狹窄而嚴峻，但大家還是都在談憲政問題。當然，憲政論是自由主義的核心議題，沒有憲政便沒有自由，這是毋庸置疑的。但是我要指出，憲政論要有國家預設，憲政首先是一種通過憲法對於國家權力的賦權，通過憲法，國家權力具有了合法性之後，然後對其予以分權制衡或限權，進而保障個人權利，實施司法審查，才有可能，才有意義。自由與秩序是相關的，沒有秩序何來自由，法治下的自由才是真正的自由。但現今的中國自由派，尤其是法學界的理論家們，幾乎把「憲政」理解為司法性的憲政主義，以法院或法官為捍衛自由、保障個人權利、制約公權力的中心議題。這種自由主義固然屬於英美自由主義的主流理論，但在中國並沒有施展的可能空間，其制度的實踐性並不令人樂觀。

為什麼呢？因為這種現代英美體制下的自由憲政論，是需要前提條件的。它們需要有一個自由憲政的政體，需要一個憲政國家，而如何構建這樣一個現代國家，司法憲政主義是沒有多少作為的；在此需要政治憲法，需要國家構建論意義上的自由主義。我們看到，英美國家都是先有一個革命建國論，然後才有憲政論，才有司法保障論，才有社會正義論，才有各種現代自由主義的政治訴求以及實踐運動。這些都屬於日常政治狀態下的自由主義。這種憲政論是在革命完成之後才產生的，洛克是其經典代表。通過這種憲政論，這些國家中的政治問題，能夠較為妥當地轉化為司法問題，轉化為政府政策問題。把政治問題轉化為各級司法正義問題和國家治理能力問題，這是英美國家的政治成熟。但在中國當今的語境下，相比之下，則成為中國自由主義的短板，因為我們的國家制度沒有這種轉化的政治能力和制度技藝，我們必須回到建國問題，回到非常政治的時代，即構建一個現代的憲政國家的問題。

第三，我要談一下非常政治的時刻。我們看到，即便是英美佔據主導的日常政治的自由主義理論，也還要面對一些非常政治的特殊時刻。對此，英國的光榮革命在這裡我們就無須多說了。這場革命作為英國政治史的轉捩點，儘管是光榮的復辟，但依然是驚心動魄的，由此造就出了洛克的憲政理論。關於美國的憲法政治，憲法學家阿克曼總結出三個特殊的歷史時刻：費城制憲、內戰（南北戰爭）與羅斯福新政。此外，如果考慮到今天的狀況，或許還可以加上一個非常時刻： 911事件引發的美國作為政治國家的內在變革。可以說，上述這些非常政治的時刻所凸顯出來的政治與憲法問題，或國家問題，顯然都不是一種日常政治中的自由主義理論所能處理的。為此阿克曼等人提出了一種非常政治的憲法理論，他們企圖通過歷史主義的分析，把共和主義加進去，用共和主義改造自由主義，賦予自由主義面對非常時刻的政治決斷力。

我認為，自由主義應該分為兩種型態，一種是日常性的自由主義，以司法主義為中心，以消極自由為基礎，以群己權界為標準；但是，自由主義還有另外一種，即非常政治時刻的自由主義，而不是共和主義，因為共和主義早就被現代的自由主義吸收了，或者說，這種自由主義可以稱為自由共和主義。它們以政治立法，尤其是以變革創制、面對危機而啟動國家能力為手段，進而實現非常政治下的國家創新，或曰再造自由共和國，以此最終確保國家秩序與個人自由的平衡，促使這個國家從非常政治轉入日常政治，實現和平、自由與公民權利的重新保障。因此，這個危機時刻，自由主義不僅需要理性，更需要激情與決斷，需要政治家的審慎美德和公民的積極自由美德。我們看到，美國在三次政治危機的關頭，都幸運地完成了兩種自由主義的轉型，從而使得這個國家無論是日常政治還是非常政治，都保持著富有生命力的自由精神和制度創新的激情。

總之，在西方自由主義的政治思想譜系中，尤其是主流的英美自由主義的譜系中，國家問題一直是一個重要的主題。固然在日常時期，它們是隱秘的、掩藏在背後的，但是，一旦面臨危機時刻，一旦國家存亡的問題出現時，自由主義並非無所事事，而是富有作為，並且大放異彩。只是相對說來，在思想理論的話語特徵上，英國人說的不多，但做得好，而美國人則是做得好，說的也多。這多少反映出兩種思想政治傳統的風格差異，但並沒有實質性的區別。

三

在大致梳理了英美自由主義的國家問題之後，下面我要集中談一下中國自由主義的國家觀。我認為，尤其是在當下中國，國家問題不能成為所謂的隱秘主題，而是要凸顯出來，自由主義要與新左派的國家主義形成公開的論辯。因為，無論是從社會結構還是從歷史演變來說，現代中國都還沒有走出一個類似於西方早期現代的歷史時代；也就是說，我們還處在一個建國時期，或者說，這個自由主義視野下的政治建國時期從來沒有完成。西方諸國在20世紀之後作為理論預設、實踐預設的「政治國家」或「憲政國家」這個事物，在中國還從來沒有真真切切地存在過。

當然，我們也不說這個現代社會的政治制度前提一點也沒有，而是說我們到現在也還沒有處理好這個國家構建的問題，我們一直處在非常的政治時期。也許從狹隘的現代政治學或實證主義憲法學來說，現代國家在百年中國早已經創制完成，因為中華民國是一個實證性的現代國家，而且與英美蘇法一起成為聯合國的五大常任理事國；中華人民共和國作為現代中國的主權代表，替代國民黨的國民政府，成為聯合國的成員並繼任五大常任理事國的席位；中華民國和後來的中華人民共和國，都有憲法，因此，現代中國的國家構建問題，與西方諸國一樣，早已經完成。從國家形式上看，上述觀點沒有什麼不妥，現代中國作為政治國家已有百年歷史。但是，如果從政治國家的本質，即憲政國家來說，我認為，百年中國的這個國家構建的非常時期，並沒有創制完成，其現代國家的正當性與合法性並沒有徹底解決。引述任劍濤教授的一個非常精闢的觀點，在今天的中國，這個政治議題尤其表現為政黨「捕獲」國家，一個正常的憲制國家並沒有從根本上建立起來。

對此，我有一個有關現代中國的歷史政治學的國家敘事。我認為，一百年來處於國家構建時期的現代中國，大致呈現為一個「三個半的中國」的政制型態。第一個中國就是中華民國，這個中國來自辛亥革命以及清帝遜位，通過中國版的革命、立憲以及五族共和，在古今之變的歷史關頭，創設了第一個「現代中國」(據說還是亞洲第一個共和國)。說起來這個中國在草創時期還是不錯的，我曾經把這場變革稱之為中國版的「光榮革命」。當然，在此後的民國演進中出現了曲折，由於宋教仁被刺，再加上一系列內政與外部問題的糾葛，餘下的十幾年沒有搞好，最後導致了國共兩黨的分裂。到1928年北伐戰爭結束，繼承孫中山遺志的國民黨最後大體上統一了中國，成立了一個黨國體制的「中華民國」，這就是我所謂的第二個「現代中國」。國民黨的中國，其建國路線不同於第一個中華民國，其國家目標是三民主義與五權憲法，採取的是三步走的國家路線，即軍政、訓政與憲政的以黨建國的路線。這個黨制國家在內憂外患之下，雖然開局也還不錯，搞出一個少有的十年經濟繁榮，但隨著日本人的入侵，中華民族面臨外部強敵侵略的非常形勢，因此，抗戰建國就成為第二個現代中國的建國主旋律。在此期間，一方面是國民黨的黨制國家，另一方面則是共產黨以及民主黨派的憲政訴求，國共再次合作，各派積極參與，最終戰勝外部敵人，國家構建的新機在望。但遺憾的是，在抗戰勝利後，就國家體制問題，國共兩黨發生原則性衝突，民主黨派隨之分化，於是產生了關於第三個

「現代中國」的兩種型態。

首先是國民黨主導的1947年中華民國憲法，這個第三個「中國」構建伊始就面臨危機。隨著國民黨敗離大陸，偏於台灣一隅，以及戡亂條款頒佈和憲政中止，國民黨接續的這個第三個「中國」敗落為「中華民國在台灣」，實質上又退回到第二個中國即黨制國家的專制獨裁上來，直到蔣經國時代的政治改革，廢除戡亂條款，這個現代中國的法統才獲得生機，成就了一個富有生命的台灣民主憲政的政治共同體。不過，國民黨的中國畢竟只是一個地區，不具有中國的主體性，真正的第三個「現代中國」，是共產黨領導人民創建的中華人民共和國。這個中國在用槍桿子底定了大陸之後，立馬就廢除了國民黨的六法全書，重新啟動新政協，以共同綱領為建國依據，進而制定五四憲法，在大陸開始了社會主義的國家建設運動。當然，大家都知道，共產黨領導的新中國，歷經曲折，其中發生了文化大革命，致使國家瀕於崩潰的邊緣。

所以，就歷史視野中的第三個「現代中國」來說，無論是作為地區的「中華民國在台灣」之戡亂時期，還是中華人民共和國的前三十年，都不能說是日常的國家型態。且不說兩岸分治，這個作為「現代中國」的國家還沒有統一起來，即便是就各自內部來說，也是非常時期，敵友政治氾濫，階級鬥爭與無產階級專政肆虐，公民權利難以伸張，公權力恣意妄為，憲法不得實施。總之，第三個中國，尤其是推翻了國民黨統治大陸的作為政治主體的並繼任聯合國常任理事國席位的中華人民共和國，就其政治體制以及運行來看，還不能說是一個基於憲法根基的依憲治國的正常國家，而是頻頻處於繼續革命、無產階級專政與群眾運動的非常政治時期。

為什麼我要說三個半中國的故事呢？因為，在第三個現代中國之後，我們迎來了一個改革開放的時代。就大陸中國來說，從82憲法一路走來，已經有三十多年，其中雖然也有挫折，但畢竟通過了四次修憲，中國共產黨也經歷了兩次關鍵性的三中全會，一次是十一屆三中全會，最新的一次是前不久的十八屆三中全會。兩次全會的決議都具有高於憲法的政治意義，並且都將轉化為憲法的內容。在我看來，這些政治路線的改革調整，憲法條款的修訂與完善，使得我們置身其中的現代中國，還是一個未完成的進行式，還是處在一個巨大的非常時期。故而，我們只能用半個「現代中國」來看待或描述這個繼第三個中國之後的現代中國之特性，因為，究竟這個行進中的中國達到何種常態國家，在何時達到，其標誌是什麼，都還是不明朗的，都還是一個「中國夢」。就近期的國家型態來說，如何實現十八屆三中全會的「法治中國」議題，其內部的黨與國家的關係需要調整，中國人民代表大會制度以及政治協商制度，還有立法、司法與政府制度，還有人大代表的選舉制，政府的問責制、司法公正，等等，這些都要與法治國家的理念相匹配。這個面向未來的現代中國，還面臨著兩岸四地甚至邊疆治理等諸多國家構建的關鍵問題。從一般的國家學說來看，一個正常國家的主權應該是完整的，儘管主權之下的政體可以是多種形式，如何從主權以及政府體制、司法體制的不同政治層面，來處理與台灣的政治問題，處理香港、澳門基本法問題，以及少數民族自治區問題，這些對於未來的中國都是一系列巨大的挑戰，都屬於現代國家的構建問題之核心議題。

所以，對於未來的現代中國來說，國家問題就不可能是一個所謂的隱秘的主題，而是一個凸顯的主題。自由主義要對此提出自己的理論觀點，不能迴避，也不能完全讓給新左派的國家主義來應對；中國的自由主義要有自己的國家觀或國家理論。因為，我們要從憲法的角度審視國家問題，從制憲建國的角度來審視未來中國的國家問題，要把國家放到憲法的籠子裡，而不是僅僅從政治本身，從激進革命與專政角度看待國家。或者說，要尋求一種自由與秩序的共同生成的政治邏輯，國家權力並非從來就是強力性的，憲法籠子也不是僵硬不變的，而是國家與憲法一同生成，所保障的是公民的自由權利，維護的是基於公民權利的國家利益。從現代中國的國家歷史來看，三個半現代中國的敘事，只是描述了這個進程，並沒有從立憲建國的視角揭示這個國家史學的憲法邏輯和政治邏輯。我們看到並為之痛惜的是，我們的國家一次次成為政黨的政治「捕獲物」。新左派的國家主義正是對此大放厥詞的，而自由主義的國家理論，要致力於對這種政黨「捕獲」國家的政治機制予以徹底的分析與揭露，重新把共和國的憲法以及人民的意願作為這個國家的根本，由此而來的「法治中國」才能獲得正解。

高全喜，北京航空航太大學人文與社會科學高等研究院院長，法學院教授。研究政治思想史、法理學與憲政理論。主要著述有：《休謨的政治哲學》、《立憲時刻》等。目前主要致力於中國百年憲政史的研究與教學。

思想評論

評論台灣近來有關「中華文化基本教材」的爭議

李明輝

2011年10月22及23兩日，台灣哲學學會在台北舉辦該年度會員大會暨學術研討會。除了由會員發表學術論文之外，主辦單位還特別安排一場「四書納入高中必選教材是否合宜？」的哲學論壇，邀請多位學者擔任引言人。筆者原先答應擔任正方的引言人，但後來發現會期與筆者赴江西白鹿洞書院出席「哲學與時代：朱子學國際學術研討會」的時間衝突。於是筆者拜託同為正方引言人的謝大寧為筆者轉達兩點意見。在會前，祝平次與陳瑞麟已提供了書面意見，傳給其他引言人參考。謝大寧、范雲、卓翠鑾與謝世民則在會議現場陳述主張，並回應問題。杜保瑞與蔡家和則是在閱讀過論壇的記錄之後，於會後提出書面意見。此外，在現場還有十位聽眾發言。《思想》將這些書面稿及發言記錄編輯起來，以〈必須讀《四書》？——又一次爭議〉為題，刊登於該刊第21期（2012年5月出刊）。

筆者於事後讀到上述的書面稿及發言記錄之後，坦白講，感到非常失望，也對《思想》主編錢永祥表達了自己的失望。筆者的失望不僅是由於反方意見一面倒地壓過正方意見，更由於反方意見充斥著各種私人情感與政治意識型態的糾結，以及似是而非的「食洋不化」之論。筆者不禁懷疑：不少發言人對儒家的理解是否依然停留在百餘年前的五四時代？

所謂「又一次爭議」，係相對於1983年有關「中國文化基本教材」的爭議而言。中國國民黨退守台灣之後，針對中國共產黨的反傳統政策，以中華文化的正統代表自居。在這個背景下，中華民國教育部從1962年起將《論語》、《孟子》列入「中國文化基本教材」，規定為高級中學的必修課程。直到1982年為止，教育部並未編訂統一的教本，而只有不同的審訂本。1968至1971年筆者就讀於台北市建國高級中學時，使用的便是其中一個教本（可能是正中書局版）。這個教本只是《論語》、《孟子》原文的節選，編者再根據朱熹的《四書集註》加上簡單的註釋而已，並未有明顯的政治化色彩。之所以採用節選的方式，一方面是由於上課時間的限制，另一方面也是由於《四書》的若干章節已脫離了時代。如今回想起來，筆者是這項政策的受惠者，因為它引發了筆者對中國文化的強烈興趣。筆者對這個課程特別感興趣，不但讀完了整本教本，還自己閱讀了朱熹的《四書集註》。連《論語・鄉黨篇》（它在教本中被全部刪去）這麼枯燥的章節，我都讀得津津有味。

這個政策實施多年，並未引起爭議。不意到了1983年，教育部為這個課程新編了一個教本。這個教本是以陳立夫的《四書道貫》為詮釋基礎，並加上《大學》與《中庸》。由於這個版本所根據的僅是陳立夫的一家之言，並且在註釋中大量加入國民黨的政治意識型態，它立即引起了學生的反感與學術界的批判。連以提倡中國文化為宗旨的《鵝湖月刊》都跳出來批判這個新教本。自1984年4月起，該刊先後刊載了王邦雄、卜問天（林安梧）、邱財貴（王才貴）、楊祖漢、鄭志明、伍壽民等人的批評文章之外，更於1987年12月12日舉辦了一場「現行高級中學中國文化基本教材檢討」座談會，廣泛邀請大學教授（如蔡仁厚、吳文星、李豐楙、陳伯璋、龔鵬程、傅武光、楊儒賓）與高中國文教師檢討新版的「中國文化基本教材」教本[1]。同年10月18日《國文天地》也在總編輯傅武光的籌畫下舉辦了一場「高中中國文化基本教材的檢討」座談會，邀請大學中文系教授與高中國文教師出席[2]。由於爭議太大，次年該教本便為國立編譯館新編的版本所取代。1999年以後，台灣的高中教科書開放由民間書商編纂，不再由政府機構編纂。

2000年民進黨取得執政權的初期，仍然維持「中國文化基本教材」的課程。直到2005年，民進黨政府廢除「中國文化基本教材」課程，改為「論孟選讀」，與「小說選讀」、「區域文學選讀」、「語文表達及應用」並列為一學年的選修課程。2008年國民黨重新執政之後，於2010年又恢復了此一課程，改稱為「中華文化基本教材」[3]，包括《論語》一學年、《孟子》、《大學》和《中庸》一學年，每週一小時，不單獨列入大學入學升學考試科目。「中華文化基本教材」與「生命教育」並列為六門選修課程中必選的兩門課程。

---

1 會議記錄見林家民、林弓義記錄，〈現行高級中學中國文化基本教材檢討座談會〉，刊於《鵝湖月刊》第151期（1988年1月），頁1-30。關於新版「中國文化基本教材」教本的內容及台灣學界對它的批判，參閱黃俊傑，〈戰後台灣的儒家思想：存在形式、內涵與功能〉，收入李明輝編，《儒家思想在現代東亞：總論篇》（台北：中央研究院中國文哲研究所，1998），頁155-194。

2 會議記錄見陳益源記錄，〈高中中國文化基本教材的檢討」座談紀錄〉，刊於《國文天地》第3卷第7期（1987年12月），頁16-27。

3 「中華文化基本教材」與「中國文化基本教材」雖然只有一字之差，但在台灣目前的政治背景下卻有極為不同的政治意涵。因為「中國」一詞被等同於「中華人民共和國」，而「中華」一詞則被當作較為廣泛的文化概念來使用。連肯定中國文化（不！中華文化）的馬英九政府都有此忌諱，可見目前在台灣提倡儒學的人所面對的是何等詭譎而複雜的情境！

這便是第二次爭議的起因[4]。

現在回到台灣哲學學會的辯論。我將辯論中持反對意見者分為兩類：第一類是在內容方面否定或質疑儒家思想在今天的價值；第二類是在形式方面質疑決策過程的合理性或合法性。第二類人可能肯定(至少不質疑)儒家思想的價值。反之，贊成此項政策者也可能同意(至少部分同意)第二類反對者的質疑。第一類反對者，依激烈的程度排列，包括祝平次、范雲與陳瑞麟。

筆者最不想討論的是祝平次的論點。因為他的論調會使人誤以為他是五四時代的憤青，而非目前在大學裡研究並教授儒學的學者。他像在會中發言的若干學者一樣，似乎是陳立夫版《中國文化基本教材》的受害者。在他的眼中，儒家思想正是魯迅筆下的「吃人的禮教」。他反對儒家思想的理由包括：1)儒家的禁慾主義是反人性的，無法解決青少年的性慾問題；2)儒家思想是反民主的，對台灣民主政治的發展毫無貢獻；3)儒家倫理學是一種「極端人格倫理學」，只重視自我，而忽略了外在情境與制度；4)提倡儒學的人(包括孔子、孟子、子思、曾子、朱熹、王陽明，乃至蔣介石)都是虛偽的人。針對這些論點，會中也有人加以反駁，故不勞筆者多費心神來討論。筆者只要強調：如果他的論點能成立的話，百餘年來的儒學研究可說都繳了白卷。

以上述的第一點來說，祝平次將理學家所說的「存天理，去人欲」理解成一種壓抑自然人性(所謂「食色性也」)的「極端的道德主義」[5]。其實，理學家所說的「人欲」並非泛指所有自然慾望，而

4 關於台灣高中「中國文化基本教材」教科書的演變史，請參考陳怡樺，《高中「中國文化基本教材」編纂沿革研究》，台北：國立台灣師範大學國文學系碩士論文，2011。

5 〈必須讀《四書》？——又一次爭議〉，刊於《思想》，第21期(2012

是特指違背天理的慾望；因此，正常的食色之性並不在「人欲」的範圍之內[6]。又如他說：「當代新儒家強調的宋明理學，只強調個人內在的主觀道德，也就輕忽了制度倫理性的重要性。」(頁248)但任何人只要讀過余英時於2003年出版的《朱熹的歷史世界》，就知道這種說法的片面性。這些都是宋明理學的基本常識，而研究宋明理學的祝平次竟然不知道(或故意忽視)，夫復何言！

由於牟宗三與勞思光藉康德哲學來詮釋儒家思想，祝平次也引述麥金太爾的觀點來批判康德哲學。例如，祝平次說：「道德／倫理行為做為一種社會活動的面向，在康德的道德形上學系統還是比較不受到強調和重視，這也引來很多的批評。」(頁247)他似乎不知道康德有一整套的法政哲學，甚至成為羅爾斯的自由主義之思想資源。康德晚年所著的《道德底形上學》之第一部《法權論之形上學根基》就包含一套法哲學，討論諸如財產權、人格權、家庭、婚姻關係、國際法、世界公民權等，第二部《德行論之形上學根基》則聚焦於麥金太爾所強調的「德行」(Tugend/virtue)概念，涉及人與自己、他人，乃至動物、環境的關係[7]。祝平次這種道聽塗說的片面

(續)

年5月出刊)，頁240。以下引述《思想》中的相關言論時，均直接將頁碼附於引文之後，而不另加腳註。

6 「存天理，去人欲」是宋明儒者的基本共識，但往往因望文生義而受到誤解。關於這個問題，請參閱拙作，〈朱子對「道心」、「人心」的詮釋〉，刊於《鵝湖月刊》，第387期(2007年9月)，頁11-21；第388期(2007年10月)，頁11-16；亦刊於《湖南大學學報》，第22卷第1期(2008年1月)，頁19-27；《廈門大學國學研究院集刊》，第1輯(北京：中華書局，2008年11月)，頁259-276；蔡振豐編，《東亞朱子學的詮釋與發展》(台北：台灣大學出版中心，2009年7月)，頁75-110。

7 筆者已完成此書之譯註，即將由聯經出版公司出版。關於康德的法政哲學還可參閱筆者譯註的《康德歷史哲學論文集》(台北：聯經

之辭實不值識者一駁。

然而，最駭人聽聞的是他的如下一段言論：

> 開放後的新中國則把它〔指儒家思想〕當做國家軟實力，打著孔丘的招牌廣設孔子學院，試圖影響全球的中國論述。但也還沒頭腦不清楚到把它引進到教育系統；畢竟，共產黨在〈東方紅〉裡的豪氣還是在的。這種豪氣，簡單來講就是破除舊傳統儒家士人的菁英文化，而訴諸大眾的力量。不用說，這在中國的歷史上是豪舉，而且是一個成功的豪舉。這只要證諸共產黨成功之後所重述的中國史就可以知道。(頁245)

祝平次似乎不知道大陸的若干大學(如武漢大學、中山大學、復旦大學、山東大學、山東師範大學、山東工商學院、杭州師範大學、浙江科技學院)已將儒家經典納入通識教育的教材。當大陸學界的有識之士正在反省文革時期反傳統的錯誤與慘痛教訓，而力圖回歸中國傳統文化時，一位以研究並教授儒學為業的台灣學者竟然發出這種文革論調，委實令人感到時空錯亂與精神錯亂！

范雲則質疑「讀《四書》有助於品格提升」的觀點(頁277)。她從女性主義的觀點強調：讀《四書》不如讀《女書》(頁278-279)。她坦承：她高中時所讀的正是《四書道貫》版的《中國文化基本教材》(頁278)。

陳瑞麟在題為「儒殤」的發言稿中略帶感傷地回顧他過去接受國民黨黨化教育的痛苦經驗。因此，他懷疑教育部推動「中華文化基本教材」的政策是「『中華文化、儒家思想、民族主義、黨國意

(續)

出版公司，2013，增訂版)。

識型態』四合一結構的復辟，是出於政治動機而非教育動機」(頁256)。他特別強調民主的價值，甚至說：「生活在民主制度與社會下的一般人民，其道德品格是人類歷史上水準最高的一群。」(頁262)對他而言，「即使儒家思想沒有與現代不相容，也無法成為民主社會和文化的基石」(頁255)。相較於祝平次，他並未完全否定儒家思想的價值。他說：「身為一個哲學教授，儒家哲學對我來說，是一個有缺陷的思想和信仰體系(當然，沒有思想體系是完美的，因為沒有人是完美的)。這並不代表它全無價值，但是它的價值也不能太過高估。」(頁258)

令人詫異的是：筆者雖然在會場缺席，陳瑞麟在事後的書面回應中卻僅憑謝大寧在現場轉述筆者的兩段不完整的意見(而非筆者的著作)，將筆者的論證形式簡化如下：

> 社群主義是民主的，而且比自由主義的民主好。
>
> 社群主義主張國家得以介入文化議題。
>
> 儒家是亞洲社群主義，四書是儒家經典。
>
> 反對者如祝、陳、謝、范等是自由主義立場。
>
> 因此，國家推出高中四書必選政策是正當的。(頁328)

再據以反駁筆者。從陳瑞麟的歸納，讀者很容易誤以為筆者一面倒地偏向社群主義。其實，筆者的真正觀點是：傳統儒家與當代新儒家都是依違於社群主義與(羅爾斯式的)自由主義之間[8]。一位研究科

---

8 參閱拙作，〈儒學、義務論與社群主義〉、〈徐復觀與社群主義〉，均收入拙著，《儒家視野下的政治思想》(台北：台灣大學出版中心，2005；簡體字版：北京：北京大學出版社，2005)。

學哲學的學者豈可如此輕率而不實事求是？這距離德國哲學家哈伯瑪斯所謂的「理想的言談情境」何啻千里！

至於第二類的反對者，即質疑決策過程的合理性或合法性者，在肯定與否定儒家思想者之間有部分的重疊。筆者將這類的反對意見歸納為以下幾點：

一、反對者擔心將「中華文化基本教材」列入高中課程，會加重學生的負擔，或排擠其他的課程。
二、反對者強調儒家是一種宗教，將「中華文化基本教材」列入高中必選課程，有違現代國家所依循的「政教分離」原則。
三、反對者或許並不否定儒家思想的價值，但強調將「中華文化基本教材」列入高中必選課程，有違自由主義所強調的「政府中立性」原則。若將它改為選修，有些人則會贊成。

在以上的兩類反對意見當中，筆者不擬多談第一類反對意見，因為關於儒家思想之價值的討論在學界實已汗牛充棟，想得到的正反意見都有人提過，實毋須在此贅述。至於有人質疑讀《四書》是否有助於品格提升，如范雲說：「作為一個社會學者，我相當懷疑，有沒有什麼經驗的證據可以知道，現在的人品格淪喪是因為不讀《四書》？如果我們的中學生讀了《四書》，是不是有助於品格的提升？」（頁277）這個問題也沒有多大的意義，因為它可以用來質疑任何教育政策。舉個極端的例子來說，挪威的民主教育是台灣不少自由派學者所稱羨的，但它怎麼會產生像布列維克這類極端仇視外來移民而濫殺無辜，事後甚至毫無悔意的殺人魔呢？人類歷史上似乎尚未出現任何道德教育或宗教教育能保證人不會犯罪，除非是基於強力的意識型態控制，如甘陽有一次談到他在1960年代初「學雷鋒」運動時的親身感受：「至今仍能憶起當時那種巨大的道德感召力，當時幾乎已達『滿街是聖人』的氣象。」[9]

至於第二類反對意見中的第一點，筆者也不擬討論，因為它是每一個課程都會碰到的質疑。例如，歷史教師總覺得歷史課程是不可或缺的，數學教師也覺得數學課程是一切科學教育的基礎，這種辯論注定不會有結果。

至於第二點，謝世民與陳瑞麟與都強調儒家是一種宗教。謝世民引述了當代新儒家論儒家宗教性的言論，來證明儒家是一種宗教。據此，他強調：

> 根據「政教分離」原則，教育部不可以要求高中學生或任何階段的學生必選《聖經》或是《壇經》。同理，如果《四書》作為儒教的經典，其地位就像《聖經》或《壇經》一樣，那麼，教育部也不可以要求高中生必選《四書》。當然，儒家的信仰者也許會辯解說，《四書》並不是宗教的聖典、儒教不是宗教。但是從基督徒和佛教徒的立場而言，如果政教分離是大家都必須遵守的原則，那麼，在高中課程設計的層次上，《四書》其實就像《聖經》和《壇經》。（頁286）

陳瑞麟則說：

> 儒家是一個信仰，但是信仰不能越界成為民主社會高中教育的「文化基本教材」，正如佛經、聖經、古蘭經、道德經不能成為高中教材一樣。請不必再為儒家思想不是宗教辯護——雖然

9 甘陽，《我們在創造傳統》（台北：聯經出版公司，1989），頁16。

> 從教主、聖徒、護教者、經典、信徒、教團各個判準來看，儒家都是不折不扣的宗教，但我不想在這兒糾纏，就算儒家不是宗教吧！即使不是宗教，它仍然是一個信仰體系，最重要的是，現代社會的儒家信徒已經很少了。（頁258-259）

關於「儒家是否為宗教」的問題，近年來兩岸學術界的討論所累積之文獻也已汗牛充棟，謝、陳兩人恐怕未多注意。的確，牟宗三曾將儒家稱為「人文教」，唐君毅與杜維明也一再強調儒家的宗教性。筆者也主張：如果說儒家是宗教，它只能是康德意義的「道德宗教」[10]。筆者曾開玩笑打個比喻說：問「儒家是否為宗教」，就像問「啤酒是不是酒」一樣，端看你如何界定「宗教」而可能有不同的答案。但無論我們如何理解儒家，我們至少無法否認一項事實：在中國歷史上，儒家從未建立一個教會與一個神職團體。這是儒家與一般宗教根本不同的地方。陳瑞麟說：「現代社會的儒家信徒已經很少了。」筆者要問：他是根據什麼標準來認定儒家信徒的身分？一般宗教徒的身分可以根據皈依的儀式（如受洗）來認定，但我們如何認定儒家信徒的身分呢？根據他是否讀過儒家經典嗎？據我所知，台灣的一貫道是推動兒童讀經運動的重要力量，它的信徒也是儒家的信徒嗎？反之，許多不識字的人透過地方戲曲或家庭教育的薰陶而體現出儒家的價值與行為方式（如孝親、祭祖），他們算

---

10 參閱拙作，〈從康德的「道德宗教」論儒家的宗教性〉，收入哈佛燕京學社編，《儒家傳統與啟蒙心態》（南京：江蘇教育出版社，2005），頁228-269；亦收入李志剛、馮達文編，《從歷史中提取智慧》（成都：四川出版集團巴蜀書社，2005），頁1-49；亦收入李明輝、林維杰編，《當代儒家與西方文化：會通與轉化》（台北：中央研究院中國文哲研究所，2007），頁15-70。

不算儒家呢？再舉個極端的例子：我的同事林月惠是虔誠的天主教徒，但她肯定儒家的價值，願意奉獻心力，為教育部編纂《中華文化基本教材》，她算不算儒家信徒呢？打個比喻來說，儒家類似於可以跨政黨的柔性政黨(如台灣的新黨)，可以同時具有跨越宗教教派的身分。多年前我參觀過南投中台禪寺所設立的普台小學，在校園裡就見到儒家聖賢的塑像。或許在台灣的知識界，在主觀上願意承認自己是儒家信徒的人的確不多，但儒家在台灣民間的滲透力量決非陳瑞麟等人所能想像。否則，我們就很難理解王財貴的兒童讀經運動在台灣民間所引起的廣大迴響。

「政教合一」一詞譯自英文的Caesaropapism。顧名思義，Caesaropapism意謂凱撒與教皇的合一，也就是政治權威與宗教權威的合一。這個概念預設強大的教會之存在。中國的儒家既無教會，如何會有「政教合一」或「政教分離」的問題呢？依筆者之見，將政教合一的概念抽離於西方的具體脈絡，來談中國文化或當今台灣的「政教合一」問題，乃是食洋不化的假議題。不久前張灝發表的〈政教一元還是政教二元？傳統儒家思想中的政教關係〉一文[11]，便屬於此類。在今天的西方世界，「政教分離」的原則雖已成為共識，但在伊斯蘭世界，依然是爭議不休的問題。例如，現今伊朗的伊斯蘭共和國便是建立在政教合一的原則之上。埃及在茉莉花革命之後的動亂，主要也是由於政教合一原則與政教分離原則的衝突。在中國歷史上，洪秀全的太平天國或許是政教合一的唯一例子，但是他的拜上帝教則是模仿西方的基督教。蔣慶所設計的「儒教憲政」無疑也屬於政教合一的型態，但它尚只停留在空想的階段。既然台灣沒有政教合一的問題，指摘教育部將「中華文化基本教材」列入

11 刊於《思想》第20期(2012年2月)，頁111-143。

高中必選課程，有違現代國家的「政教分離」原則，便是食洋不化的假議題。

如果政教分離的指摘是個假議題，「政府中立性」的問題則較值得考慮。的確，政府中立性是現代自由主義的基本原則，但這項原則在當代西方政治哲學中也是爭議不斷的問題。本文也不可能詳細討論這些爭議。從社群主義的角度來看，政府中立性的原則若非不切實際，就是自欺欺人。任何政府(包括民主政府在內)不可能沒有教育政策，而其教育政策不可能沒有具體內容，不是這種內容，就是那種內容，不可能完全中立。即使一個政府完全遵循自由主義的原則，它至少必須預設某些基本價值，例如美國自由主義哲學家馬塞多所謂的「自由的德行」(liberal virtues)[12]。馬塞多此說本來是要回應社群主義者對自由主義的批評，但反而坐實了社群主義的指摘：自由主義在價值上並非完全中立、無所預設。他甚至承認自由主義中立性的虛幻[13]。自由主義者可能辯解說：這些德行所代表的價值是自由社會得以維持的底限。但對於一個不認同自由主義的人(譬如伊斯蘭基本教義派)而言，他會認為這個政府是中立的嗎？因此，我們不如面對現實，老實承認：每個政府都不可避免基於其特殊的歷史經驗與社會脈絡而在教育政策上提倡某些特定的價值。例如，今日的德國雖然是個公認的民主國家，但你在書店買不到希特

12 參閱 *Stephen Macedo: Liberal Virtues: Citizenship, Virtue, and Community in Liberal Constitutionalism* (Oxford: Clarendon Press, 1990)。此書有馬萬利的中譯本，《自由主義美德：自由主義憲政中的公民身份、德性與社群》(南京：鳳凰出版傳媒集團／譯林出版社，2010年)。但因其譯文太過自由，故本文不予採用，而僅將中譯本的頁碼附於原版頁碼之後。

13 參閱同上書，頁260-263 [246-248]。

勒的《我的奮鬥》[14]。按照台灣自由派的觀點，這豈非違反了「政府中立性」的原則？

在這一點上，馬塞多有一段話特別值得我們深思。他說：

> 自律源於對一個多元而寬容的文化所共享之價值與規範的理解。熟悉一個傳統或一套社會常規與一個人的個體性之發展之間並無緊張關係。自律並不是發現自我當中的個體性之一個深邃、固定的內核之事，它是一種積極批判的與反思的方式，以運行於一個多元文化的複雜母體當中，並且使這種文化的資源成為一個人自己的資源。文化的與社會的資源在受到自由的政治規範與態度的框限時，就不是對自律的威脅，而是探索的機緣。[15]

這可視為自由主義在回應社群主義與傳統主義的批判時對它們的靠攏。

當然，筆者並非完全同意國民黨過去推行「中國文化基本教材」的目的與手段。然而，在經過兩度政黨輪替後的台灣，還有人基於自己過去的經驗，擔心馬英九政府推動「中華文化基本教材」課程是「『中華文化、儒家思想、民族主義、黨國意識型態』四合一結構的復辟」，實在未免言過其實，也使得理性的對話(這是馬塞多所強調的「自由的德行」之一)很難進行下去。其實，除了謝大寧與筆者之外，在會中也有人(如蔡錦昌、李文心、黃麗娟)公開表示：他

14 參閱江靜玲，〈民粹抬頭希特勒自傳登暢銷書〉，2014年1月13日《中國時報》A16版。

15 同上書，頁270 [255]。其實，徐復觀也表達過類似的想法，參閱其〈為什麼要反對自由主義？〉，收入其《學術與政治之間》，頁459。

們在高中時讀《四書》，覺得很受用。

在論壇的發言者當中，也有不少人(包括謝世民與陳瑞麟在內)可以接受將「中華文化基本教材」列為選修課程。這似乎是一個可以考慮的方向。其實，在1980年代，新加坡教育部便曾將儒家思想與基督教、回教、興都教、佛教、世界宗教並列為中學必修科目「宗教／道德教育」的選項，並為此成立東亞哲學研究所，邀請國際知名的儒家學者來設計課程與教材[16]。筆者也不反對將佛教經典(例如《六祖壇經》)與道家經典(例如《老子》、《莊子》)列入「中華文化基本教材」的選項。只是這樣一來，基督徒也可能要求將《聖經》列入，伊斯蘭教徒則要求將《可蘭經》列入，其他學科的教師更會抱怨期上課時數受到排擠，以致治絲益棼。筆者目前的心情是：如果我們肯定經典的價值，在每周一小時的有限時間內，先將儒家經典(即使只是《論語》、《孟子》也好)列入課程吧！

為什麼優先選擇儒家經典呢？今天我們當然不可能回到獨尊儒術的時代。牟宗三在1952年的孔子誕辰紀念日曾發表了〈祀孔與讀經〉一文，闡明讀經的意義，迄今猶有參考的價值。他在文中強調兩點：第一、儒家學術含有文制的意義；第二、一個民族與社會必須有文制，以維持人民的現實生活。因此，他強調：「儒學不能看成是個人的思想理論，孔孟不能看成是諸子百家之一。」[17]什麼是文制呢？牟宗三解釋說：

---

16 參閱蘇新鋈，〈儒家思想近十五年來在新加坡的流傳〉，收入李明輝編，《儒家思想在現代東亞：總論篇》(台北：中央研究院中國文哲研究所，1998)，頁255-325。

17 牟宗三，《生命的學問》(台北：三民書局，1970)，頁101。由於三民書局發行人劉振強拒絕授權，此書未能收入《牟宗三先生全集》中，令人深感遺憾。

> 凡是文制都是表示現實生活上的一個常軌；有普遍性，有一般性。民主政治是政治生活的一個常軌，所以民主政治也是今日的一個文制。西方除科學外，惟賴有民主政治與宗教這兩個文制，才能維持他們生活的常軌。宗教是政治生活外的日常生活中的一個文制。這不能由民主政治來代替，也不能由科學來代替的(科學不是一個文制)。我們也不能拿西方的宗教來代替。耶穌教不能移植到中國的民族性裡而成為日常生活中的一個文制(理由我這裡不必說)，我們還得根據我們的文化傳統及聖人來建立文制，作為我們日常生活的方式。文制有普遍性與一般性，這是從社會上一般人民日常生活來作想。不是單獨對某一部分人作想。也不要單從自己的立場作想。[18]

一個社會為什麼需要文制呢？牟宗三解釋說：

> 因為人不能都在或總在自覺中過生活，總得有一個不自覺或超自覺的東西作憑依。這就是莊子所說的人相忘於道術，魚相忘於江湖。相忘就是超自覺，不自覺。不自覺其所憑依之江湖之可貴，而得養其天年，潤其生命。若是離開這個不自覺的憑依，而處在陸地上，相煦以沫，意識中時時在自覺奮鬥，則其痛苦可知，其生命亦快完了。客觀文制之於生活亦然。[19]

儒家沒有教會與神職團體，也沒有明確的身分認定，故今人常有「儒門淡薄」之嘆。但是它的這種特性反而使它有強大的滲透性與跨越

18 同上書，頁102。
19 同上書，頁104-105。

性，而符合文制的意義。

反之，最近大陸學界出現一股「重建儒教」的呼聲，提倡者包括蔣慶、唐文明、陳明等人[20]。蔣慶的「儒教憲政」構想是一例。唐文明甚至提出「從毛澤東回到康有為」的主張[21]。為了降低儒教的排他性，突出其共法的意義，陳明則提出儒教作為「公民宗教」(civil religion)的構想[22]。最近筆者從電子郵件中讀到陳明的〈儒教三典論略說〉，以及姚中秋(秋風)的兩篇論文〈一個文教，多種宗教〉與〈儒家非宗教論〉。陳明的論文旨在根據《易傳》、《中庸》和《大學》三部經典提出了一個以天為中心的儒家神學系統：《易經》言天道，《中庸》論性命，《大學》說踐履。姚中秋則反覆申論：儒家是文教，而非宗教。所謂「文教」當是文明教化之義。姚中秋在〈一個文教，多種宗教〉中說：「共同體之文，也即，中國這個文明與政治共同體透過儒家之教而在人際之間形成穩定的健全關係，在此關係中，人們大體上獲得身心安寧。這就是文明。」這與牟宗三所說的「文制」之義不謀而合，也類乎德文裡的Bildung

20 相關的論文極多，很難一一列舉，但可參考任重、劉明編，《儒教重建：主張與回應》(北京：中國政法大學出版社，2012)。

21 參閱唐文明，〈政治自覺、教化自覺與中華民族的現代建構〉，收入干春松、陳壁生編，《經學與建國》，第2輯(北京：中國人民大學出版社，2013)，頁73-76。

22 參閱陳明，〈儒教之公民宗教說〉，收入任重、劉明編，《儒教重建：主張與回應》，頁15-26；陳宜中，〈公民儒教的進路：陳明先生訪談錄〉，《思想》(台灣)，第20期(2012年1月)，頁233-274。「公民宗教」的概念出自美國社會學家貝拉(Robert N· Bellah)。關於此概念，參閱羅伯特·貝拉著、陳勇譯，〈美國的公民宗教〉，《原道》，第13期，頁123-141；陳勇，〈公民宗教論綜述〉，同上書，頁77-89。但要特別強調的是：陳明並不贊成蔣慶的「儒教憲政」方案。

一詞。日本人將Bildung譯為「教養」，而在大學裡設教養學部(相當於我們的通識教育科)，即採此義。姚中秋在電子郵件中寫道：

> 我本人始終不同意公民宗教之說。看到陳明兄這篇文章，更為擔心。公民宗教說在中國出現了與美國的反向運動：美國是本有清教，對其國家精神有重大影響，而為了公共化，而抽離其神的意味，將其倫理化。陳明兄的努力正好相反，似乎要坐實儒家之為宗教，而竭力將儒家宗教化，為此而尋找儒家之神靈。蔣慶先生的努力與此相同。這種努力本來的理論根基不穩，同時，效果也糟糕。在初期或許有助於儒家復興，但很快就會妨礙。因為，儒家向來以教育為根本，如果宗教化，儒家還有可能進入教育體系？

這段話說得合情入理，實深得我心。

因此，筆者同意謝大寧的看法，將「中華文化基本教材」的課程定位為經典教育，而非民族精神教育或品格教育或語文教育——雖然它可能為後二者帶來附帶的效果。至於民族精神教育，雖然在《中華民國憲法》第158條載明：「教育文化，應發展國民之民族精神、自治精神、國民道德、健全體格與科學及生活智能。」但在國家認同成為問題的今日台灣，這點可能也有爭議。當然筆者不能代表教育部的看法，而只能為自己的看法負責。

筆者託謝大寧在會中轉述筆者曾在拙文〈儒家傳統與東亞的現代化——從李光耀與彭定康關於「亞洲價值」的爭論談起〉引述過的兩位西方學者之觀點[23]。美國學者狄百瑞於1997年6月在新加坡

23 參閱拙著，《儒家視野下的政治思想》(台北：台灣大學出版中心，

「儒學與世界文明國際學術會議」上發表了〈儒家思想與社群主義〉一文。他在文中提到：在近年來有關「亞洲價值」的爭論中出現一種以「亞洲社群主義」來對比「西方個人主義」的趨勢，而儒家思想往往被引為「亞洲社群主義」的代表。他承認：就儒家思想中欠缺一種「完全獨立而自主的個人」之概念而言，儒家思想中的確有社群主義的傳統。但是他反對將儒家的社群主義傳統理解為一種重群體而輕個人的集體主義傳統[24]。事實上，儒家的社群主義傳統是在承認個人與群體相互依待的前提下肯定個人的尊嚴。他將儒家的這種立場稱為「人格主義」(personalism)，以別於現代西方自由主義的「個人主義」(individualism)[25]。請讀者注意：狄百瑞所說的「人格主義」與祝平次所謂的「極端人格倫理學」並非一回事。

德國學者卜松山也注意到：在對於「自我」的看法方面，儒家與西方社群主義的觀點有合轍之處。他說：

> 如果我們從現代人類原子觀的意義上將「個人」理解為一個自治的實體，作為其標誌，這個實體具有對同等對象自由選擇的能力和權利以及不受限制地實現自我的潛力，那麼，我們在儒家學說中則找不到與現代西方個性觀念之對等之處。但我們發現在儒家思想中個人其實是站在所有社會和道德考慮的最前

(續)

2005)，頁218-220。

24 Wm· Theodore de Bary: “Confucianism and Communitarianism”，見陳榮照編，《儒學與世界文明》(新加坡國立大學中文系／八方文化企業公司，2003)，頁919-921。

25 參閱狄百瑞，〈「亞洲價值」與儒家之人格主義〉，收入國際儒學聯合會編，《國際儒學研究》，第6輯(北京：中國社會科學出版社，1999年2月)，頁6-19。

> 端。儒家的自我不是一個「無負荷之自我」，而比較確切地說，是由它所身處的並賴以形成其個性的社會機制及社會關係來定義的。同時，它也被視為一種傳遞公共利益之觀念的敘述連續性——即「活傳統」——的一部分。[26]

「無負荷之自我」(unencumbered self)是沈岱爾批評自由主義的自我觀之用語[27]。

筆者之所以引述這兩位西方學者的觀點，不過是要說明：民主的自由社會不一定要建立在個人主義的基礎上，反而必須承認每個個人都是在某一社會中形成他的自我，誠如社群主義者泰勒所說：「一個人唯有在其他的自我當中才是一個自我。一個自我決無法被描述，除非參照環繞它的那些自我。」[28]而每個社會都有其傳統，故社群主義者(如泰勒與麥金太爾)都強調傳統的意義。祝平次在發言稿中引述麥金太爾的說法來批判儒家的倫理學(頁247)，卻不提麥金太爾對傳統的重視。麥金太爾在其《德行之後》一書中嚴厲指摘西方現代的個人主義(在他看來，這是當代自由主義之基礎)無視於傳統之意義，忽略了我們每個人都是某一傳統之承載者，而將傳統與

26 卜松山，〈社群主義與儒家思想——尋求共同的倫理基礎〉，收入其《與中國作跨文化對話》(北京：中華書局，2003)，頁61-62；Karl-Heinz Pohl: “Communitarianism and Confucianism – In Search of Common Moral Ground,” in: idem (ed．), *Chinese Thought in a Global Context: A Dialogue between Chinese & Western Philosophical Approaches* (Leiden: Brill, 1999), pp． 274f．

27 參閱其 “The Procedural Republic and the Unencumbered Self,” *Political Theory*, Vol． 12 (1984), pp． 81-96．

28 見其*Sources of the Self* (Cambridge/Mass．: Harvard University Press, 1989), p． 35．

理性對立起來[29]。這種指摘完全適用於祝平次、陳瑞麟、范雲等以啟蒙者自居的自由派。他們似乎自以為居於人類歷史的高峰，是前無古人、空前絕後的[30]。經典教育的目的，正是要讓學生認識其作為歷史存有者的地位，以打破這種「啟蒙的傲慢」。

2011年12月廣州中山大學舉辦了一場「兩岸三地《四書》教學研討會」。筆者在網路上看到《社會觀察》特約記者吳銘的相關報導。他轉述了該校人文高等研究院／博雅學院院長甘陽的看法如下：

> 甘陽在會議一開始即提出了基本而核心的問題：《四書》的學問和思想究竟有多高明，對今天能形成多大的挑戰？如果我們認為儒學講的只是民主、人權，那麼，學習儒學還有什麼價值？此次會議之前不久，甘陽在國家博物館發表了題為〈啟蒙與迷信，或，「反啟蒙」在中國的缺席〉的演講，認為啟蒙在破除迷信的同時往往也在創造自己的新的迷信，因此，「反啟蒙」必須被看成是啟蒙本身不可或缺的重要部分，有助於啟蒙的健康發展，沒有「反啟蒙」的制約，啟蒙就無法克服自己造成的新的迷信，必然會走向「啟蒙的走火入魔」。

這是甘陽在博雅學院推動中西經典教育的基本構想，可說是其現身

29 參閱*After Virtue*（Notre Dame: University of Notre Dame Press, 1984), pp· 221-223·

30 例如，祝平次說：「現在的一個小學生，可能在奴隸問題、性別問題兩方面都比亞里斯多德、孔丘、孟軻來得進步，這當然不是說它〔他〕們比亞里斯多德、孔丘、孟軻來得聰明、偉大，而是拜制度之賜；但即使是拜制度之賜，我們還是應該肯定它〔他〕們的性別視野、平等觀比亞里斯多德、孔丘〔、〕孟軻來得高明。」（頁252)

說法。他的想法與筆者的看法不謀而合，也可視為對祝平次等人的回應。

當然，筆者的意思(或許甘陽也會同意)並不是說：我們必須將古代經典神聖化，完全不加批判地接納它們的所有內容。古代經典中的若干內容已不適於現代世界，這自不待言。對現代人而言，古代經典是既熟悉又陌生的東西：熟悉，是因為它們反映出形塑我們的自我之文化背景；陌生，是因為它們距離我們的時代已遠。但即使這種陌生感，亦有助於打破現代人的「啟蒙的傲慢」，而平衡其視野之局限，因為歷史上的「他者」正可成為現代人的啟蒙反思之觸媒。即使我們面對古代經典中的不合理思想(如父權思想)時，我們也不當只是以現代人的進步自喜，而當反思人類理性在歷史洪流中逐步的艱困發展。當代新儒家經常強調「返本以開新」，無非就是這個意思。

會中有人反對將《大學》、《中庸》納入「中華文化基本教材」課程，認為其義理對高中生、甚至高中老師都太深奧。對於這點，筆者並不堅持，因為當年筆者所讀的《中國文化基本教材》也不包含《大學》、《中庸》。的確，《中庸》首章三句「天命之謂性，率性之謂道，修道之謂教」，即使是歷代大儒，也要用一輩子的生命來印證。但筆者要強調：不要低估高中生的理解能力與批判能力。沈清楷在會中提到法國高中生要修哲學課程(頁291-292)。如果高中生能讀哲學，我們有何理由假定他們對古代經典毫無理解能力、乃至批判能力？須知理解有不同的層次，誠如朱熹在《四書章句・論語序說》中引程頤的話說：「讀《論語》，有讀了全然無事者；有讀了後其中得一兩句喜者；有讀了後知好之者；有讀了後直有不知手之舞之、足之蹈之者。」又說：「頤自十七八讀《論語》，當時已曉文義。讀之愈久，但覺意味深長。」筆者目前對《四書》的理解，較諸高中時對《四書》的理解，自然不可同日而語。筆者並不完全贊同王財貴只重背誦、不重理解的兒童讀經教育，但不可否認的是：經典的薰習是理解經典的前提。如果我們不給年輕人接受經典薰習的機會，又何怪他們會陷入「啟蒙的傲慢」？根據筆者多年來在大學的教學經驗，這是目前台灣年輕人的通病，部分年輕人的自我意識過度膨脹，總自以為是正義的化身，而失去了聆聽他者的能力。

近年來筆者頻繁地到大陸講學、交流，對大陸的社會有較直接而切身的觀察機會。不可諱言，今日大陸的社會有信任感喪失與規範意識薄弱的嚴重危機，這無疑是文革的後遺症，是傳統斷裂的後果。大陸的有識之士，甚至不少共產黨員，也看到了這點，而致力於恢復傳統文化。相形之下，台灣社會何其幸運，並未經過傳統的斷裂！韓寒訪問台灣後，發出感慨說：台灣最美的風景是人。這雖是溢美之辭，但可以解讀為：台灣社會由於未經過傳統的斷裂，而保存了較為正常的人性與人際關係。國民黨在台灣推行「中華文化復興運動」，雖有其明顯的政治動機，但無形中也為台灣的傳統文化(包括儒家思想在內)保存了生機與活力。台灣的民主化進程與兩度政黨輪替之相對順利，與台灣社會的這種正常體質不無關係。大陸恢復祭孔，廣設孔子學院，也應作如是觀。連蒙古人與滿洲人以異族入主中國，也以儒家經典取士。畢竟儒家傳統並非國民黨所得而私，亦非共產黨所得而私。無怪乎擔任教育部「中華文化基本教材」編審委員的戴璉璋教授面對各種反對意見時，在報紙上投書，感慨地說：「台灣前輩在『生於憂患〔，〕死於安樂』激勵下，辛勤耕耘〔，〕栽植大樹，而今躺在蔭下納涼的人，卻說相關的經典是現代科學的牢籠！」[31]

李明輝，中央研究院中國文哲研究所研究員，主要著作包括《儒家與康德》、《當代儒學之自我轉化》、《康德倫理學發展中的道德情感問題》（德文）、《儒家思想在現代中國》（德文）、《四端與七情》、《儒家視野下的政治思想》、《儒家人文主義——跨文化脈絡》（德文）等，並翻譯康德的《通靈者之夢》、《道德底形上學之基礎》、《康德歷史哲學論文集》、《未來形上學之序論》等著作。

31 戴瑾璋，〈當儒學成了被鄙棄的意識型態……〉，刊於2011年7月12日《聯合報》A15版／民意論壇。

革命與符號：

《V怪客》的抗爭邏輯

南光遠

受人愛戴比令人畏懼更好，抑或相反？答案是最好兩者兼備，不過，由於很難同時做到，因而，如果君主要在兩者之間取捨，那麼令人畏懼要比受人愛戴更安全。

所以，只要君主成功地征服並統治了他的國家，他所採取的手段就總是被認為恰到好處，以至有口皆碑，因為群氓總是迷惑於皮相或事情的結局，而這個世界恰恰充斥著群氓。

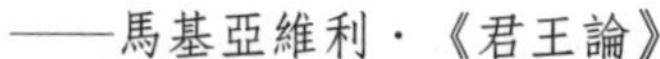

——馬基亞維利．《君王論》

曾經有一段時期，拉美革命英雄格瓦拉被高度符號化與商品化，購買、消費者卻未必盡知其思想與事蹟。近幾年另一位人物取而代之，V怪客的形象頻頻出現在全球各處示威抗爭的現場，台灣的群眾場面(例如最近的太陽花學運)也不例外，經由鏡頭的捕捉與再傳播之後，儼然成為當前政治風潮的新興圖騰。格瓦拉由革命而化為符號，V怪客由虛擬而化身現實，或許此刻正是重新思索這部電影，並檢視其隱含之抗爭邏輯的良機。

自由與極權的對抗(僞)史：1605・11・5-2001・9・11

2005年上映的《V怪客》(*V for Vendetta*)，和隔年面世的《人類之子》(*Children of Men*)，堪稱後九一一時代呈現英美社會思想氛圍的代表作品，兩部電影裡對應著現實政治的指涉隨處可見。與《人類之子》相仿的是，改編自圖像小說的《V怪客》同樣把故事場景設定在不久之後的英國倫敦，試圖順著後九一一的政治情境，想像、營造一個可能誕生的極權社會。

除了反映當下的思想氛圍與政治情境之外，電影借鏡歷史經驗與文藝作品處也不少，例如以紅黑白三色做為極權政府的代表色，就明顯參考納粹德國的旗幟，劇中的「北方之火」黨正是國社黨的英倫化身。《V怪客》原著創造於柴契爾與雷根主政的八十年代，透露出作者穆爾(Alan Moore)反抗當時保守政權的態度，而電影文本的色調運用與衝破體制的主旨，同樣使人聯想到另一部八十年代的影像作品：平克・佛洛伊德樂團的音樂電影《迷牆》(Pink Floyd, *The Wall*, 1982)。關於政府壓制人民所使用的手法，《V怪客》取材自反烏托邦經典《一九八四》處所在多有，自然也繼承著歐威爾對共產體制的批判。一如真實世界裡的史達林與虛構小說中的老大哥，電影裡的獨裁大統領Sutler（John Hurt飾）想必對「令人畏懼要比受人愛戴更安全」這句馬基亞維利對統治者的告誡並不陌生。

在片中的極權政府，堪稱融合納粹與共產體制於一身；企圖壓制的則是本世紀西方社會的爭辯焦點：回教徒、恐怖分子、外來移民、以及同性戀。前三者自九一一發生後已升級為西方極右派眼中的三合一敵人，後者更早是衛道人士所認定的瀆神罪行。電影中以宗教為依歸的政治宣傳，高倡信仰帶來團結，團結帶來力量，不僅召喚出柴契爾與雷根時代的過往幽靈，也建造了未來的關塔那摩監獄——拉克希爾拘留所。V既是怪客被監禁於該拘留所時的羅馬數字房號，也是寫下感人自傳女同志Valerie名字的開頭字母。凡此種種，皆表明在當代政治論爭的場域，《V怪客》選定的自由派立場十分明顯。

電影海報上頭斗大的"Freedom！Forever！"標語，也突顯了編劇要述說的是一「自由」對抗「極權」的故事。不過挺身與體制對抗的V怪客（Hugo Weaving飾）本人，最初的動機並不僅在於鼓動反抗、伸張自由，他更念茲在茲的是復仇：V代表Vendetta，Vendetta乃宗族之間血債世仇之意。所以電影必須重塑四百年前福克斯（1570-1606）炸毀英國上議院不成之義舉，除了據以解釋怪客的復古裝扮與對莎翁對白如數家珍的緣由，為的更是表明自由與極權這兩者的糾葛，遠古以來即已有之。

只可惜劇情的一大疏漏也就在此，因為真實歷史中的福克斯並非為自由此一理念而獻身，其涉及的火藥陰謀事件是久受打壓天主教徒的流產政變，是綿延歐陸之宗教戰爭的英格蘭餘緒。嚴格地說，彼時政治論爭中尚無關於個人自由的具體呼籲，此概念尚有待嗣後自由主義的開山始祖予以闡明，而極權體制更是晚至20世紀的新生產物。自由對抗極權的意象始自二次戰後，且因受制於冷戰時期的政治宣傳，與現實情況頗多出入，並不符實。

後現代式的革命象徵？

推崇《V怪客》的影迷對上述當代思想氛圍與過往歷史事實或許不甚了解，卻無礙於這部作品獲得的正面評價。原因除了自由對抗極權的意象與戲劇張力，也在於「革命」這個令某些人心醉神往，卻讓另外一些人聞之色變的字眼。且讓我們再談點歷史，稍稍回顧從前的革命事件及其理念。

如同電影女主角Evey（Natalie Portman飾）認同V怪客的革命作為，並漸受其理念激勵，歷史上的革命也總是高舉特定價值，且奠基於追求進步的啟蒙史觀之上。火藥陰謀數十年後的光榮革命（1688），英格蘭資產階級起身對抗專制王權，謀求個人生命、自由、財產等權利的保障，有洛克以理論闡釋之；百年之後的法國大革命，黨人以摧毀腐敗舊制度為職志，欲使自由、平等、博愛之說流芳百世，盧梭的著述居功厥偉；1917年的蘇維埃革命則深受馬克思啟發，誓將革命進行到底，建立共產社會新天堂。

然而革命往往是暴政戲碼的最後一幕，是體制崩潰的引信，卻不盡然就此炸出一個嶄新世界，無法保證接著在政治舞台上粉墨登場的就是人間喜劇。歷史經驗告訴我們的是，革命不是問題的解藥，而是問題的一部份。法國與蘇維埃革命之中任意劃定敵我，遂行恐怖清洗的斑斑血跡，足堪後人殷鑑。

隨著20世紀末柏林圍牆的倒塌，蘇維埃革命壽終正寢，在冷戰劃下休止符的當頭，歷史同時被宣告終結，自由與民主從此過著幸福快樂的日子。這個政治童話至今已流傳二十餘年。即使電影編劇Wachowski兄弟沒有與洛克等思想家媲美的意圖，相較於後者枯燥晦澀的理論文本，《V怪客》的影像卻遠為散播千里。本世紀不再需要共產國際之流在各處煽風點火，資本主義體制的商品流通便已辦到這一點，說不定真的生產出了自己的掘墓人。

自由民主體制既已被指定為人類社會的最終樣態，歷史進步論自然失去其啟發變革的力量。如果全盤翻轉現況的渴望不再可欲、對更美好社會的想像乏人問津，唯一僅存的追求便是資本的無限累積。九十年代以降，特別是西方社會中的某些政治抗爭，時常流露濃厚的後現代風格，這不能不說是鉅型敘事解體、價值眾說紛紜與啟蒙視野失喪的結果。影響所及，理論不再擔負證成與指引行動之責，組織的條條框框只是無端的束縛，被視為不合時宜的古董。街頭由價值對峙的戰場搖身變為嘉年華會，即興、歡愉取代了劍拔弩張；派對、快閃也成為政治態度的表達方式，於是抗爭的本質愈趨接近快感政治，充斥著美學式的表現衝動，而此般衝動竟被認作自由。

或許是察覺到現下抗爭場景的局限性，使得Wachowski兄弟相信有必要再次召喚自由對抗極權的意象，為此一冷戰戲碼添置後九一一的新裝，只可惜發表的卻是不協調的混搭。前面已經提到，《V怪客》將福克斯的行動重塑為追求公正、正義、自由之義舉，頂多算是托古改制，並不切合歷史事實。更重要的是，電影中念茲在茲並反覆提及的「理念」(idea)，所傳達的除了無所畏懼便是自由，並以同志平權做為激勵觸媒之外，缺乏更細緻的探討與更厚實的意涵，似乎奉理念為名行動便是首要與唯一之事，至於理念該如何檢證則存而不論。這類似我們的社會裡加上前綴各種名詞的正義，不少人奉其之名抗爭，卻罕見對這諸多正義會否衝突、如何相容的思辯，遑論正義本質究竟為何的提問。

也難怪V怪客會認為「炸毀國會大廈的行動只是一種象徵，象徵本身並無意義，但只要人民賦予象徵力量，一棟建築物的毀滅能產生改變世界的力量」。一種後現代的(去)象徵論就此堂皇登場，符徵與符指宣告正式脫鉤，象徵的意義先被掏空以方便隨後的任意指定，成立的唯一條件是眾口鑠金。同樣地，理念本身無所謂是否厚實，也毋需繁瑣的檢證過程，只要足夠多的人認同，多數便成王道。焉知價值虛無的社會語境底下，暴政與暴民常是一體兩面，這世界從來不乏奉人民之名的暴政，以及自奉為正義的暴民。

目的與手段之辨：抗爭倫理

無論如何，既然V怪客此一形象屢屢成為當代的抗爭象徵，被人們賦予力量，若有人追問此一象徵的現實指涉，便不能只覆誦電影台詞，還必須示以理念之血肉肌理和具體脈絡。但是這樣做仍嫌不足，因為理念的模糊遠非《V怪客》最大的缺陷，倫理的詭辯才是。

V在臨終前說道：「革命之後會開始一個嶄新的世界，不一樣的人才能選擇如何塑造新世界」，剛剛才用行動推翻了極權政府的怪客，不意間又在言詞中讓共產社會的「新人」狂想悄悄從後門溜了進來。V若非未曾讀過，便是忘了尼采在《善惡的彼岸》箴言146的叮囑：與怪獸搏鬥的人要謹防自己因此而變成怪獸，他的藏書顯然也缺了本柯斯特勒的《正午的黑暗》。回顧V初登場時聲言要「以暴制暴，解救受壓迫人民」，使用與極權政府同樣的手段，真能合理化解救人民的崇高願望嗎？

除了是否別無選擇、必須以暴制暴之外，V為了讓女主角克服恐懼而刻意設下了圈套，其使用的手段同樣有待商榷。Evey的受囚情節是整部電影的轉折，是「人民不該畏懼政府，政府才應該畏懼人民」的實現，為了將後續劇情推展至高潮，Evey在怪客影響下的蛻變實屬必然。單就戲劇本身而論，如此的鋪陳不失為優秀的敘事手法；可是若從抗爭倫理來探討，這樣的安排卻隱含十分複雜的意涵，V的作為正突顯了道德推理當中，關於「目的」與「手段」的古老爭辯。

正如在本文開頭所引的第二段話所示，曲解馬基亞維利最容易產生的情況，便是認定其所傳達的是：只要目的正當，任何手段皆為合理。編劇在《V怪客》中則是以「真相」與「謊言」之辨，來指涉、替代目的與手段的爭論：當女主角知曉其受囚是V所設計、構造的情境，為自己的無端受苦憤怒之際，V卻讚揚對方並非依憑仇恨的意志來捱過刑求，而是藉由閱讀女同志Valerie的人生故事，Evey反倒在受苦中確認了自我。情境雖假，體悟卻真，既然她已領略到無所畏懼的自由之感，目的在此也就證成了手段。

又由於Evey已逝的作家父親曾說過藝術家的工作是利用謊言來揭露真相，V也將其虛擬式囚禁的作為，辯解成此一概念的體現。可是怪客本人先前占領電視台，將極權統治的真相告知大眾，恰恰是為了揭穿政府的謊言。難道何時直接訴諸真相，何時運用謊言，取決於何者最能達成目的？若是如此，V與他所對抗的對方便沒有什麼本質上不同，兩造一樣都藉助謊言遂行目的。

同時啟人疑竇的是，藝術工作的本質真的是利用謊言來揭露真相嗎？如果真理的權柄歸於藝術家，而擅長謊言操持大眾是成功關鍵的話，恐怕有個失敗藝術家搖身變成領袖（Führer）的前例，更值得人們的警惕。說到底，藝術工作的性質其實無關宏旨，這只是V怪客的詭辯之詞。他所作所為的缺失，在於所追求的理念未經檢證，目的未經反思，便凌駕於手段之上，忽略了原本應在目的與手段之間進行的權衡取捨，以致於始終無法清楚交待以暴制暴的正當性何在。

與前述電影情節討論相同的是，現實世界中的抗爭為了能夠改變現狀，亦常需標舉各式理念，以證明訴求的正當性。若是企圖彰顯的理念、所欲達成的目的過於模糊或被絕對化，缺乏反思、批判的空間，目的與手段間的權衡便常遭漠視，以致於行動愈趨極端，最終反噬其理念。例如在九一一事件中，恐怖分子刻意選用誘發集體恐懼的極端手段，但是這樣的手段恰恰破壞其行動目的的正當性，除非天下大亂、形勢大好就是他們原本的目的。這說明了理念的絕對化造就極端的手段。小布希政府則順勢利用、操縱這股不安的氛圍，來合理化侵略他國與違犯人權的作為，不僅其手段可議，以打擊恐怖分子為名占領伊拉克，也讓人懷疑其掌控石油資源的真實動機，說明了過當的、不適切的手段，常是為不可告人的目的服務。

《V怪客》以克服恐懼做為故事的主旨，原意在打破後九一一時代讓人窒息的政治現狀，反抗小布希政府的價值觀與作為，電影情節的現實影射因此相當地明顯。可惜編劇未能妥善處理目的與手段之間的潛在衝突，未能深入思考抗爭的倫理，以致於竟然予人一丘之貉的觀感。就好像獲得神聖性的加持之後，九一一炸彈客在某些人眼中昇華為烈士；同樣地，縱然V怪客有其充滿仇恨的陰暗一面，卻無礙於被追憶為革命英雄，正如電影開頭女主角即以旁白表明：英雄比理念更具體，更讓人懷念。所以，只要V成功地爆破國會大廈並啟發了觀眾，他所採取的手段就總是被認為恰到好處，以致於電影有口皆碑。

而這個世界恰恰充斥著群氓

神出鬼沒的V自奉為正義獨行俠，平易近人的女主角先受其拯救，繼而受其鍛造，兩人最終以愛情合而為一，完成了Evey(以及觀眾)對V的認同過程。隨即電影的高潮降臨，人們紛紛戴著怪客面具走上街頭，對抗嚴陣以待的軍隊。畫面中相同的面具代表理念整齊劃一的力量，卻遮掩掉面具底下個體的殊異性，迴避了理念本身的空泛。此般景象與朝鮮的阿里郎表演、中國的張藝謀電影，是不是共享著同樣的邏輯？更加弔詭的是，群眾並非國家鎮壓機器失靈的主因，V憑一己之力癱瘓掉體制的指揮中樞才是，在革命英雄主義大展長才之際，人民的力量似乎也只得甘拜下風。

在現實世界中，只要歷史仍具有教導、啟迪的功用，那麼如納粹、共產主義一般外顯的極權應不會重現，況且當代體制的壓迫形式早已日益幽微，根本不需如此粗糙示人：藉由鋪天蓋地的媒體以勾引、培育個體的物質欲望，使人們自願自我剝削以填補內心的無底溝壑，便是其中之一。反之亦然，被強制的勞動愈顯得過度與無意義，就愈需賦予商品以形上價值，「潮」的心理補償作用也就在此——對「i」系列科技產品的渴望，取代了對社會進步的想像，即是一例。當前時代的危機，恰恰不是極權的復歸，而是對民主的不滿：許多人在厭惡現況的同時，卻對政經權力賴以運作的架構，以及其身為公民可實現的政治潛能所知甚少，就輕易放棄了日常的政治參與，反政治的心態隨之四處蔓延。又由於網路虛擬世界漸有凌駕真實之勢，符號與革命的倒置與混淆更加難以避免。

相對於刻板化、英雄美人式的男女主角，《V怪客》電影裡鍥而不捨的探長Finch(Stephen Rea飾)一角其實更為可信。他因職務所需始終存有懷疑之心，依靠自己的判斷抽絲剝繭，藉助證據探明真相，其舉止或許更值得觀眾深思。Finch的角色提醒我們的是：每個個體都是社會的一員（所以也可能是壓迫的共犯），若缺乏共同體做為參照，「沒有個體這回事」（There is no such thing as the individual）。只要我們願意體察社會現實，不忘時刻檢視權力者，在能力範圍內參與公共事務，實踐維繫民主所需的價值，並盡力去除體制的壓迫性，人們根本毋需坐等英雄橫空出世，或幻想以革命掃除一切牛鬼蛇神。

從反抗體制的出發點來看，《V怪客》其實流露著濃厚的無政府氣味，V所從事的現代都市游擊戰，與其牽強比附於福克斯，還不如說和帝俄時代的民粹派更為接近：炸毀國會大廈與19世紀刺殺政要的行動差可比擬，但恐怕沒有人比後者對革命的誤解更甚。在無政府主義與極權體制的政治光譜兩極中間，人們其實有很寬廣的選擇，況且無政府理想對人民品質的要求之高，恐非塵世之徒可輕易獲致，而這個世界恰恰充斥著群氓。

我們至少能夠也應當自我期許的是：不再迷惑於皮相或事情的結局。

南光遠，曾參與學、工運抗爭，現為兼職勞動者。

思想人生

論天人之際

中國古代思想起源試探

余英時

內向超越的最高境界是「人」和「道」合一：

余英時談新著《論天人之際》

李懷宇

今年余英時先生八十四歲，出版了新著《論天人之際：中國古代思想起源試探》。此書以比較文化史的觀察角度，探索中國軸心突破的歷史世界。「軸心時代」、「軸心突破」的說法源於雅斯培(1883-1969)專著《歷史的起源與目標》。主要理念是在西元前第一個千紀之內，「哲學的突破」以截然不同的方式分別發生在希臘、以色列、印度和中國等地，人對於宇宙、人生……的體認和思維都跳上了一個新層次。余英時發現，雅斯培「軸心時代」恰恰與《莊子．天下》所謂「道術將為天下裂」、馬克斯．韋伯(1864-1920)有關世界宗教的「先知時代」，聞一多(1899-1946)〈文學的歷史動向〉有關四大文明「同時猛抬頭，邁開大步」等說法「不約而同」。而《論天人之際》以「軸心」說為討論的起點，曾經過了長時間的反復斟酌與考慮，並非偶然興到或震於「顯學」地位而然。

早在余英時高中最後一年，讀到胡適評梁漱溟《東西文化及其哲學》的文字，引起很大興趣。接著余英時又找到梁的原書來對著讀，以他當時的程度，對梁的抽象議論不甚了了。但是余英時追求中西文化異同的強烈欲望卻是這樣被激發起來，而且從此長在心頭，揮之不去。進入大學以後，他選擇中國史為專業，因為希望從歷史上尋找中西文化不同的根源所在。但當時史學界已籠罩在「歷史演進一元論」的氛圍之中。在1960年代以前，余英時在原則上承認歷史規律的發現是一個可能性，雖然他並未接受其中任何一家的理論。但1960年代以後，他已不得不放棄「歷史規律」的概念。從「歷史演進一元論」的幻境中解脫出來以後，余英時便無法再將當前中、西文化的不同理解為「落後」與「先進」之別。他認為「19世紀至20世紀的中國既不在『中古』時代，更與所謂『封建』扯不上任何關係。」

余英時對「天人之際」的思考，貫穿了數十年的歷史研究中。而關於「天人之際」的專論，從醞釀到完稿，先後經歷了十二三年之久。原稿是英文，後經翻譯，再經重寫。初定稿後，余英時原想寫一篇自序，誰知竟演變成一篇長達四萬字的代序，分為上、下兩篇。上篇追溯了本書中心論旨的長期醞釀過程，也闡明了余英時為什麼引用「軸心突破」的概念來解釋先秦各派思想的起源；下篇是一篇獨立論文，旨在通過歷史的流程來觀測中國軸心突破是怎樣逐步展開的。這篇代序以〈中國軸心突破及其歷史進程〉為題，發表在台北《思想史》第1期(2013年9月)。

司馬遷一生獻身於《史記》的撰寫，其旨趣首先即在「究天人之際」，這一理念影響了中國幾千年。余英時運用考證的方法，並利用了現代考古的新發現，同時對照西方關於軸心突破的研究，探索了「天人合一」觀念在古代的起源和演變。余英時從這個著名的命題下筆，主要是希望借此開展關於中國古代特有的超越型態的討論。根據余英時的判斷，天、人二字經常分別意指超越領域和現實領域，如果借用柏拉圖的思想或佛教的概念，那便是「彼世」和「此世」。

經過多方面的論證，余英時指出，中國古代軸心突破的獨特歷史背景是三代以下的禮樂傳統。他認為：「軸心突破標誌了古代中國宗教史和哲學史新紀元的開端。一方面，它終結了神話中長期『絕地天通』的狀態；另一方面，它也向所有『好學深思』的個人（按：即指『士』而言）表明，他們完全有可能純然仰賴自身力量與『彼世』交通。」「在軸心時期，先秦各派思想家都在現實世界（『此世』）之上還肯定一個超越世界（『彼世』）的存在，無論他們對此超越的『彼世』作何種解釋。他們還達到了另一個共識：作為個人，只要他肯努力追求，『彼世』對他永遠是可望而又可及的。」在余英時的論證中，可見天人合一觀念的緩慢轉型：從早期以王為天地間唯一聯繫管道的宗教—政治觀念，轉型為向所有追尋生命意義的個人開放的多樣哲學版本。

雅斯培的《歷史的起源與目標》中有一段描述，對中國的「士」、印度的「苦行者」、希臘的「哲學家」和以色列的「先知」一視同仁，肯定他們都達到了同等的精神高度，因此在各自的文明中完成了內涵互異的「軸心突破」。其中「道」是中國軸心突破後的超越精神領域。余英時在第七章〈結局：內向超越〉中指出：「就中國的獨特情況而言，這一超越世界非它，即所謂『道』是也。所以在整個傳統時期，無論對於現實世界進行反思和批判，還是推動一種超乎現實之上的理想，中國思想家無不以『道』為最後的根據。」而余英時的論斷是：中國軸心突破最後歸宿於「內向超越」。內向超越所能達到的最高境界是「人」和「道」的合一，也就是軸心突破以後的新「天人合一」。

李懷宇：1997年日本大江健三郎到普林斯頓大學訪問，普大的研討會上你寫了一篇文章，正是《論天人之際》這本書最早的文章？

余英時：對，是一篇英文的草稿，也是《論天人之際》的發端。

後來因為我有興趣，就發展成一篇比較長的英文論文，差不多一百多頁。寫的時候我已經「碰上」朱熹了，在寫《朱熹的歷史世界》。英文論文可以說寫完了，但是有很多引用的材料要注釋出來，我只是做了一二三四的記號，在稿子每段的空白處記了幾個字，知道應該從什麼地方找，沒有做英文的注釋。但這份原稿後來找不到了，只剩下我列印出來送給朋友看的沒有注釋的英文本。後來陳弱水先生主編《中國思想史上的重大轉型》(現改題為《中國史新論・思想史分冊》)，約我參加一份，我雖然答應了，但沒工夫去做，他就提議由他的學生來翻譯這篇文章的相關部分。所以初稿是翻譯的，有些文字上沒有斟酌好。

李：這本書可以說是從1997年開始動手寫，但是其中的一些問題你很早就在思考了？

余：說到中國的內向超越和西方的外向超越，就不是1997年了。我在1977年已經碰到這個問題了。不過那時候我沒有看到雅斯培的觀點，他的書還不流行，西方很少討論。所以我只借用了另外一位著名社會學家帕森斯「哲學的突破」的觀點，那時候還不叫「軸心突破」。而「哲學的突破」這個觀點基本是從社會學家韋伯提出的觀點演變而來的，後來才看到雅斯培的專著《歷史的起源與目標》。他們倆的關係很深，後來專門有人出書寫他們的關係。

我在講古代史的時候就想到「天人之際」這個問題了，大概在1977年開始。一兩年以後，台灣的《中國時報》舉行了一個講演會，主要談中國的文化和思想，請我去演講。我講完了之後他們覺得很重要，讓我把這個主題繼續發展下去，我就寫了一篇很長的文章，談的是中國文化的價值。這篇文章被收錄在好幾本書裡，也單獨出書成冊為《從價值系統看中國文化的現代意義》，也流行了好幾十年。我在那本書裡最早提到這個問題，但當時用的是「內在超越」。

比如湯一介就用我的觀念專門寫了一本《儒道釋與內在超越問題》，大家對這個觀點討論得比較多。但我始終沒有時間對這個問題做歷史性的研究，我認為這只是一個價值觀念的討論。我要從這方面看中國與西方有什麼不同。我認為文化基本上是相同的地方多，有很少的一部分是不相同的，而不相同的地方才是最重要的。比如中國文化與西方文化中衣食住行方面的東西，二者並沒有什麼大的區別，都存在婚姻、家庭、五倫之類的東西，僅僅從這方面是看不出中國與西方的分別在哪裡。所以在我心中這一直是很重要的一個問題，而且在文化上已經表現出來了，我寫的書中就常常碰到這些問題。中西的思想基本上是不同的，為什麼我用的是「內向」而不是「內在」，因為「內在」的英文用詞是神學上的名詞，指有一個神一樣的東西存在。而是不是有神存在我並不知道，沒辦法證實，只能說它的方向是向「內」的。在西方，最高的東西無論是上帝還是柏拉圖的觀念，都是外在的，要去追求的。只有中國是收到心中，收到內部。所以，孔孟談的都是從內心怎麼與「天」結合，這裡的「天」不是指早期宗教中向天祈禱，而是與內心結合，這就走上中國哲學的道路了。所以「內向」比「內在」好得多了，「內在」會引起誤會和混亂。既然用了超越，再用內在，本身就有矛盾。神學家可以用辯證法把這個矛盾解決，但是我不能採取這種方法，因為我是學歷史的，我研究的是歷史上這種變化是怎樣進展的。結果通過研究歷史恰好證實了我的看法，這種看法我稱之為「內向」的。我書中講的就是怎樣內向來的，這個問題非常複雜。

李：這本書中用了很多考證的方法。

余：非考證不可，否則就不是一本歷史的書了。因為中國幾十年來考證先秦哲學史和諸子百家，都是從老子、孔子談起的。我現在要談的是哲學前史，哲學出現以前發生了什麼，怎樣從古代宗教式的思維轉變成日後的非宗教性思維。這就意味著我要把中國思想史往前推，直到孔子、老子這些思想家還沒出現之前，思想是怎樣演變過來的。所以這裡面非有考證不可，甚至於考古上的幫忙也很重要。

李：書中還用了現代許多考古的新發現。

余：當然不可能所有的考古發現我都用了，但用的已經不少了，至少可以加強我的看法。這都是我個人的觀察，希望能儘量地建立在客觀的基礎之上。我不會武斷地說中國文化就只能像我這樣了解，別人都是錯的。這不是我的態度。我只是從我的觀點出發，提出一個比較全面而系統的看法。我認為最要緊的是全面的彼此相互照應的部分，而不是片面個別的部分。

李：你的書的副標題是「中國古代思想起源試探」，重點是探討古代思想的起源，這個問題也一直貫穿於你的學術研究之中？

余：我在談後來的思想時與前面的也相關，當然並不是每次都用，但常常用到。我當初在日本寫的《中國知識人之史的考察》，裡面也談到了「內向超越」的問題。那時候我用的還是「內在」，沒用「內向」。正式開始使用「內向」這個詞是從1997年和大江健三郎的討論會上。

李：1997年你和大江健三郎有面對面的深入探討嗎？

余：有啊，但也沒談什麼特別的。他是日本文學家，我不懂日文，也沒看過他的作品。我們在一塊吃過飯，聊過天，他還見過毛澤東。他人很好，很溫厚，我很喜歡他。早期他是非常左傾的，對毛澤東佩服得不得了。後來他慢慢轉變了，我也沒有追問。

李：《論天人之際》這本書有一個很重要的前提，就是雅斯培提出的「軸心時代」的觀點。

余：全世界文明有一個時期，會忽然「跳」一下，一跳之後所謂的高級文明就出現了。這其中當然存在一個問題，因為要承認某些文明是比較高級的，那麼就沒人會提出非洲擁有超越或者突破的文明了。如果以政治上的角度來說，這種觀點是不正確的，但事實就是如此。

李：書中講到希臘、以色列、印度、中國等地。

余：還可以有其他的，在這裡就想到湯恩比認為高級的文明也不過七八個。再往後推到寫《文明的衝突與世界秩序的重建》的亨廷頓(Samuel P· Huntington)，他肯定了世界獨樹一幟的文明也只有七八個。所以，雅斯培的這種說法是可以站得住腳的。但在這些同樣有突破和超越的文明之中，就不好比較誰更高了。不能說希臘文明比中國文明高，也不能說中國文明比印度高。要看這幾種文明各自的特色，每種文明的側重點不一樣。如何造成這種不同的側重點就更複雜了，我的書也交待不了。

李：你這個論題是中西比較文化史的看法，除了對中國史的研究之外，還與世界史有著緊密聯繫？

余：我沒發現這個問題以前，最早研究的是中國怎樣從唐宋元明清變為現代社會，我也注重胡適所說的文藝復興的問題。他認為中國的文藝復興大概從宋朝開始，西方的文藝復興是從14世紀開始，都是很早的事情。在向現代化社會轉變的過程中，文藝復興是一個關鍵性的因素。這也是比較文化史的觀點。在沒有研究中國古代史的時候，基於比較文化史的背景，我一直在研究中國從明清以來如何向現代化社會轉變的問題。所以我所做的工作的重心是很清楚的，前後問題本身有變化，但基本的研究方式和走向是大同小異的。

李：你在書的第一章中提到錢穆先生晚年也談到「天人合一」的觀念。香港中文大學新亞書院有「天人合一亭」，就是為了紀念錢先生其人其學。

余：1989年香港新亞書院四十年紀念請他去，那時候他的思想有時已經不是很清楚了。他在香港旅館裡有一個發現，中國文化有一點跟別的文化不同，就是「天人合一」的問題。後來我翻閱他的著作，發現他已經講過很多次了，是他基本的信仰之一。他晚年將這些觀點縮小到一點，專講「天人合一」。天人合一到底是什麼意思？在大陸引起了很多討論，包括季羨林這些學者。但是他們把天人合一變成了自然和人「合一」，這是現代的觀念，從根本上就不對。古代的天人合一講的絕不是這個，是講一種超越的世界，而不是自然的世界，不是自然萬物跟人的關係問題。這就被誤解了，思考人怎麼與自然合二為一？人本來就是自然的一部分,用不著合一。

李：所以你認為這是超越世界與現實世界的合一？

余：我提出這個觀點是要指出宗教思想史上出現了一種超越的世界，它不是我們眼睛能看見的，感官能感受到的世界。在現實世界之上還有一個世界，這個世界說它是人造的也可以，說它是宇宙間有某一種力量使人有這種感受也可以。我在書裡不做肯定，只是感覺人不能沒有這樣一個超越的世界。如果沒有的話，現實世界的一切都是肯定的，就不能批評任何東西。只有一個世界的狀況就是如此，必須要有另外一個世界才能批評現實世界中種種不滿意的行為，否則我們怎麼會說理想和現實呢？超越的世界就是我們理想之所在。但說理想好像有點太現代化了，太理性了。而超越的世界在精神上有超脫的地方，不光是「理性」兩個字所能代表的。

李：你的書中提到兩位很重要的師友，一位是錢穆先生，他提出了對天人合一的思考；另外一位是張光直先生對於考古方面的研究。

余：張光直對我比較有影響的地方就在於他在考古方面強調了

「巫」的問題。巫本來不是他提出來的，但在考古方面他特別強調了這個問題。但我說的巫和他說的又不一樣。他談的是各種文化、雕刻藝術跟巫的關係，我講的是巫作為一種最早的原始思想，是世界各地都有的。他研究巫也不是按照普通人的看法，許多人認為巫起源於西伯利亞一帶，其他地方都是從西伯利亞傳過去的，中國如果有巫應該也是如此。我認為這種理論不能成立。還有人認為南美是最早的發源地。我認為巫是一種很普通的想法。這其中存在著一種人神溝通的問題，我認為這是一個多數宗教所共有的問題，不需要假定它起源於何處，又傳到何處。我不接受這種理論，所以我也不談巫從何處來的問題，我只談中國的巫出現以後是什麼樣的情況。我的注重點與張光直並不一樣。他提出巫，是將巫說得更詳細一點，引起更多注意，這是他一個很大的貢獻。

李：好像現在東南亞地區，特別是泰國、馬來西亞還存在著巫這種現象。實際上在當代很多地方還彌漫著巫文化？

余：當然可以這麼說，而且還有許多別的問題，但我只談我的問題，即在巫傳統的背景下，中國思想史是怎麼發展起來的。我說的「內向超越」也跟這個有關，關於人和天如何溝通的問題。孔子之後的人，包括孟子也是如此。人的心中有一條管道，可以直接通到天上，而且能把「天」引到人身體裡。中國人說「天人交戰」，指的也是這種情況。「天」已經在人心裡了。人的心裡怎麼會有「天」？這就必須從巫術背景來談。這就相當複雜了，不是三言兩語能講清楚的。但這也變成了中國思想的一個特色，直到王陽明也還是在談良知在心裡的問題。良知脫離不了天，實際上是天理之良知。所以陸王這套心學往前就追溯到孔子、孟子，再往前就是巫的來源了。心學批評了巫，取代了巫，但又用了巫有吸引力、有號召力的地方。

孔子有些東西被傳達得太理性了，我覺得現代人讀《論語》的時候把它太過現代化了，好像孔子完全沒有天和鬼神的信仰。實際上孔子不是不信鬼神，而是他說不清楚，只好敬鬼神而遠之，並不是無鬼論。當時攻擊儒家都說他是無鬼論，無鬼論就意味著好像禮樂都不存在了。我這本書中有一個重要觀點就是禮樂問題。通過禮樂一步步發展成為後來的思想，中國的思想突破是從禮樂的基礎上突破的，而禮樂本身就有很長的歷史。周公的時候有變化，孔子的時候又有變化。周公時候的變化我已經談過，我認為孔子時候的變化就是把禮樂內在化，在仁的基礎上才有禮，沒有仁就沒有禮。沒有仁，禮就不能出現；仁沒有禮，就沒法表達。這就是禮樂進一步發展到各種思想的原因。道家的老子和莊子也是講禮樂的，也是從禮樂的基礎上形成的一套思想。墨子也是如此。他有時候反對樂，但是他對禮還是採取傳統的看法，即「禮起於天」。這個觀念一直到後來都沒有變，但其中經過許多發展。書中有一章我說到精神內向的運動，這是很重要的一個聯接，只是過去的人沒有談到過。一切德行之類的都變成內心的東西了。德本來是很外在的、複雜的問題，甚至於天給的東西叫德，後來慢慢變化為內心通過修養而培養出來的。所以自身的修養在各家各派都重要，墨子、孟子和荀子都提出「修身」。這都是很明顯能看到的，把中國整套思想放在這種架構中也能夠解釋。

李：你在書中還提到了一個很重要的問題，就是在軸心突破時代中政治背景的問題。

余：書中的政治背景基本上談的是周公在周代所起的重要作用，為什麼孔子要夢周公，為什麼他強調自己繼承周公的思想，原因就在這裡。要想取得天命，必須靠人的努力。你給老百姓好的生活，老百姓就會擁護你，支持你，所謂「天視自我民視，天聽自我民聽」。這是個很大的突破。但這個突破還沒有到「軸心突破」，因為它還是在天命的範圍之內。這是第一點。第二，它談的還是以王朝為中心，到孔子才脫離以王朝為中心，變成以個人為中心，就跟天命發生關係了。孔子只有幾個地方談到天命，都是講他個人與天的關係的，「知我者其天乎」之類。我認為這是很重要的一個變化。而周公在這個意義上也很重要，他本身就有很多巫的行為，日本人也講過，有的人根本就稱他為「大巫」。近代章太炎還說漢朝的董仲舒也是「大巫」。所以我並不是用巫來罵人，只是說一種事實的變化，思想史的根源上可以追溯到巫，基本上修改了原來對巫的看法。我認為當時存在著一個巫集團，有可以和天溝通的技能，所以人王(「天子」)任用他們，但其實他們本身沒有資格和天溝通，他們是奉人王之命，才能和天溝通的。上古王朝相信巫能夠為它取得天的支援，很多甲骨文的記載都可以證明這一點。

李:你認為天才為何會成群而來,這種現象有怎樣的歷史背景?

余:美國人類學家阿爾弗雷德·克虜伯(Alfred Louis Kroeber)寫了一本書講文化成長的類型,其中用了一個詞,就是「天才輩出」,英文就是Clusterings of Geniuses。天才輩出在西方只有兩個時期，一個在希臘時代，一個是在文藝復興。這兩個時期都是思想上最自由的時候，沒有什麼限制。中國的百家爭鳴也剛好和希臘時代一樣。我認為可以更進一步地講，因為原本約束性的禮樂制度崩壞——禮壞樂崩，王官之學分裂了，大家都可以重新講一套理論，不受原來的思維所限。王官之學和百家之學是對立的，王官之學崩壞以後百家就出現了。這和西方所講的天才輩出的希臘時代和文藝復興時代都很像，尤其是希臘時代，和百家爭鳴剛好都處於「軸心突破」的時代。

李：你書中的第六章有一個專節是講中國與希臘軸心突破的對照。

余：希臘走的是另外一條路，其中也有重要突破，就是對西方的巫的一種反抗和改造。對照之下發現比較文化史是很重要的，可以幫我們了解自己的文化史。如果只有一個例子就沒法了解了，可以隨便講。而在比較之下就可以根據文化的背景來談。在中國的禮樂制度崩壞以後，必須有更高一層的思想出現。這就是我所說的思想起源的問題。沒有大一統的環境罩著人，人就可以盡情發揮。漢朝末年，官學崩潰以後，諸子百家又復興了，老莊之說又出現了，道理是一樣的。

李：古希臘的「軸心突破」和中國的諸子百家爭鳴有什麼相近之處？

余：它也像百家爭鳴一樣分為很多學派。這個時代剛好有新材料出現，每個人都在此基礎上做創造性的發展。就像中國「五四」之後，就把原來的東西打破，當然不是自己創造，而是把西方的各種理論學說都引進中國。羅素也罷，杜威也罷，馬克思也罷，都是那時候引進來的。雖然算不上天才輩出，可是也算是各種新的思想輩出。

李：所以胡適把五四運動定義為中國的文藝復興。

余：根據他的看法，中國的文藝復興拉的戰線很長，可以說是從宋朝就有了。胡適認為宋朝的理學推翻了禪宗思想，是一種回到中國原來的智慧的復興。文藝復興是回到羅馬和希臘。所以二者是很像的。

李：你在書中講到「道術為天下裂」與「軸心突破」是天造地設之巧。

余：「裂」這個觀點是莊子的後學講的，莊子本人也已經有這種感覺，這是一個新的時代了，所以我用莊子的語言來闡述這個問題。象徵性地來說，「道術為天下裂」就是「渾沌」的「七竅」被鑿開了。也就是新東西出現了，原來的東西裂掉了，誰也不能統一。誰也不能一下子籠罩一切。儒家的「籠罩性」是秦漢大一統之前慢慢發展起來的，春秋戰國時代，儒不過是諸子百家之一而已。

李：你在書中用到比較文化史的觀點來對比東方和西方的文化，在第六章講到把中國三家的觀點和希臘羅馬三派作比較後，你說「真不能不興起『東海、西海，此心同，此理同』的感歎」，這是不是屬於一種歷史上的巧合？

余：是巧合，但也不是偶然的巧合，幾種文化裡都有這種傾向。比較高級的有思想的文明，從宗教跳到神學層面的文明，都在某個時間有一個跳躍。從這方面來說這個巧合就不是偶然。如果只有中國文化發生了這種跳躍，或者只有希臘，那麼可以說是偶然的巧合，因為沒法比較。現在有了對比，就不能說是偶然了。這其中還有一個道理，哲學家最後是一定會以個人身分出現的，從前宗教的情況下，都是以集體的形式出現的。雅斯培說過，哲學家最後以個人出現，對天地萬物和人際關係都提出新的理解和新的問題，這是從前沒有的。

李：你談到現實世界和超越世界的「天人合一」。

余：「天人合一」就是講這兩個世界的關係，我在書中是解釋什麼是「天人合一」。其實天人合一不只是中國的特色，各種文化中都追求天人合一。換句話說，就是追求如何打通現實世界和理想世界。現實世界是我們生活的世界，在這個世界中沒有什麼深刻的反思。但是為什麼我們會對這個世界不滿意？中國有「天下無道」這個講法，因為人間有許多自私自利的東西出現了，理想的東西都不能實現，這樣的話社會就會停滯不前。所以必須要有理想在背後鞭策人，用理想批判現實，否則就會失去批判精神。西方的上帝就是為了對人間批評，他並不只是上帝而已，這才是他的超越世界。

柏拉圖說，“idea”(理型)是理想的東西，並不是真實存在的，但是你要按照理想的東西去做。陳寅恪曾加以發揮，說：我們講到君臣關係，可以說理想的，也可以說現實的。現實中的君臣關係不會像理想中的那麼美好，但如果君臣關係走樣得太厲害，就可以用理想的君臣關係來批判現實的關係。必須有超越的世界才能批判現實的世界，所以天人關係說到最後是在談超越的東西，它不僅僅是人造出一個理想的問題，有許多種講法。老莊講道的時候真的相信超越的道在宇宙中是存在的，與宇宙打成一片的，這就是所謂的「天」了。但這個概念很模糊，說是宗教也不完全是宗教，說是哲學也不完全是哲學。但很多人都抱著某些理想，為一己的信仰，甚至願為它去死。這說明理想作為一個超越世界(或稱之為「天」)確是存在的，不過有些時代特別旺盛，另一些時代則相對衰落罷了。

李：所以你在書的結局中談到「內向超越」。

余：「內向超越」是指中國從人心與天溝通，認為超越的精神走到人的心中，但不是什麼人的心中都可以有的，必須有訓練和修養。談修養的重要也是中國特殊的地方。當然希臘最早也有人提到修養，在這一點上二者也很相似。修養是一種精神修煉，沒有精神修煉是達不到超越的境界的，就和修道院一樣。

李：你在書中專門談到「氣」和「道」，「氣」這種東西為什麼能在中國影響幾千年，直到現在還有人推崇？

余：這個東西是說不清楚的，但把「氣」理解成「物」是很荒唐的。因為現代某種主義出現以後，提出了唯心、唯物，把所有的氣都當成實際的物，完全是沒有根據的扭曲。氣是一種精神，在世界上流動，是看不見的。氣又分為清和濁。這都是中國的基本信仰，現在依然有人相信。軸心突破的重要性就在於對後世的影響是很長遠的，成為了一種文化傳統和獨特的系統。中國的氣的觀念是非常重要的，它有很多意義。中國人認為氣是一種生命的來源，「氣生萬物」，人當然也在內。所以天和氣加起來不但是價值之源，也是生命之源。人就是要追求源頭在何處，但現代的科學還不能解答這個問題，所以這種想法還會長期流傳。

李：你的書中探討到「道」的問題，2006年你在克魯格獎的演講中最後也提到了「道」的問題。

余：因為當時我談的也是中國文化有自己的特色。「道」就是中國的超越世界。沒有「道」就不能鞭策「士」，道與士是對照的。明朝的呂坤認為在朝廷上皇帝自然是最大的，但是在皇帝之上還有禮和道。道比勢還高，因為勢畢竟還是現實的東西。

李：「道」對於知識人來說，是不是近似於西方的上帝？

余：對，「道」是中國的上帝。中國沒有像西方那樣個人化的上帝，但有非個人化的上帝，就是道。道不是神，但要承認它是最高的精神來源。

李：雅斯培斷言「道」是中國「軸心突破」後的超越精神領域？

余：他看到了這一點，他明白「道」是無法解釋的。它不是一個客觀物體，是不能形容和描寫的，可能等於佛教所謂的「極樂世界」。所以西方就總結到上帝這個觀念上面，現代科學發展以來，個人對上帝的信仰減弱了。所以，尼采會說「上帝死了」。上帝死了之後怎麼辦呢？這種精神危機就出現了。但另一方面，很多物理學家，包括愛因斯坦，還是相信上帝存在。但上帝已經不是神了，是宇宙之間的最高創造力，是精神上的，完美的，不能落在現實中的。這就接近了柏拉圖說的「理念」的觀念了。這些東西當然都很難描述和解釋，因為不是有形狀的，是看不到的，要靠領悟。每一個民族的文化中都有一個最高信仰，沒有信仰，這個民族就不會有文化。動物與人類的不同就在於此。中國叫「人禽之辨」，希臘也講人與其他動物的不同在於有理性。當然也可以說還有其他的不同，比如禽獸沒有自己的語言，而人有自己的語言。這是現代的說法。總而言之，有種東西是人獨有的，而不是一般的動物能擁有的，這就是超越世界。

李：你在書中第一章引論開頭就談到司馬遷撰寫《史記》的旨趣首先即在「究天人之際」。

余：那是借「天人之際」這句話，所以我沒用「天人合一」做標題。因為天人合一很難講，現代「天」和「自然」合二為一的解釋是錯的。自然並不是個理想世界，除非是道家的觀點，認為自然狀態是最高狀態，那也是在把自然理想化了以後，不是我們所看到的草木萬物。

李：書中引論裡面說到「究天人之際」這種想法是幾千年來都存在的，各派思想家和學者往往懸「天人合一」的理想為畢生追求的最終目標。

余：對，在中國幾乎每個有思想的人都會碰到這個問題：我如何與「道」發生什麼樣的關係，怎樣讓「道」不離開我，不違背「道」之類的，要追求一個理想的人生。當然這種追求基本上是屬於少數人的。一般的老百姓如果是聰明有才智的，雖然沒有讀過很多書，無形中就會有這樣的問題，但他不見得能表達出來。這是王陽明的觀點：「滿街都是聖人」。雖然是一種精英主義，但是對所有人開放的。這也是孟子說的「人人皆可為堯舜」，毛澤東也說過「六億神州盡舜堯」。王陽明還提出了「良知」的觀點，良知不是知識，是不用讀書的。他知道不是人人都愛讀書的。他舉的例子是端茶童子一心一意在茶上，從座位底下走到台上送一杯茶，就怕水潑了。這已經是一種聖人的行為了。

李：你在引論中說到：「『天人合一』作為一項思考範疇，在今天依然是中國人心靈結構中一個核心要素。它也許正是一把鑰匙，可以開啟中國精神世界的眾多門戶之一。」中國的軸心突破時代到今天已經幾千年，「天人合一」一直影響著中國人的精神世界，在現今科技高度發展的時代，它對中國人的心靈結構還有著巨大影響力嗎？

余：這與科技不相干，科技是工具性的，可以用來為惡，也可以為善。中國人依然有是非感，當然執政團體是希望人沒有是非感，都聽他們的。如果人長期沒有理想，會出問題的，精神上會有崩潰的感覺。如果人人都沒有理想，社會也會混亂，殺人放火隨便都做了。

李：有些老先生說當今的時代也是禮壞樂崩的時代。

余：但在禮壞樂崩之間要出現新的「道」，道在現今更重要。我寫這本書也是希望大家能注意到如何去追求新的道。新的道跟西方也不能脫離關係，它已經不僅僅是一國的了。所以現在追求「普世價值」，它就是新的道的一個層面，從前不會提倡這個的。人生中總是存在兩種東西，一個是超越世界產生的價值，一個是現實世界產生的事實。人天天就這麼過日子，不能沒有吃飯穿衣，否則就活不下去。這兩樣東西要配合得好才行。很多事情都可以這樣講，比如砍柴擔水就是道，就是成佛，但是要有目標，比如讓大家都活得很好。所以在精神上就不失落，知道自己為什麼活著，怎樣更有意義，這是一種文化和精神的自覺，感覺自己不是在毫無意義地過日子。這裡面涉及到社會理想和其他各種理想，用儒家的話來說就是「推己及人」，從小我推到大我，但又不失去小我。中國有時候強調「大我」得過分了，就把「小我」消滅了。實際上小我和大我是有關係的，西方也沒人講孤立的個人主義。中國有時候誣衊西方人，比如個人主義就是為自己打算，不要父母祖先。實際上根本沒有這樣的事情，是因為對西方完全不了解。

李：讀完《論天人之際》這本書，我有兩個很大的感觸。第一，雖然講的是中國古代思想的起源，但我的感覺卻是對當下生活和未來世界有啟發性的思考。

余：當然有，因為我是這個時代的人，在追溯古代的時候也會想到我們當下的問題是什麼。有些問題是無所謂古今的，太史公說「通古今之變」，實際上也屬於「天人之際」的一部分。所以看完當然會有感觸，會聯想自己的生活是怎樣的，自己怎樣與「天」建立關係。所謂的「天」不是自然的天，是一個超越的世界。你有所追求，有所摒棄，寧可犧牲客觀上的很多好處，也要保持自己某一種純潔性。這就是追求道德在你身上的體現，你自然與天就有關係了，也去不掉了。當然唯利是圖的人也很多，一陷下去就沒底了。但我不要以傳教的方式來寫這個東西，有反思能力的人自然會想到這個問題，而且自己找答案。我不給任何問題的答案，只談人的思想和精神的過程，理想世界是怎麼出現的？為什麼不能去掉它？中國總講「做人」的問題，西方也講「How to be human」，即「怎麼樣才是人」。中西方在這一點上並沒有大的不同，只是選擇的道路不一樣，追求的目標是沒有什麼分別的。

李：我的另一個感觸是這本書是中學和西學的結晶，裡面用了很多比較文化的觀點，而且用了西方很多思想家的看法來跟中國的思想家作對照和碰撞。

余：這也是我的一個目標，希望能打破純粹的民族主義的情緒。「唯我獨尊」、「中國的地位至高無上」，這是中國常常出現的、相當普遍的想法。把西方貶得至少比我們低一層。我不覺得這是提倡中國文化的正確方式。中國文化有一點很特殊，就是能長期不斷地存在，有人稱之為「延續性」，這種延續性有長處有短處。西方出現過好多次文化危機，甚至有被切斷的時期，所以會有黑暗時期之說，要靠基督教來拯救；而希臘、羅馬又各成階段。在書中我只談到了西方，其實也應該講印度和其他的文化。不過一個人不可能有這樣大的精力，在一本書中把這些都講完全。所以我只能選擇一種作為對象，近代中國關心的主要還是中西兩種文化的關係，因為西方曾經侵入過我們，我們也拼命想吸收西方的文化。這是我們自己找來的，並不是別人強加給我們的。要是看看《國粹學報》就可以看出來了。章太炎這些人甚至於接受了中國的民族是「西來說」的觀點。

李：中國的民族是「西來說」？現在看起來有點荒唐。

余：是很荒唐，當時荒唐的理論被中國思想家接受的有得是。從這一點就可以看出當時的中國人佩服西方，就像佩服佛教一樣，所以去西天取經。這是第二種取經。但佛教的挑戰還是有限的，只是在宗教方面，在政治制度和其他各方面沒有挑戰性。但學習西方的挑戰是全面性的，從日常生活到各種理想層面都有，是非常徹底和全面的挑戰。不過這些不是我在這本書裡討論的內容。

李：你在書中所說的「東海、西海，此心同，此理同」的觀念，是不是錢鍾書先生以前也提過這個看法？

余：他也提過，只講「同」不講「異」，只找相同之處。

李：你認為東海、西海有同有異？

余：應該有同有異。錢鍾書寫的都是細節，西方怎樣，中國如何，都是一條一條的，不談西方和中國有什麼不同的地方，細細看他的書就懂了。他想要打通中西的，他書也讀得多，舉的例子非常多。

李：你是不是也有借《論天人之際》這本書打通中西的想法？

余：我是想在相同之處講出不同來。比如雙方都有「軸心突破」，但突破的方式不一樣，最後成就的系統也不一樣。我講的「內向超越」和「外向超越」就是一種方式。中國的東西最後講到「心」。後來又接觸了許多佛教的「心」，佛教講心有六百多種。後來程朱、陸王又把它歸納到極點，最後就變為心學和理學的問題了。一說到「道心」與「人心」，清朝人考證後認為道心與人心不是《尚書》上的東西，是假的，與它不相干。我所說的是荀子引過的《道經》，在荀子以前《道經》就存在了，《道經》提出道心與人心的不同。我要講的是軸心突破以後人心與道心出現，這是很有意義的事情了。這些跟後來考古考證出來的東西可以相配合。

李：這本書很有意思的在於除了從文本上做考據，還用了很多考古的最新發現成果，將文本與實地考察相結合。

余：對，因為現代人研究古代的最大突破就在於地下考古，從地下挖出來的東西是最可靠的了。

李：為什麼許多歷史學家到了晚年多會談「天人之際」和「天人合一」這種觀念？

余：其實沒有幾位是這樣的，像胡適就沒談這個問題。胡適自己最自恃的就是歷史，他一直說在選舉院士的時候是以歷史當選的，陳寅恪也沒真正談過天人之際的問題。你說的可能是錢穆先生，他是我的老師，當年我受到他的影響，接收了他的問題，把這個問題重新研究。因為他也沒把這個問題專門寫一本書介紹，只是各種各樣的散文。

李：我想到一件很有趣的事情，錢先生以前寫過《朱子新學案》，你也寫過《朱熹的歷史世界》。

余：當然有相似之處，但是偶然，不是有意的。別人編朱子文集讓我作介紹我才想到要寫，並不是我開始就想寫朱子。因為要寫很詳細的朱子的背景，就碰到所謂的政治文化的問題。我講的問題是錢先生不講的，所以我書裡的內容跟錢先生沒有重複的地方。

李：錢穆先生晚年說「『天人合一』觀『是整個中國傳統文化思想之歸宿處』」。

余：我想講的是中國文化中對於天和人的關係是怎麼處理的，就是現實世界和超越世界。我想錢先生心裡也會同意這種說法，不過他沒有用這種現代的語言，我用的說法是借西方的著作演變而來的。關鍵在於西學怎麼樣和中國配合起來又不衝突，不是用西學構建一個框架把中學硬往裡填，要順其自然，不違背原來中國的語境。這就是費功夫的地方。我希望能把中國歷史的客觀面貌寫出來，但客觀中也有主觀的判斷。

李：講到「天人合一」這個觀點，為什麼中國的學者會說「天人合一」是中國對世界文化的貢獻，或者說21世紀是東方文化的世紀？

余：坦白地說，這些根本都沒人搞清楚過。「天」是什麼意思，「人」是什麼意思，都沒人解釋過，「天人合一」是含混的四個字。怎麼「合一」？是人和天還是天和人？這些問題都沒人提過。做文章的時候憑著一時情緒寫出來，其實沒有什麼價值。價值屬於「天」的範疇，不是事實。所謂價值就是人們的行為、語言、思想的根據。

李：你認為中國的傳統價值裡面也有「普世價值」？

余：當然有，例如自由、寬容、民主、科學、人權。我常常說，中國沒有人權這兩個字，但是有人權的想法。而且有些中國已經有的東西與西方一配合，就從原來的傳統進入現代化了。現代化就是把已經有的價值用現代的語言和方式跟其他文化中的東西聯合起來，講成同樣的東西，不覺得生硬和冒昧。像「自由」就是這樣，中國不能說沒有自由，嚴復翻譯的《群己權界論》就是翻譯《自由論》，而且自那以後自由就變成中國的主要價值之一了。陳寅恪為王國維寫碑文就用的「不自由，毋寧死」，其實這句話是美國人說的"Give me liberty or give me death"，但在中國好像已經變成自己的成語了。這就是現代化一個很明顯的例子，陳寅恪用了這句話好多次。

李：陳寅恪先生總是講「獨立之精神，自由之思想」。

余：是啊，從概念上來說，這都是西方的東西，中國人不用這些的，至少不常見。普世價值是沒法否認的，而我知道現在有一批人是要否定這個東西的。這是枉費精力，它不可能被否定的。有些人為了完成某種任務，不顧真假，也不顧是非。我們和這些人無法溝通，也不必跟他們對話。

李：作為中國古代思想起源的「天人之際」延續了幾千年直到現代，是不是也可以說它是一種「普世價值」？

余：當然是一種普世價值，因為各種文化中都有「天」和「人」的問題，都存在著現實世界和超越世界、事實和理想之間的問題，哪一種高級文明中不講價值？價值不可能完全實現，體現到現實中總要打些折扣的。但是沒有價值世界就不能批判現實世界，就失去根據了。

李懷宇，傳媒人，作品有《訪問歷史》、《世界知識公民》、《知人論世》、《訪問時代》、《思想人》等。

致讀者

相當一段時間以來，街頭的「公民」抗議活動此起彼落，顯示繼民主化之後，台灣(其實世界上許多社會也都如此)的政治發展正在進入一個新的階段：一些積鬱已久的問題逐漸爆發，民主化所構築的代議政治體制，以及寄身於這套體制的朝野政黨，卻應對無方、捉襟見肘。表面上，這些問題所造成的衝擊局限在國內，但是問題的大背景則溢出了這個島嶼。兩岸形勢的急遽變化，並不是台灣三十年來的統獨窠臼所能因應的。此外，世界各地均出現一個新趨勢：由於意識型態萎縮，經濟發展畸形，以及體質性的正當性赤字難以彌補，結果政治領域的領導—支配(leadership- dominance)地位逐漸淘空，「公民運動」正在取得新的角色。我們應該如何理解、評價、與應對這個趨勢？公民運動又能發揮何種真實、持久的功能？大家尚沒有答案，不過這些都是當代歷史的關鍵議題，不能不深切關注。

本期《思想》的一些文章，已經開始面對這些新的事件、新的局面、新的趨勢。首先，謝世民直指晚近社會運動的一種自我理解，對「公民不服從」這個概念加以細緻精密的分析，試圖找出其政治意義與道德依據。經過三十年來的集體學習，我們應當已經積累了足夠的經驗與理性，足以繞過迷人口號的蠱惑，認真思考運動的倫理面向。謝世民這篇文章及時提供了這種倫理反思的參考。另一方面，南光遠探討在世界各地民眾運動中頻繁出現的「V怪客」臉譜，對於這類運動的另一種自我理解，也提出了倫理的質疑。

曾昭明、蔡孟翰的兩篇文章，把視野拉到島外的國際大局，分別分析了中國與日本這兩個近鄰大國的自我想像。誠如曾昭明所言，中國的帝國想像，對於中國(以及台灣、香港、日本等)的批判知識分子，勢必構成棘手的挑戰。也如蔡孟翰所建議，中國如何超越帝國視野，發揮東亞共同體的想像，才是化解日本敵意戰略的正道。話說回來，台灣關於服貿協議的激烈爭論，背景其實也是在於我們究竟準備如何面對中國崛起的龐大現實。這個問題，特別需要我們踏實、認真作答。

但台灣要整理眼中的「中國」想像，首先要思索如何面對自己身上的中華文化。畢竟，台灣的文化雖然具有自身的特色，基調仍然是「中國」(或者「中華」)的。本期的專輯「在台灣談中華文化問題」，從明確的「本土」視角出發，整理中華文化在台灣的複雜積極含意，充分反映了台灣的自我意識趨於成熟，不再逃避在自我與他者之間進行對話與承認。特別值得玩味的是，這個專輯的生產背景乃是在鹿港，這個既本土而又深沉積澱著中華文化的小鎮。本刊感謝楊儒賓先生規劃、促成這個專輯，也要感謝幾位鹿港在地的文史工作者積極參與。

在中國大陸內部，具有批判意識的知識分子同樣在面對這個崛起大國的諸多挑戰，挑戰之一正是重新思考「國家」。本期劉擎與高全喜兩位的文章，正面探討這個高度敏感的議題。高全喜致力於憲政主義的思考與歷史研究已有多年，如何使中國這個「被政黨捕獲」的國家轉成憲政國家，是他的核心關懷所在。劉擎則提出一種政治性的愛國主義，希望把中國民間極其真實的愛國主義情緒，引導、轉變成一種兼顧歸屬與開放的公民文化。

編者

2014年初夏

《思想》徵稿啓事

1.《思想》旨在透過論述與對話，呈現、梳理與檢討這個時代的思想狀況，針對廣義的文化創造、學術生產、社會動向以及其他各類精神活動，建立自我認識，開拓前瞻的視野。

2.《思想》的園地開放，面對各地以中文閱讀與寫作的知識分子，並盼望在各個華人社群之間建立交往，因此議題和稿源並無地區的限制。

3.《思想》歡迎各類主題與文體，專論、評論、報導、書評、回應或者隨筆均可，但請言之有物，並於行文時盡量便利讀者的閱讀與理解。

4.《思想》的文章以明曉精簡為佳，以不超過1萬字為宜，以1萬5千字為極限。文章中請盡量減少外文、引註或其他妝點，但說明或討論性質的註釋不在此限。

5.惠賜文章，由《思想》編委會決定是否刊登。一旦發表，敬致薄酬。

6.來稿請寄：reflexion.linking@gmail.com，或郵遞110台北市基隆路一段180號4樓聯經出版公司《思想》編輯部收。

思想25

在台灣談中華文化

2014年5月初版 定價：新臺幣360元

編著 思想編委會
發行人 林載爵

出版者 聯經出版事業股份有限公司
地址 台北市基隆路一段180號4樓
編輯部地址 台北市基隆路一段180號4樓
叢書主編電話 (02)87876242轉212
台北聯經書房 台北市新生南路三段94號
電話 (02)23620308
台中分公司 台中市北區崇德路一段198號
暨門市電話 (04)22312023
台中電子信箱 e-mail：linking2@ms42.hinet.net
郵政劃撥帳戶第0100559-3號
郵撥電話 (02)23620308
印刷者 世和印製企業有限公司
總經銷 聯合發行股份有限公司
發行所 新北市新店區寶橋路235巷6弄6號2樓
電話 (02)29178022

叢書主編 沙淑芬
校對 劉佳奇
封面設計 蔡婕岑

行政院新聞局出版事業登記證局版臺業字第0130號

本書如有缺頁，破損，倒裝請寄回台北聯經書房更換。 ISBN 978-957-08-4406-1 (平裝)
聯經網址： www.linkingbooks.com.tw
電子信箱：linking@udngroup.com

國家圖書館出版品預行編目資料

在台灣談中華文化/思想編委會編著．初版．
臺北市．聯經．2014年5月（民103年）．336面．
14.8×21公分（思想：25）
ISBN 978-957-08-4406-1（平裝）

1.中華文化

541.262 103009826